Problem - Based Learning : Theory and Practice

基于问题的学习：理论与实践

□ 杜翔云　安奈特·科莫斯　钟秉林　编
（Anette Kolmos）
□ 杜翔云　年智英　郑艳　王桢　耿会芬　译

高等教育出版社·北京
HIGHER EDUCATION PRESS　BEIJING

图书在版编目(CIP)数据

基于问题的学习：理论与实践/杜翔云，(丹)科莫斯(Kolmos，A.)，钟秉林编；杜翔云等译. --北京：高等教育出版社，2013.1

ISBN 978-7-04-030730-6

Ⅰ. ①基… Ⅱ. ①杜… ②科… ③钟… Ⅲ. ①学习方法-研究 Ⅳ. ①G791

中国版本图书馆 CIP 数据核字(2011)第 227438 号

JIYU WENTI DE XUEXI：LILUN YU SHIJIAN

策划编辑 李海风　　责任编辑 李海风　　封面设计 张申申　　版式设计 王艳红
责任校对 杨凤玲　　责任印制 朱学忠

出版发行 高等教育出版社
社　　址 北京市西城区德外大街 4 号
邮政编码 100120
印　　刷 河北新华第一印刷有限责任公司
开　　本 787mm × 1092mm 1/16
印　　张 15.75
字　　数 270 千字
购书热线 010-58581118
咨询电话 400-810-0598
网　　址 http://www.hep.edu.cn
　　　　 http://www.hep.com.cn
网上订购 http://www.landraco.com
　　　　 http://www.landraco.com.cn
版　　次 2013 年 1 月第 1 版
印　　次 2013 年 1 月第 1 次印刷
定　　价 45.00 元

物 料 号 30730-00

序

进入21世纪以来，中国加快推进高等教育大众化的步伐，高等教育规模持续快速扩张。截至2009年底，中国高等教育毛入学率达25%，高校在读学生数超过3 000万人。中国高等教育已经成功实现了从精英型向大众化的跨越，成为了世界高等教育大国。高等教育规模的扩展，有效满足了民众对高等教育的需求，为中国经济和社会发展提供了强大的人力资源支撑。在高等教育大众化进程中，中国同步推进了高校成本分担、管理体制、招生就业等多个方面的变革。总体看来，经过多年的不懈努力，中国高等教育发展已经取得了举世瞩目的成绩。高等教育的功能充分发挥，为中国实现从人口大国向人力资源大国的转变打下了坚实的基础。

尽管中国高等教育成就卓著，但同时也面临一些新的问题和挑战。尤其是最近10多年来，从中央到地方各级政府将主要财力用于满足高等教育规模扩张的经费需求，对质量改善的投入相对较少。目前，中国高校的总体办学水平还比较低，高等教育质量离人民群众的要求和经济、社会的发展需求还有较大差距。一方面，这是由于高等教育经费投入水平偏低，提高教育教学质量的经费需求得不到有效保障；另一方面，则是由于中国高校教育教学改革滞后，无论是教学理念还是教学方式方法都比较陈旧，更多强调教师如何教，对于“学生应该学什么”、“怎么学”等关键问题关注得相对较少，导致学生学习效果不明显，很多大学生在读期间未能掌握系统知识和核心技能，难以适应劳动力市场的需求。近年来，社会上频繁出现大学生“回炉”即大学生在毕业后为了就业重新到职业学校学习的现象，这从侧面反映出高等教育质量确实存在一些问题，需尽快研究解决。

高等教育质量问题引起了高校和政府的高度重视。早在2007年，中国就启动了高等教育质量工程（第一期），投入专项资金用于改善高校教育教学质量；《国家中长期教育改革和发展规划纲要（2010—2020年）》已明确将“全面提高高等教育质量”作为高等教育改革与发展的首要任务。全面提升高等教育质量，不仅需要增加投入，提高经费保障水平，还需要进一步深化改革，尤其需要加快推进高校教学领域的变革，从根本上改变以教师为中心、以书本为中心、以课堂为中心的教学组织模式和教学方法，改善教学状况，提升学生学习效果。高校教学改革因其与人才培养质量密切相关而直接关系到高等教育质量的提升，进而关系到建设高等教育强国和人力资源大国战略的实施，意义重大，刻不容缓。

基于问题的学习（problem - based learning，英文缩写为 PBL）是西方国家在高等教育从精英化向大众化转型过程中探索出来的一种大学教学理念和教学组织模式。该理念质疑“以教为中心”、“大学教师的主要功能为传递知识”等观点，提倡在教师的指导和促进下以学习者为中心学习。作为一种教学模式，它主张从实践和经验中学习，掌握知识和培养技能同步并进，同时尊重学生自我发展并鼓励团队合作精神。学习者需要主动发现问题、利用多学科的知识来综合分析问题、体系化地为问题的解决提供多种可行途径、科学验证所提解决方案，并反思学习经验做出自我评价。在跨学科和交叉学科的学习过程中，学习者积极参与新知识的创造从而促进其创新精神的培养和创造力的发展。在近 50 年理论研究和实践探索的发展中，基于建构主义学习理论的 PBL 在大学组织体制改革和教学改革的浪潮中脱颖而出，愈来愈彰显其创造力和生命力。在 21 世纪全球化发展的时代背景下，高等教育面临组织变革、具有地方特色的创新人才培养、可持续发展教育的发展等挑战。越来越多的国家和大学在 PBL 实践中寻找到有效解决方案。

PBL 在世界不同国家地区及不同层次教育机构的多样化实践为其定义和概念的统一带来了挑战。在不同的时代背景下 PBL 所蕴涵的意义和实践方法也不断发展变化。因此目前西方学术界对 PBL 在教育创新领域的关注更多地集中在对其多元化的发展及在不同文化背景下的地方特色实践和经验反思方面。然而整体而言，学术界普遍认为可以从以下三个方面来理解其精髓。首先，PBL 是一种学习理念和教育哲学相结合的体系。教师是意义建构的帮助者、促进者，而学生也不是外部刺激的被动接受者和被灌输对象。其次，PBL 是一种不仅重视学习结果而且关注学习过程的学习方法。学生的学习活动不仅仅是被动地接受，而是在解决问题的引导和激励下，主动学习、探究、反思并及时评估学习效果。第三，PBL 是一种以学习者为中心的教学方法。主张课程设计以一个核心问题为基础，并互动地联系各种教学活动，如授课、实验、研讨等，从而诱发学生的学习动力，培养学生独立学习和终身学习的能力。

PBL 在大学教学中的应用至今亦有数十年的历史。自 20 世纪 60 年代起，西方大学医学教育、工程教育领域率先引入了 PBL 教学理念，并进行了长期的实践与探索。加拿大麦克马斯特大学（McMaster University）、丹麦大学（Aalborg University）、瑞典林雪平大学（Linkoping University）等是 PBL 的积极实践者和推行者，已经取得了显著成效。PBL 作为一种创新教育模式，已经在世界范围内得到越来越多的重视和发展，其适应和普及早已超越医学和工程教育，而延伸到建筑学、心理学、教育学、经济学、管理学、法律、理科等多个传统学科领域。其广泛应用还为建立并发展具有学科交叉、可持续发展教育和创新人才培养等特色的新专业及新学术领域提供了理论基础及实践方案，并已取得卓越成效。

目前，中国高等教育大众化正继续推进，在扩大规模的同时深化人才培养模式和教学改革，培养社会所需要的创新型人才和技能型人才，已经成高等教育改革的重要任务。诸多研究和实践证明，PBL 在培养学生学习能力、创造性思维、社会责任感、环境适应性等方面具有明显优势，尤其值得中国高校进一步学习和实践。尽管国内已经有一些大学引入了 PBL 的教学理念和方法，并借此推进了教学组织管理等方面的变革，但总体看来，国内高校对 PBL 的认识和应用尚处于起步阶段，相关理论知识需尽快普及，国际上的成熟做法和经验尤其值得借鉴和推广。

中国高等教育的快速发展为高等教育研究提供了丰厚的土壤，同时也对其提出了新的、更高的要求。积极推介国外有价值的教育理念和方法，加强理论创新，服务好中国高等教育改革与发展实践，既是高等教育研究的发展需要，同时也是高等教育研究人员理应肩负的使命。正是基于这样的认识，北京师范大学教育学部的科研团队编译国外有关 PBL 的主要研究成果，系统介绍 PBL 的有关理论和实践，希望为中国高校教学改革提供有益的参考和借鉴。

钟秉林博士，教授
中国教育学会会长
原北京师范大学校长
2012 年 8 月

前　言

自21世纪以来，世界各国都不约而同地把创新人才培养作为教育改革的主要目标之一。实施创新教育，也成为世界各国大学教育改革的主旋律。基于问题的学习愈来愈成为欧美等世界各国颇为关注的高等教育人才培养模式。基于问题的学习理论和相关实践表明，它能够促进学生的问题意识、探究能力、沟通能力、团队合作能力，对于创新人才的培养具有重要意义。随着基于问题的学习理论的不断成熟，以基于问题的学习为理念的教学实践也日渐丰富，引介世界各国学者的理论与实践研究将为中国高等教育改革提供有益的参考。

中国从20世纪90年代开始介绍国外对该领域的研究成果，并逐步探索如何将基于问题的学习引入中国的教学实践之中。但是，研究成果比较微薄，系统地研究基于问题的学习的有关专著比较少，对国外有关基于问题的学习专著的译介也不多。目前已出版的介绍国外有关研究专著有：美国 Linda Torp 和 Sara Sage 著、刘孝群和李小平译的《基于问题的学习——让学习变得轻松而有趣》；美国 Robert Delisle 著、方彤译的《问题导向学习在课堂教学中的运用》；美国 Jones 等著、范玮译的《问题解决的教与学——一种跨学科协作学习的方法》，等等。以上图书都是由中国轻工业出版社2004年出版的。

problem based learning 在国内有多种译法，如问题式学习、以问题为基础的学习、基于问题的学习等等。实际上，即使在英文文献中，类似的研究也有几种表达方式，如 problem—oriented learning 等，但是 problem—based learning 是得到公认的叫法。“以问题为基础的学习”的译法最早出现于1994年上海医科大学殷建国发表的《巴塞罗那大学医学院两年来在生理学教学中开展主动的、以问题为基础的学习经验》一文中，是早期医学教育中的普遍译法。2000年以后，教育界出现了“问题式学习”和“基于问题的学习”等译法，如2001年刘儒德的《问题式学习：一条集中体现建构主义思想的教学改革思路》和梁瑞仪的《基于问题的学习模式的研究》。随后，2002年，刘儒德在《用“基于问题学习”模式改革本科生教学的一项行动研究》一文中采用了“基于问题学习”的译法。目前，学术界出现“问题式学习”、“基于问题的学习”，“基于问题学习”并用的现象,在本书中我们选择将 problem—based learning 译为“基于问题的学习”。PBL 作为该术语缩写在本书中出现频率很高,但其所指不仅限于基于问题的学习,还包括了 PBL 在各国教育实践中的不同体现形式,如基于问题的学习、基于项目的学习、基于问题和项目的学习等。其具体含义我们在每章中有注解,请结合各章的具体内容加以理解。

在本书的翻译中,还有几点需要澄清。首先,对英文词汇 facilitate 和 facilitator 的译法。在基于建构主义学习理论的 PBL 语境中,facilitator 是教师的代名词。其内涵超过了传统中教师的传授知识的职责,包括如鼓励、激励、辅导、引导、反馈等一系列情景化的职能。本书中我们将其译为“促进者”或“辅导者”或“推动者”,主要强调学生以自我探究为中心进行主动学习,而教师只需在其学习过程中发挥推动和促进的作用。其次,是 coordinator 的译法。本书将其译为“协调员”,在 PBL 环境中可指某专业中负责协调组织教学的教职人员,或在小组学习过程中负责学习活动的组织者。而 programme 一词本书中译为“专业”,尽管由于教育体制不同所指内容并不尽相同。关于 professional 一词的翻译,书中不仅指个体的专业技能,同时也强调在职业中的技能发展。因此在 continuing professional development 中将其翻译为“继续职业发展”。最后,关于外国学者名字的翻译。本书中译者仅将教育界获得共识的著名学者名字用汉语译出,如杜威、维果茨基等,其余外国学者的名字均保留外文原文并未译出,以便读者阅读时查阅方便。

本书整体结构由三部分构成,分别从理论和实践两个维度介绍基于问题的学习的形成与发展。

第一部分从历史反思的角度,对基于问题的学习理论的发展和面临的挑战进行解读。第一章纵观基于问题的学习这一教学法的发展历史,详细介绍了“基于问题的学习”教学法的兴起与发展。第二章探讨了基于问题的学习发展中出现的主要论争,力图澄清学术界的模糊认识。第三章介绍了丹麦奥尔堡大学基于问题与项目学习的产生、发展以及当前面临的主要问题。

第二、第三部分主要从实践层面介绍基于问题的学习在不同教育文化和环境中的实施与应用。

第二部分从组织层面、学科层面介绍了不同国家 PBL 变革的发展历程,为处于教学变革中的院系提供借鉴经验。如第四章是从宏观视角分析基于问题的学习变革中的策略和管理,第五章旨在澄清变革过程中人们对基于问题的学习的种种误解,第六章论述了葡萄牙阿威罗大学技术学院在实施基于问题的学习、进行全面组织结构改革中组织领导与教师发展的相互作用,第七章分析了爱尔兰都柏林理工学院物理学院基于问题的学习变革中的教师管理,

第八章则是对比利时鲁汶天主教大学工程技术学院实施的基于问题的学习课程变革历程中的影响因素进行评估。

第三部分介绍了多元化的基于问题的学习的实践模式，体现出不同学科环境中基于问题的学习教学模式的多样化发展。如第九章讨论了数学教学中的对话模式；第十章探讨了外语专业中的基于问题的学习模式；第十一章阐述了在全球化、本土化、个性化的社会背景下基于问题的学习模式的调整与变化；第十二章则是关于建筑设计专业中的“基于问题与参与式学习”模式；第十三章试图在信息通信技术迅速发展的环境下开发新的评估标准，对建筑学学习成果进行评价；第十四章讨论了继续工程教育中的基于工作学习；第十五章则探讨了虚拟学习环境中问题导向式项目教学法的设计和实施。

本书版权说明：第一、二、四、五、六、七、八章选自：Erik de Graaff 和 Anette Kolmos 所编《变革管理：基于问题和项目的学习在工程专业中的实施》一书（Sense 出版公司 2007 年版），第三、十、十一、十二、十三、十五章选自 Anette Kolmos，Flemming K. Fink 和 Lone Krogh 等著的《基于问题的学习之奥尔堡模式——进展、多样性与挑战》（奥尔堡大学出版社 2004 年版）第十四章选自 Lone Dirckinck-Holmfeld 和 Bo Fibiger 所编《虚拟环境中的学习》一书（Samfundslitteratur 出版公司 2002 年版），以上内容均已获得英文版图书原出版方和作者的使用授权。

丹麦奥尔堡大学学习与哲学系教授　杜翔云
北京师范大学比较教育研究中心博士生　年智英
2012 年 3 月

目　　录

第一部分　历　　史

第二部分　变革管理

第一部分
历　　史

第一章　基于问题与项目的学习简史

Erik de Graaff, Anette Kolmos[①]

一、引　　言

基于问题的学习[②](problem-based learning,英文缩写为PBL)是一种教育策略,该策略指在引导学生学习的过程中,积极组织学生主动参与并自己寻找问题答案的教学模式。自古以来,伟大的教育思想家们就倡导学生通过实践获得真知。例如苏格拉底认为通过"问答法"可以使学生学到隐性知识,而中国古代的哲学家们则更强调"学"与"行"之间的关系,正如荀子所言:

> 不闻,不若闻之;
> 闻之,不若见之;
> 见之,不若知之;
> 知之,不若行之;
> 学至于行之而止矣。

到了近代,福禄贝尔(Fröbel)和蒙台梭利(Montessori)等教育家提出,让学习者参与各种有吸引力的活动,加强他们的内在学习动力。蒙台梭利关于儿童教育的座右铭——"游戏即学习",是对这一思想的最好诠释。美国教师

---

① Erik de Graaff,荷兰代尔伏特技术学院副教授;Anette Kolmos,联合国教科文组织PBL研究中心教席主任,丹麦奥尔堡大学发展规划系教授。——译者注。

② 本章中出现的PBL均指"基于问题的学习"。——译者注。

克伯屈(Killpatrick)也是这方面研究的典范，他在20世纪初期被认为是项目学习教育方法的始创者。克伯屈通过观察发现，学生对项目工作的热情与提供给他们的自由度相关，给他们自由选择的空间越大，热情就越高。因此，我们可以这样理解克伯屈的观点，项目实施的效果要依靠“全身心投入地学习”(Heitmann，1993)。

当然，如何帮助学生有效地学习还要取决于一些特定的情境及学生的年龄问题。所以，一些教育概念如“从发现中学习”、“从行动中学习”、“从经验中学习”及“以学生为中心”等都明确地提出，教育应发掘出好奇心、自我驾驭感及自我决定感等人性特点(Rogers，1961；Kolb，1984；Schmidt，1983)。

但是，长期以来有关高等教育教学方法的研究一直处于为人忽视的状态。通常，大学的教学工作主要由教授们承担，直到20世纪60年代，随着高校学生数量的激增，大学的教学才开始引起关注。此后，高等教育改革如雨后春笋般兴起。许多高校都举办了大量挑战传统教育的讲座，通常吸引数百名学生参加。例如，这一时期提出的“案例学习”和“项目学习”等方法，都旨在将实践经验引入课堂(Van Woerden，1991)。

在这些教育改革中，“基于问题的学习(PBL)”最终为人们所熟知而且取得了一定成果。“基于问题的学习”一词最初由加拿大麦克马斯特大学(McMaster University)的唐·武兹(Don Woods)在与化学专业的学生们一起工作时提出。但此后PBL的广泛传播要归功于麦克马斯特大学医学院率先引入了这种教育方法。

医学上的PBL法

20世纪60年代末，加拿大麦克马斯特大学成立了一所新的医学院。从成立之初，该学院就采用了全新的医学课程。新课程完全以“基础学科理论”(basic philosophy)为依据，主要包含以下三个方面(Spaulding，1969)：

——人类与社会；

——医学专业及其社会功能；

——教育。

可见，新课程的核心理念涵盖了全面的人文观及对传统医学专业的批评观。负责制订新课程体系的研究小组意识到，持续的专业化进程较极端化，特别是医学专业，医学已经发展成高度专业化且分类细致的领域。医生只知道诊断病症而往往忽略病人，医学课程已经反映出其专业化的趋势。于是，新课程体系设定最初的学习以“基础学科理论”为主；然后，采用项目教学，典型的项目包括一系列非理论课程和专业课程，这就为学生以后在医院实习做好了准备。

麦克马斯特大学医学院的医学课程旨在培养医生，因此 PBL 作为倡导全局观（holistic vision）的教育方法被采纳（Neufeld 和 Barrows，1974；Fraenkel，1978）。在医学教育的情境下，实践应用比死记硬背的学习积累更为重要，也就是说，学习应以关注病人及其病痛为核心。学生通过系统地分析患者的病情，提出自己的问题。由于缺乏解决问题的知识，所以每个人都能找到自己的学习目标。与此同时，学生也将学会针对同一医学问题，整合不同学科的理论来解决。这样，他们也就熟知了作为医生去解决问题的过程。通过这样的学习方式，不仅会掌握相关的知识，学习经历也会因此而更丰富更有意义（Barrows 和 Tamblyn，1980）。

在麦克马斯特大学医学院课程改革成功案例的激励下，其他一些医学院也开始实施类似的教育项目。荷兰的马斯特里赫特大学医学院和澳大利亚的纽卡斯尔大学医学院是第一批采用 PBL 的学校（Graaff 和 Bouhuijs，1993），新墨西哥大学也启动了卫生科学项目（Kaufman，1985）。这些新建立的学院，先是设定相同的专业目标，然后采用与之相配套的教育模式。

PBL 课程的典型特点是，整个学习过程由小组成员共同参与完成。这给学生提供了合作学习的机会，就像在医疗小组中工作一样。PBL 理念倡导将学生培养成独立的学习者，自己能够找到知识体系中的空白并加以填补。马斯特里赫特医学院的实验表明，PBL 的课程教学激活了“先前知识（prior knowledge）”（Schmidt，1983），因此比传统课堂的学习更为有效。通过实验观察发现，接受 PBL 课程学习的毕业生能够很快地熟悉医务工作，这是因为他们经历过与实际情况相似的学习环境（Post 等，1988）。

什么是问题？这是在实施 PBL 教学过程中一个最常见的问题。根据辞典，所谓问题，可以指一种困境或者一个谜团，简单地讲，问题就是指想要尽快解决的事情。当然，这并不是我们所讨论的 PBL 所指的问题。PBL 中的“问题”，是学生学习的动力，是他们开始学习历程的挑战（Norman，1986）。实施 PBL 课程需要我们不断地了解实际情况，而且，每门课程都有其自身的发展历程，不同的课程会给 PBL 带来不同的特色。马斯特里赫特医学院就是一个典型的例子，该学院先后提出了“七步法”（Schmidt，1993），最终，PBL 课程模式与其发展初期有了很大不同。事实上，在引入 PBL 课程不过 15 年的时间里，就已经出现了各种各样的模式，因此我们很有必要将这些模式进行系统化分类（Barrows，1986）。与此同时，PBL 已经广泛地应用到高等教育领域，如法学、心理学、教育学、经济学及建筑学等，尤其在世界医学和卫生科学领域占据突出地位(Albanese 和 Mitchell,1992;Ryan,1993;Ostwald 和 Kingsland,1994;Little,Ostwald 和 Ryan,1995)。

二、丹麦的项目教学

在应用推广 PBL 的同时,项目教学在丹麦的工程教育领域也开始兴起,并且在相当长一段时期内与 PBL 并行发展。20 世纪 70 年代,在一场激烈的学生运动的影响下,丹麦新成立了两所大学:1972 年成立的洛斯基勒大学(Roskilde University)和 1974 年成立的奥尔堡大学(Aalborg University)。奥尔堡大学的成立是因为当时产业界对工程师的能力提出了种种新要求。"从行动中学"和"从经验中学"始终是项目教学的两条根本原则。在 20 世纪 60 年代末的学生运动之后,20 世纪 70 年代社会科学界也随之掀起了一场运动,这场运动关注的焦点是项目工作可能会成为推动整个社会变革的要素之一。这与当时丹麦、德国和荷兰等一些国家的实际情况是相符的(Negt 和 Kluge,1972;Negt,1968;Jansen 和 Van Kammen,1976),学习能力与新技能的掌握已经凸显成为社会发展的优势。

在丹麦,许多学者都曾系统地阐明上述的这些新观点(Holten-Andersen 等,1983;Berthelsen 等,1977;Algreen - Ussing 和 Fruensgaard,1990)。特别是 Knud Illeris,他曾提出了著名的项目教学的原则。他在 1977 年的著作中写道:

> ……(项目教学是)一种教学形式,引导学生与老师及其他人一起合作,发现并解决与社会现实密切相关的问题。这就需要扩大视野、增强问题意识(问题通常来自传统专业的不同角度)和选择意识,如理论、方法、工具的选择都取决于问题的选择。老师不再只是知识的传授者,而是行动的领先者、灵感的激发者、体系的建构者,以及给学生提供建议的专家。学生的学习成果最终可以体现为:一次口头陈述、一份书面报告、一个产品设计等。

Berthelsen 等(1977)指出了五项核心原则:问题导向、项目组织、跨学科整合、参与者调控及理论结合实践。20 世纪 70 年代,问题导向指社会中某一具体问题或对其他社会团体的认识与体验。在随后几年里,术语"问题"的内涵演变为“质疑某些事情”，一些用以帮助学生分析问题、陈述问题及阐述发现问题缘由的思考工具在此期间也获得了进一步发展。

关于“项目”的定义如下：

> 项目是一个复杂的努力过程，由于人们的生存环境、组织结构、知识水平及生活态度对项目实施预定的目标会产生影响，所以需要进行目标分析（问题分析），同时必须进行项目规划与管理。项目意指一个全新的、尚未解决的任务和问题；它需要传统组织中的资源和知识；它必须在确定的时间内提前完成。（Algreen - Ussing，1990）

因为任何一个个体都无法独自完成这么复杂的任务，所以就需要团队的共同努力。“跨学科”打破了学科专业之间的界限，因此问题的分析与解决不再受限于传统的专业束缚。

“参与者调控”是指参与者自己做出相关决定并协调项目进展的过程。只有让参与者自己选择并提出问题，接下来的理论联系实践的学习才会更有意义。“理论结合实践”确保学生不只是孤立地学习理论知识，他们还需要将“学”与“行”联系起来，这样学生长远的专业学习目标都将从中受益。

在洛斯基勒大学和奥尔堡大学，这些原则都得到实施并加以系统化。无论是组织层面、文化方面还是建筑空间安排上，整个学校的建构过程都无不体现这些原则，例如，在一些地方为学生建造了许多集体活动室。虽然这两个学校各自项目教学的模式产生发展的历程不同，但最终证明这两个学校的模式都是可行的。项目组织学习尽管没有达到改变社会的预期设想，但是项目工作最终成为一种培养学生新型能力的最佳方法（Kolmos 等，2004）。

三、混合模式

目前，仍有许多学者继续探讨基于问题的学习与基于项目学习的区别（Prince 和 Felder，2006；Savin - Baden，2000）。多数情况下，其区别在于对这两个概念的不同理解。基于问题的学习，是开放式的、非预定性的，问题将为学生提供学习的情境。相反，基于项目学习，是从任务的角度出发而且要求学生一定要完成。前面提到过，项目被界定为独特而复杂的任务，需要更多的资源，而这是一个人所无法完成的（Algreen - Ussing，1990），这意味着项目不仅仅是一项任务或一个作业。事实上，在项目组织学习过程中所遇到的复杂问题要比基于问题的教学中所使用的大多数仿真案例更贴近现实（Van Woerden，1991），因为“问题”并不是决定学习过程的唯一要素，更多的是提供学生学习任务的情境。

在基于问题的学习和基于项目学习的历史发展的基础上，各种模式也都以相同的学习原则为发展依据。综合 PBL 和基于项目学习的特点，笔者在之前已发表过的论著中已经提出应根据学生自我导向的不同程度加以区别（Graaff 和 Kolmos，2003；Kolmos，1996）。

——“任务型”项目，以具有高度的计划性与教师导向（即教学目标）为特征。教师将指导任务团队解决复杂的问题。教师会事先选择好问题和以问题为导向的方法，因此学生最关心的就是如何根据老师的指导完成项目。

——“学科型”项目，通常教师要根据项目的需要提前选择学科和科目领域的研究方法。不过，这可能仍需要项目团队根据项目指导方针中所阐述的原则对问题进行确认并定义。这些学科的相关指导方针在项目主题说明中会有明确的阐述。

——“问题型”项目，通常是指一个完整的、教师没有制订详细行动方案的项目。问题将决定学科领域及方法的选择，而对问题的阐释来自有关问题导向的主题。换句话说，围绕工作主题，学习团队可以广泛选择各种学科领域和方法。

另一种辨别 PBL 不同模式的方法由 Savin - Baden 提出，她归纳了 PBL 的五种模式（Savin - Baden，2000）。

——模式 1：面向认知能力的 PBL，知识在一个狭窄的问题情境中或多或少是命题性的。

——模式 2：专业化的 PBL，知识具有实用性、成果导向性，问题情境来源于真实的生活情境。

——模式 3：交叉学科的 PBL，知识既是命题性的，也具有成果导向性，同时具有实践性，而且所设定的问题集中于理论与实践相结合的情境中。

——模式 4：跨学科的 PBL，目标是检验特定的知识，问题情境具有不同程度的矛盾性。

——模式 5：培养批判性思维和竞争力的 PBL，根据已知情境建构的知识可能是暂时的，具有情境依赖性，而且问题情境是开放的、多维度的。

这五个模式从以分析解决问题为宗旨的狭义学科目标到跨学科知识的开阔视野，从有限的合理解决方案到开放的、非预定性问题领域的学习目标，反映出 PBL 图景中也存在着差异，并可以综合理解基于问题的学习和基于项目学习的多元化实践。

所有的模式都概括了一个事实：基于问题的学习和基于项目学习在某种程度上是有差异的，但有待于人们在各地实践中开发出混合模式。但这两种学习模式具有同一要素，那就是围绕问题来组织学习过程。问题作为学习中的触发器，是提高学生学习动力的关键。因此，学生在自身的学习背景和学习兴趣中找到问题是至关重要的。它可以是任何问题，或者是一个具体的现实问题，或者是一个纯理论问题。

值得一提的是，由于问题要反映出专业实践的环境和条件，因此，在某些情况下案例学习相对短暂，学生学习三四天便结束了；可在有些情况下，完成一项计划项目则可能会持续半年之久。

例如，医学课程中，典型的问题就是病人的案例。一般的家庭医生不需10分钟就可以做出诊断并提出治疗方案，而大型的工程项目却需要花上数年的时间和数以千计的人力。基于问题的学习和基于项目组织学习的另一个重要区别是，成果本质的不同，教育的最终成果是学生。由于成果通常处于评价体系的核心，所以成果不同，评价模式也有显著的不同。

四、基于问题与项目的学习原则

基于问题与项目学习的实践发展呈现出多元化的趋势，但各种模式均以同样的学习原则为依据（Boud 和 Feletti，1991）。事实上，大量的事实证明心理机制能够解释 PBL 的运作（Norman 和 Schimidt，1992）。Graaff 与 Kolmos（2003）从三个方面总结了其主要的学习原则：认知、内容和社会性。

认知方面，基于问题和项目的学习“围绕问题而展开”。它是核心原则，有助于强化学习动力。问题成为学习过程的起点，以学习者的经验为基础，将“学习置于现实情境中”。

学习内容方面，尤其关注“跨学科学习”，它打破了传统的学科界限。“理论结合实践”在某种意义上是指学习的成果要与学习目标相一致。

社会性学习，是团队学习模式。“团队学习”认为学习过程是一个社会化的活动过程，通过对话和交流进行学习。在团队中，学生不仅相互学习，而且能够分享知识，还能学会如何从组织中合作学习。社会性学习也涵盖了“参与式学习”的概念，这个概念体现了参与者在学习过程的参与权，尤其体现了参与者对问题阐释的权力。

本章的结论是，PBL 的模式丰富多样。由此，很容易在各个独特的研究领域找到灵感，也很容易找到适合各个研究情境的特定条件。

参考文献

Albanese, M. A. and Mitchell, S. (1992). ProBlem-Based Learning: A Review of Literature on Its Outcomes and Implementation Issues. *Academic Medicine*, 68(1), 52–81.

Algreen – Ussing, H. and Fruensgaard, N. O. (1990). *Metode i Projektarbejde*. Aalborg University Press.

Barrows, H. S. (1986). A Taxonomy of Problem – Based Learning Methods. *Medical Education*, 20, 481–486.

Barrows, H. S. and Tamblyn, R. M. (1980). *Problem-Based Learning: An Approach to Medical Education*. New York: Springer.

Berthelsen, J., Illeris, K., and Poulsen, S. C. (1977). *Projektarbejde*. København: Borgen.

Boud, D. and Feletti, G. (1991). *The Challenge of Problem – Based Learning*. London: Kogan Page.

Fraenkel, G. J. (1978). McMaster Revisited, *British Medical Journal*, 2, 1072–1076.

Graaff, E. de and Bouhuijs, P. A. J. (Eds.) (1993). *Implementation of Problem – Based Learning in Higher Education*. Amsterdam: Thesis Publishers.

Graaff, E. de and Kolmos, A. (2003). Characteristics of Problem-Based Learning. *International Journal of Engineering Education*, 5(19), 657–662.

Heitmann, G. (1993). Project Study and Project Organised Curricula: A Historical Review of Its Intentions. In Vinter, O.. *Project-Organized Curricula in Engineering Education*, Proceedings of a SEFI-Seminar Held 5th-7th May, 1993, Copenhagen.

Holten – Andersen, C., Schnack, K., and Wahlgren, B. (1983). *Invitation til Projektarbejde*. Gyldendals Pædagogiske Bibliotek.

Jansen, T. and van Kammen, A.– R. (1976). *Projektonderwijs: Afleren en*

Aanleren (Project Education:Un-learning and Re-learning). Purmerend: Muusses.

Kaufman, A. (Ed.) (1985). *Implementing Problem - Based Medical Education. Lessons from Successful Innovations*. New York: Springer Publishing.

Kolb, D. A. (1984). *Experiental Learning*. Experience as the Source of Learning and Development. New Jersey: Prentice Hall.

Kolmos, A., Fink, F. K., and Krogh, L. (Eds.) (2004). *The Aalborg PBL Model - Progress, Diversity and Challenges*. Aalborg: Aalborg University Press.

Kolmos, A. (1996). Reflections on Project Work and Problem - Based Learning. *European Journal of Engineering Education*, 2(21).

Little, P., Ostwald, M., and Ryan, G. (Eds.) (1995). *Research & Development in Problem Based Learning*, *Vol 3*. PROBLARC: University of Newcastle.

Negt, O. (1968). *Soziologische Phantasie und Exemplarisches Lernen. Zur Theorie der Arbeiterbildung*. Frankfurt am Main.

Negt, O. and Kluge, A. (1972). *Öffentlichkeit und Erfahrung: Zur Organisationsanalyse von Bürgerlicher und Proletarischer Öffentlichkeit*. Frankfurt am Main.

Neufeld, V. and Barrows, H. S. (1974). The McMaster Philosophy: An Approach to Medical Education. *Journal of Medical Education*, 49, 1040 - 1050.

Norman G. R. (1986). Problem - Solving Skills, Solving Problems and Problem - Based Learning. *Medical Education*, 22, 279 - 286.

Norman, G. and Schmidt, H. G. (1992). The Psychological Basis of Problem - Based Learning: A Review of the Evidence. *Academic Medicine*, 67(9), 557 - 565.

Prince, M. and Felder, R. (2006). Inductive Teaching and Learning Methods: Definitions, Comparisons, and Research Bases, *Journal of Engineering Education*, 2(95).

Ostwald, M. and Kingsland, A. (Eds.) (1994). *Research & Development in Problem Based Learning*, *Vol 2*. PROBLARC: University of Newcastle.

Post, G. J., Graaff, E. de, and Drop, M. J. (1988). Efficiency of a Primary - Care Curriculum. *Annals of Community -Oriented Medical Education*, *1*, 25 - 31.

Ryan, G. (Ed.) (1993). *Research & Development in Problem Based Learn-*

ing, *Vol 1*. PROBLARC: University of Newcastle.

Rogers, C. (1961). *On Becoming a Person*. Boston: Houghton Mifflin.

Savin - Baden, M. (2000). *Problem - Based Learning in Higher Education: Untold Stories*. Buckingham: SRHE and Open University Press.

Schmidt, H. G. (1983). Problem - Based Learning: Rationale and Description. *Medical Education*, 17, 11 - 16.

Schmidt, H. G. (1993). Foundations of Problem - Based Learning: Some Explanatory Notes. *Medical Education*, 27, 422 - 432.

Spaulding, W. P. (1969). The Undergraduate Medical Curriculum Model: McMaster University. *Canadian Medical Association Journal*, 100, 659 - 664.

Van Woerden, W. M. (1991). *Het Projectonderwijs Onderzocht* (*Research into the Project Method of Teaching*). Thesis, Enschede: University of Technology Twente.

Wilkerson, L., and Gijselaers, W. H. (Eds.) (1996). *Bringing Problem - Based Learning to Higher Education: Theory and Practice*. San Francisco: Jossey - Bass Publishers.

第二章　对基于问题的学习模式及其发展的挑战性反思

Maggi Savin－Baden①

一、引　　言

以解决问题的方式进行学习并不是一个全新的概念。基于问题的学习(和基于项目学习)的产生与发展反映了学习理念和高等教育的变化与演进。例如,20世纪60年代,教育者开始质疑传统的教学法,即教师仅作为单向传递信息的工具。由此展开对知识本质的探讨,人们关注的重心逐渐转向知识和不同要素之间的关系,如意义、经验、社会实践和意识形态的发展等要素。这些观点与其他背景的融合为变革提供了广阔空间,基于问题的学习作为一个创新型教育模式应运而生。

本章将介绍基于问题的学习理论的发展以及围绕它出现的一些主要争论,也将探讨PBL在高等教育变革过程中的发展历史。最后,本文将对PBL的实施提出一系列指导建议,包括早期的应用方法及近期发展中的多元化方法,如PBL在远程教育中的应用。

二、解读基于问题的学习

在基于问题的学习理念下,课程设计将问题情境作为学生学习的核心,并

① Maggi Savin－Baden,英国考文垂大学高等教育问题研究教授。——译者注。

渗透到课程(单元)学习的每一环节(如图2.1所示)。学习过程不仅仅是传递某一科目的知识,而是通过讲座、小组讨论、工作室或实验室等方式共同构建探究式学习的过程。无论一个学科单元,还是整个专业课程,都要依此设计。以一系列的问题情境为起点,帮助学生获得独立探寻知识的灵活的学习方法。

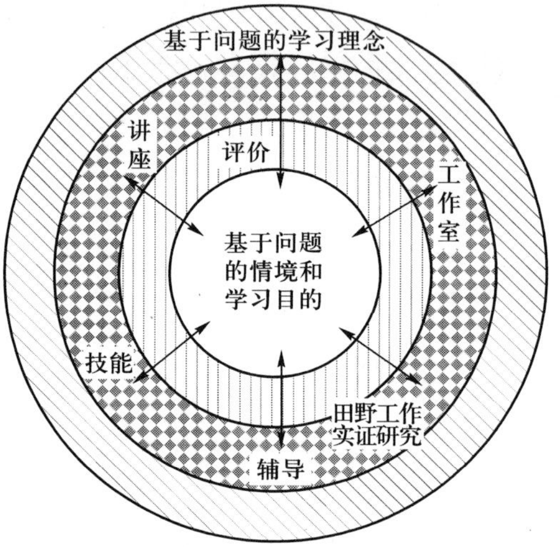

图2.1 基于问题学习理念的PBL课程设计

三、发展简史

基于问题的学习的产生与发展是以变革为标志的。与许多教学法相比,基于问题的学习产生得相对较晚。20世纪60年代,加拿大的Barrows和Tamblyn(1980)在麦克马斯特大学医学院研究学生推理能力时采用了基于问题的学习教学法,随后这个方法逐渐流行。Barrows和Tamblyn的研究成果和这一概念被麦克马斯特大学医学院采纳,标志着问题解决式学习的一个里程碑式的发展。问题解决式学习强调单个学生根据讲授课中提供的信息回答讲课老师提出的一系列问题。而Barrows和Tamblyn提出的这种新学习方法采用的方式是创设问题情境来激发学生投入到学习过程中,随后该方法以"基于问题的学习"而闻名。

早期的基于问题的学习有下列典型特征。学生以小规模团队[①]的形式创设一个问题情境，并在此过程中检验自己现有知识与技能上的欠缺，从而决定需要哪些知识来解决或实施他们设置的问题情境。因此，下面的模型归纳了早期的基于问题学习的特点(Barrows 和 Tamblyn，1980)。

——问题来自于复杂、真实的环境，因此没有“确定”的答案。这种真实情境是组织学习的核心。

——学生以小组形式发现问题，通过讨论确定学习目标，提出有效解决方案；

——学生通过自我导向的学习获得新知；

——教师起推动者的作用；

——问题的设置促进临床解决问题能力的发展。

60 年代后期，随着基于问题的学习理念在世界各地广泛传播，其最初的概念已经发生变化，现在的概念更加灵活多样。为了超越狭义的规范性定义，该方法的两个倡导者——Boud(1985)和 Barrows(1986)，勾勒出基于问题学习的概括性特点。他们都认为不应把基于问题学习看作学习的特殊方式或方法，而应看作一个概括不同形式学习方法的理念。

麦克马斯特大学医学院开发出基于问题学习的课程后不久，另两个新的医学院(分别是荷兰马斯特里赫特的林堡大学和澳大利亚的纽卡斯尔大学)也采纳了麦克马斯特大学的基于问题的学习模式，并且发展出他们自己的特色。原来的林堡大学，现在的马斯特里赫特大学于 1975 年新建一所医学院，他们将基于问题的学习作为前四年的主要学习策略。1992 年，该校还建立了与基于问题的学习相配套的新图书馆(Ebenezer，1993)。基于问题的学习对学生究竟有何影响，这是马斯特里赫特大学的导师们最初的兴趣所在。早期的研究关注基于问题学习在多大程度上能帮助学生解决问题。特别是，Schmidt(1983)发现通过检验“先前学习”的作用、评价学生检索信息的结果和探究学生阐述知识的清晰度，可以描绘出学生基于问题学习的潜力。之后，马斯特里赫特大学的研究(Schmidt 和 Moust，1995)致力于分析导师行为对学生成绩的影响。其重要研究表明，在基于问题学习的环境中，导师需要具备以下素质：一定的知识水平、与学生共同参与真实情境的意愿和用学生能理解的方式表达自己想法的能力。

---

① “团队”一词贯穿于本章之中，指称一组人为了共同的目标一起工作，成员有限，并共同参与决策。团队有一个核心、一套规则，但拥有的时间有限。术语“团队”(team)比“团体”(group)更适合用于指称基于问题学习的研讨中的讨论，因为这种研讨有核心和规则，并且所学的知识及学习进程取决于团队的决策方式，即如何决定在有限时间内学习的内容和方式。——译者注。

随着基于问题学习在马斯特里赫特大学的蓬勃发展，瑞典林雪平大学(Linkoping University)也开发出其独特的方法。林雪平大学的研究主要集中于科研与本科生教育的关系，如 Abrandt 等人(1995)的研究(2006 年在英国称为“研究导向式学习”)。从教师的角度看，早期研究主要采用定性方法对基于问题的学习进行研究。该研究(Abrandt 等，1998)发现，教师重视基于问题学习的同时，他们又面临着矛盾，即教师的角色应该重“教”还是重“学”，教师的作用应该是“辅助性”的还是“主导性”的。

基于问题学习在澳大利亚也广为流传。特别是 1973 年的《卡梅尔报告》指出澳大利亚医学院课程过于科学理论导向化(《医学院委员会报告》，1973)，对基于问题的学习的发展起了一定的推动作用。麦克马斯特大学、马斯特里赫特大学和纽卡斯尔大学不仅影响了全世界的医学教育，而且相互之间也有深刻影响。根据 Barrows(2000)所言，马斯特里赫特大学和纽卡斯尔大学的许多教育者花了大量时间到麦克马斯特大学来研究，从而更好地开发他们的新课程。这三所大学之间的交流合作与融会贯通推动该模式继续发展，并使它们各自开发的模式保持一致。但是，在其他领域中采用基于问题学习的方式因学科而异。例如，自 20 世纪 80 年代以来，基于问题的学习开始应用到与健康相关的专业中，包括美国密西西比州立大学的兽医医学、美国桑福德大学(Samford University)的医药学、美国北卡罗来纳州立大学和澳大利亚纽卡斯尔大学的护理学。20 世纪 80 年代，英国的西部伦敦高等教育学院(The West London Institute of Higher Education)与伦敦医学院的职业治疗采用了基于问题的学习法，布里斯托大学的社会工作教育也采用了基于问题学习模式。

基于问题学习发展迅速，超越了医学教育范围并逐渐延伸到职业培训相关的专业领域，如麦克马斯特大学的工程教育、英国考文垂大学和帝国理工学院的工程教育、马斯特里赫特大学的商科、美国斯坦福大学的教育学(Bridges 和 Hallinger，1996；Casey 和 Howson，1993；Major，1999)。基于问题学习也在世界各地其他学科中实施，如建筑学、经济学、教育管理学、法学、森林学、眼视光学、警察科学(police science)和社会工作等(Boud 和 Feletti，1997；Cordeiro 和 Campbell，1996；Bridges 和 Hallinger，1996)。在高等教育的职业领域，丹麦、芬兰、法国、南非和瑞典的大学也已经采用基于问题学习。

基于问题的学习的课程渐渐融入到传统的人文课程体系。20 世纪 90 年代末，美国阿拉巴马州伯明翰的桑福德大学开始将基于问题学习引入通识教育课程中试行。或许因为在通识教育中应用这些经典的 PBL 模式更有挑战性，现在基于问题学习在这些领域的推广速度已经渐渐变慢。当然，Hutchings 和 O'Rourke（2004：181）在英国的研究中指出："从本质上讲，文学研究是发散性的、开放的、具有质疑批判性的、反应迅速且富有创造性的科目，它对学生更有挑战性，也容易激励他们找到自己的思维模式。"Hutchings 和 O'Rourke 发现，就团队中的具体职责而言，任何强加的僵化组织结构都与学科中的学习本质相违背。

还有 3 个学校以"跨学科的基于问题的学习"而著称，并且其应用都延伸至人文科学领域。首先，1976 年建校的马斯特里赫特大学，其基础就是基于问题的学习的模式。其所有的学院，包括人文学院，都采用了基于问题学习法。第二，丹麦的奥尔堡大学在 1974 年建立之初，便在全校范围采用问题导向式基于项目学习。它与基于问题学习略有不同，关于该话题的深入探讨请参见 Graaff 和 Kolmos（2003）。第三，美国桑福德大学，其独特之处就是努力在人文课程上采用基于问题的学习模式。桑福德大学和马斯特里赫特大学都获得了中等教育改进基金会的资助，在人文科学领域建立起基于问题学习的横向合作关系。

四、主要论争

基于问题学习领域存在着许多主要的论争。论争之一是关于一门课程、一个单元或专业在多大程度上可以实施基于问题的学习。迄今为止，很少有人对基于问题的学习的课程设计进行深入讨论。相反，讨论主要集中在基于问题的学习的价值、基于问题的学习的实施方式和基于问题学习的类型（Boud，1985；Barrows，1986）。尤其最近，Conway 和 Little（2000）提出，基于问题学习应发展为教学策略或课程设计的依据。作为教学策略，基于问题学习可以被看作一种教学手段，与其他教学手段混合使用。因此，它应该用于一门学科，或者作为单元或专业的组成部分，在这个单元或专业中的其他科目则可能以授课的形式施行。在完整的基于问题学习的课程中，基于问题学习作为课程设计的理念，它推动了课程设计与学习二者的整合。这种情况下，学生每次解决一个问题，每个问题都可以激发学习。

还有一些关于基于问题学习类型的争论，最基本的两种类型是：纯粹模式（the pure model）和混合模式（the hybrid model）。纯粹模式指，所有课程都基于问题进行设计,模型可以是麦克马斯特大学的基于问题学习模式的版本,没有讲授和辅导,学生以小组讨论的形式学习。混合模式,通常包含固定的方式,如讲授、辅导等。讲授可以是预先定出时间表安排好的,也可以根据学生在学习过程中不同阶段提出的要求进行机动安排。所谓的纯粹模式也指医学院模式(the Medical School Model),它的基本定义涵盖了以下元素:小规模的团队,专门配备的辅导老师,以学生为中心。这对积极性高、学习动力较强、经验丰富的学习者而言是很好的选择(例子参见 Duch 等,2001)。然而这种分类的问题在于,现实中存在多种基于问题学习的形式,而大多数模式被归属为混合模式。因此,笔者认为:

> 基于问题的学习是一种学习方法,以灵活多样为特点。它可以在不同背景下以不同形式适用于多种学科、多个专业中。因此,不同的人在不同时期对它的看法是有差别的,这取决于教师和学生所参与的计划。然而,相似之处在于学习的核心是问题情境而不是分散的学科。

另一个主要的论争是基于问题学习与其他学习形式的关系。在许多传统课程中,可以加入基于项目学习、游戏、模拟、基于工作学习等各种各样的方式。然而,因为整个学习过程以探究和学生实践为中心,一成不变地使用基于问题学习的方式通常是不太可能的。

基于问题学习不同于其他教学方法。有些方法,如基于项目学习,已经有若干年的应用历史;其他的,如基于工作学习,则还是新生事物。

问题解决

从心理学的角度研究问题解决已有百年历史。然而,在 20 世纪 70 年代,研究者越来越坚信,从简单实验中发现的实证结果和理论概念,未必能解释和概括来自现实生活的更为复杂的问题。批判地理解问题解决,可以看作问题分析。最著名的方法是 Newell 与 Simon(1972)的方法及状态空间分析法(a state-space analysis)。该方法指的是问题解决者在问题域中探究,直到最终找到解决方案,或者无法找到故而放弃。在基于问题学习法中,问题解决是其要素之一,各大学对其强调程度不一。例如,马斯特里赫特大学提出了问题解决七步法(见表 2.1),反映了认知科学中经常使用的问题步骤。

表 2.1　问题解决方式的比较

问题的构成要素	马斯特里赫特:七步法
1. 问题空间:问题解决者所需理解的问题情境 2. 初始阶段:问题出现时,解决者所具有的问题解决能力 3. 中间阶段:任务开始后的情境状态 4. 目标阶段:问题解决后的情境状态 5. 情境从一个阶段变化到另一阶段的步骤、转型或运作、程序	1. 对定义、不清晰的术语和概念进行澄清,或者达成共识 2. 界定问题并找出需要解释的现象 3. 分析问题(头脑风暴) 4. 根据解释得出尝试性解决方案 5. 优先产生学习目标 6. 通过个人学习来研究学习目标 7. 汇报,综合解释,然后将新知识应用于最初的问题

关于问题解决与基于问题学习的关系,仍有许多争论。但最近的讨论主要集中于信息模式从一种情境向另一情境转化的可能性。Eva 等人(1998)提出,涉及学生将知识在不同情境中迁移的问题解决理论可以分为两个主要方面:

1. 抽象归纳法。它假定:学生在面对不同问题时,通过提炼出一般规律,进而学习不同的原则与概念。所以,学习独立于情境之外。

2. 保守归纳法:规律不能独立于具体的问题而存在,但专业知识却来自各种不同问题中共同具有的相同原则。

因此,一些认知科学的专家认为,把问题的原则教给学生,他们就可以使用这些原则去解决其他类似问题。当然,这带来了另外两个问题:问题解决在多大程度上可以作为通用技能?这些知识是否能成为其他知识的基础?

问题解决式学习

问题解决式学习不仅是针对既定问题找到解决方案,事实上也是许多教师使用多年的教学方法。其核心在于,给学生一份讲义或文章进行阅读,然后依据已知信息提出一系列问题,学生需要找到解决问题的方案,并在研讨会上以此为核心展开讨论。问题情境限定于互不关联的科目或学科领域。在某些课程中,学生有机会接受问题解决技能的特殊训练,但多数情况下并不可能提供。这种学习方式注重获取教师期待的答案和提供给学生的信息中所包含的答案。因此,解决方案通常与特定课程的内容相关,学生掌握这些方案对他们成为有能力、有影响的实践者至关重要。因此,解决方案限定于内容范围内,同时为了发现解决方案,教师们不期望学生对额外材料进行探索。

基于情境的学习

随着基于情境的学习模式的广泛使用,它已经成为许多“积极”的学习形式的总称,如基于问题的学习、个案研究、基于项目的学习、问题解决和在线学习或网络教学等。在线学习描述了一系列具体问题,提供了一些可供选择的行为,这使学习者可以得到满意的结果。因此,在线学习中的基于情境学习更多关注特殊的分散行为,而不是学习者建构自己的知识。它以情境认知概念为基础,认为脱离背景的知识是无法完全了解和掌握的。情境代表了现实的工作情境,要求学习者能够经历真实的状况。而且,它将会越来越关注学习者进步的表现,而非正确答案。只有在需要时才提供知识和信息的帮助,并通过影像和声音提高学生的投入感。

由于不断使用游戏、竞赛及与其相关的社会研究,以及高等教育中对游戏的运用,使得教学向基于情境学习和游戏的方向发展。过去,游戏经常被描述为人们在特定规则下合作竞争的运动(Jaques,2000),参与者表现的是真实的自我,例如,看手势猜字谜游戏、挑圆片游戏或曲棍球等。然而,电子游戏产业出现后,需要重新定义游戏和竞赛。模拟也被称之为“基于情境学习”的一部分。模拟就是提供一种情境,它在一定程度上反映现实生活。基于问题学习与模拟之间的混淆是因为二者都与真实生活情境相关。基于问题学习通常给学生提供真实生活的情境,他们按照真实的自我表现,无需扮演他人,展现出的情境根据课程标准进行了相应的修改。但是学生在模拟中则根据不同场景扮演类型各异的角色,如“你是工程技术公司的经理”,或者“你的目标是尽可能赚最多的钱”,导师则进行评判。

探究式学习和探寻式学习

这两种学习形式看起来非常相似,而且与基于问题的学习也很相近。在这样的情况下,它们经常被用于对社会保健和人文领域基于问题的学习进行描述。此时,消极的和无益的东西才能作为“问题”。例如,怀孕就不能算作“问题”而只是一个正常过程。然而,在其他例子中,如英国的曼彻斯特大学,探寻式学习被看作是更广的理念。“探寻式学习”指学习者以自我导向为核心进行探寻的学习形式,它旨在培养合作学习和深入参与的精神,探寻复杂而又模糊的问题。他们的例子说明,探寻式学习虽然与基于问题学习有明显的重叠部分,但它却包含一系列方法,例如:

- 基于项目活动；
- 基于问题学习；
- 工程教育中的产品设计项目；
- 商务研究中的个案研究项目。这种情况下案例通常来自真实生活，学生扮演顾问的角色；
- 艺术中的创造性项目，如媒体研究中的电影制作项目；
- 地理学和地质学中的野外绘图；
- 建筑学中的长期设计项目。

探究式学习(inquiry－based learning)，是在解决问题过程中关注高水平思维的一种学习方式。它通常指学生根据实践和课程中的要点，提出自己的学习问题，并根据自己的学习兴趣设立自己想要达到的学习目标。

这些不同的学习形式常常被误认为基于问题学习。基于问题学习的理念也常被提炼而作为学习技巧运用于大组(15～20人)学习中，这种分组规模似乎比一般“小组教学”规模要大(Jaques，2000)。人们对“探究”(inquiry)还是“探寻”(enquiry)的混淆并不够重视。例如，“探究”这个概念强调深入研究，而通常情况下，“探寻”更广泛地应用于查明某事或某物。这样看来，“探究”比“探寻”更恰当。

问题导向式学习

对问题导向式学习法(而不是基于问题的学习)的提倡主要来自于 Margetson 对知识本质的理解。他认为，有些知识未必是其他知识的基础。Margetson (1991)认为传统的高等教育假定知识是确定的，而且用这种假定的确定性与知识间的联系来维护“讲授型教学”(the didactic teaching)。他指出，为了避免问题“基于”知识的推论，我们需要摒弃“知识具有确定性”的认识，而代之以“问题导向式学习”，这样的问题既是开放的，也是真实的，答案也是“未知”的。

基于工作的学习

基于工作学习通常指通过工作进行学习，承担工作角色的同时进行学习。合作关系的建构在基于工作学习的话语中占据核心位置，合作关系的概念可以用不同的方式解释。例如，基于工作式学习的创立者与高等教育机构是“伙伴”关系，或者说他们以伙伴的形式选择与大学和学习者结盟。基于工作学习对许多职业的应用和发展都起着重要作用。它使人们摒弃了“高等教育是就业前的最终培训”的观点,同时促进了持续性学习、定期更新知识和职业化的继续发展,这在许多方面意味着高等教育机构不得不适应学习者的需求。基于工作学习通常不被认为是一种基于问题的学习方法,因为它关注通过工作而学习,强调现实工作环境中的个体引导和即时性问题解决。基于工作学习和基于问题的学习的区别在于,前者利用工作场景中的机会、资源和经验,因此学习结果需与工作目的相关。在基于工作学习中,学习者会得到雇主和大学的支持,但学习活动多发生于工作场景。

基于项目的学习

许多人认为,基于项目的学习是基于问题学习的同义语,因为二者都是以学生为中心的学习方法。对此说法众说不一。有些学者表示二者相同(Boud,1985),在反对意见中,有人认为基于问题的学习只能在小组中实施(Barrows 和 Tamblyn,1980),但也有人认为基于项目学习既可以在小组中实施,也可以由个人独立承担。值得一提的是,科研项目,尤其是博士研究项目,可以算作纯粹的基于问题学习。然而,这两种方法有着明显的差异,这些差异主要体现在课程设计中,而不是实施效果上。基于项目学习主要以任务为导向,项目通常由导师设定。即使没有设定任务或主题,也通常会有对其限定因素和评价标准的提议和建议。这两种方法的区别在于,基于项目学习:

- 要求学生以报告或设计方案的形式提交项目成果。而基于问题学习的重点不在于这种结果。
- 导师指导(而不是协助)项目。
- 要求学生找到方案或策略来解决问题。但在基于问题学习中,解决问题只是学习过程中的一部分,而且重点是问题的管理而不是清楚确定的解决方案。
- 项目的整个管理过程中导师的投入以某种教学形式体现出来。基于问题学习的焦点是学生找到自身的学习需求。一些基于问题学习课程用授课来支持学生学习而不是引导学习。
- 基于项目学习经常用于学位学习的最后阶段,这时学生已获得相当的知识储备,从而具有承担项目工作的一定能力。基于问题学习中,学生不需具备既定知识,相反,学生需要自己决定所需学习的知识。
- 基于项目学习常被看作是一种可以在课程结束时,通过统一活动整合多学科的机制。而基于问题学习的基础就是打破学科界限,从课程一开始就是如此。

因此，人们常将基于项目学习看作课程设计中的一种教学技术，而不是像基于问题学习那样的整体的教育策略。

行动学习

行动学习这一概念的提出是基于这样的理念——通过反思与行动可以解决问题。它指的是一组人聚集到一起形成行动学习小组。小组的成员共同工作，其目的是在固定时期内完成某项工作（McGill 和 Beaty，2001：1）。在实践中，这意味着每位成员带来一个需要帮助解决的现实问题。行动学习是以学习和行动的相互作用为基础的学习形式，因此它是一个持续的过程，个体需要对问题进行不断的反思与行动。基于问题学习与行动学习的区别在于，学习小组主要关注个体以及其未来行动（McGill 和 Beaty，2001：14－15）。在基于问题学习中，小组是一个合作完成任务的团队，团队工作的周期取决于单元或课程的长短，每组都会有一名教师做辅助工作。因此，在行动学习中学生对团队的控制力更强，而基于问题学习中辅助者会相当程度上影响学习日程。基于问题学习的课程中含有研讨会的成分，包括学生陈述发言、讨论事先预备好的资料等。行动学习组合体更倾向于个体化、自由发展，关注个人学习与反思以便使行动更有效率。

五、实施方法：新旧比较

基于问题学习有不同蓝本，但是指导人们在实现操作中进行课程设计的信息却相对甚少。以问题为基础的课程设计既受社会文化和组织文化的影响，也受学科的限制，如论文写作或理解知识的方式。尽管如此，我最近总结出一些基于问题学习的实践模式（见附录 1）和 8 种课程设计方式（见附录 2）。其目的并不是为罗列详尽的清单，而是提供思考问题和课程设计的方式。

事实上，基于问题学习的课程主要立足于建构主义，因为在课程中学生决定什么是知识，怎么样才能算做理解知识。这里的问题在于：这种建构主义的观点如何与基准及高等教育中出现的稽核文化（audit culture）相结合。近年来，我们目睹了向问责制和增加透明度的重要转变，它们更多地关注课程中学习的结果而不是学习本身。例如,如果目标是学生必须在限定时间内掌握既定的大量知识,课程设置有可能关注的是获取知识,而非学习本身。而以技能培养为中心的课程则关注知识对实践的有用性。当我们采用基于问题学习的时候,一个非常重要的环节是要考虑课程应在何种程度上被设计成为一个完整的实体。例如,在英国,健康与社会护理专业的学位课程是一个有机整体,由不同的单元有机整合而成。而历史课可能只是一系列单元,并未与整体课程整合,学生选上这些课只是为了顺利拿到学位。因此,课程设计对教师与学生的角色、责任以及其对于学习和知识的理解方式息息相关。各种各样新颖的基于问题的学习的方式如雨后春笋般相继出现,与此同时,人们对这些影响课程设计的、以学科为基础的教学法也越来越感兴趣。

六、同一主题,新的形式

变革与大部分创新一样都在飞速进行,这可以从情境式学习和探究式学习等学习方法在发展进程出现的重合中看出;基于问题的学习也在不断推陈出新。这些变革不仅发生在教学法方面,同时也体现在学科、空间和实践层面。以下为最近变革的三个例子。

每天一个问题

这种方式由新加坡共和理工学院教授提出(O'Grady 和 Alwis,2002),被称做"一天一个问题方式"。学生用一整天时间解决一个问题,然后在一周内解决 5 个不同但相关的问题。每日安排如下:

- 早晨,学生接到一个问题情境;
- 学生分为 5 组,每组 5 人(每班约 25 人,配备 1 名辅导老师),在教师的帮助下,这些学生分析该问题,阐明他们的已知内容和未知信息,并做出可能的假设;
- 小组学习确定他们将要调查的问题并讨论出研究策略以收集相关信息;
- 中午时间,各小组分别与老师会面并讨论他们的进展情况;
- 各小组分别得出问题的结果,并向其他四组同学和老师汇报研究结果，大家对其进行评估；

- 小组讨论，为自己得出的结果进行答辩、证明该结果的合理性并反思他们在小组中的学习方式；
- 学生得到单独评分，并把重要的学习时间记录在他们的学习日志中。

这种方式反映了其他许多运用基于问题学习的老师所采用的方法，只是它把时间压缩到一天。采用这种方法以后：

> 学生能够很大程度上学到技能和专业知识，这样，他们到了职业岗位上能很快胜任工作，迅速应用这些技能而不需接受额外培训；同时，他们也能很快地适应技术不断变革的高科技时代。（O'Grady 和 Alwis，2002）

面对这样一个相对较为新颖的方式，我们也对以下问题非常感兴趣：这种方式是否被别的地方采用；与其他在基于问题学习法应用形式更为灵活的环境中的学生相比，共和理工学院的学生是否会更快地厌倦这种方式。

基于问题的在线学习

把在线学习和基于问题学习结合起来，是一个复杂的活动，因为这两种方式各自都要求教研人员和学生有多种不同的教学和学习能力。这两者的组合几乎被认为是难以置信的。然而，也并没有清晰的结论认为它们是相互矛盾而不可协调的。在过去的几年中，交互式媒体的本质及其过程发生了相当大的变化。Britain 和 Liber 指出我们付出了相当大的努力致力于发展可管理的学习环境，而非教学方法（Britain 和 Liber，2004：8）。将基于问题学习和互动媒体相结合的目的是复杂的。人们常常用诸如“以电脑为媒介的基于问题学习”和“基于问题的在线学习”之类的概念来定义以电脑为工具的基于问题的学习形式。尽管如此，这种解释方式并没有指明使用电脑的方式、学生互动的领域、学习材料的质量以及在何种程度上符合基于问题学习的原则（详如 Barrows 的例子——关于分布式基于问题的学习的讨论，见：Barrows，2002）。此外，还需要提的问题有培养教师在线辅导的能力，提供同步活动以支持学生学习，鼓励学生的互动、协作和参与，激励那些很少参与在线 PBL 小组活动的学生，等等。

另外需要着重考虑“问题”在学习中的定位。有些形式提供的是一种带有 20 世纪 60 年代“基于问题学习”模式的特点。但是，在网络环境中，人们认为在 PBL（无连字符[①]）中的“问题”指的是分散式的学习对象。从本质上来说，这好像是承认要使网络教育更富创造性，因而“问题”为学生提供了更多的创造性学习方式，同时，“问题”也可以避免虚拟学习环境仅仅是知识的储存。以下特性十分重要：

- P-BL（有连字符）是这样一种学习方法，学生面向复杂和真实的情境，无“正确”答案，关注点是学习。学生们通过团队工作来分析解决问题、识别学习缺陷，并形成切实可行的解决办法以及通过自我导向式学习获得新知识；
- PBL（无连字符）中，人们用“问题”推动网络环境中的学习。大多数情况下，问题有明确的答案。除了线性解决问题的能力外，它对学生的要求很少。

在过去 5 年中，人们对互动媒介环境存在很多批评和质疑，认为它并没有创造有效的学习环境（Noble，2001；Reeves，2002；Oliver 和 Herrington，2003）。原因之一是互动媒介更关注的是技术而非教学设计，有人建议必须重塑学习设计的概念而不是将课程内容简单地重置在交互式媒介中去（参见如 Collis，1997）。此外，正如 Oliver 和 Herrington（2003）所提议的：

> 在支持知识建构的学习环境中，学习者必须有机会接触不同的资源，并且有机会选择所使用的资源及使用方式。资源开发的一个重要方面是提供给学生具有不同视角的内容……资料未必都是在线的。（Oliver 和 Herrington，2003：15）

在基于问题的学习中，需要澄清情境创设的方式以激发热烈的教育讨论。与面对面的基于问题的学习相比，网络学习更应该采用多样化的方式。在某一层面上，基于问题的学习与虚拟学习环境之间的内在联系为 PBL 和创新多媒体材料的发展带来了活力。然而，大量的文献表明，由于过于关注工作结果和任务的完成，PBL 在网络中的使用导致了其定义的狭隘化，这也局限了问题情境类型的选择和基于问题的学习方式的使用。

尽管如此，最有效的方式似乎是向计算机辅助式基于问题的学习方向发展。它是从教育学的角度把基于问题的学习的理念融于协作式的网络环境中。许多现行网络教育的模式大都是以教为中心，计算机辅助式基于问题的

---

① 无连字符的 PBL 指 Problem Based Learning，有连字符的 PBL 指 Problem-Based Learning。——译者注。

学习需要关注团队取向的知识建构话语。Scardemalia 和 Bereiter (1994)总结出这个话语的三个特点：

- 关注问题情境和理解的深度；
- 知识建构过程具有开放性，关注集体性知识，因此，深度理解成为探究知识的动力；
- 知识建构具有广泛性和包容性。因此，学习涵盖了学生、教师、行政人员、科研人员、课程设计者和评估人员。这扩大了学习和知识建构的视角，也意味着每个人的行为都会对他人产生影响。

涵盖了这三个特点的知识建构话语意味着，在协作式学习情境中，学习者和辅导者可能扮演着不同的角色，这样，网络教育与 PBL 的本质趋向一致。教师只需看到在线的讨论而无需参与，就可以协助学习。有时教师也会按计划安排与计算机辅助式基于问题的学习小组会谈从而参与讨论并辅导学生。

早期教育中的基于问题学习

可以这样认为，很多早期教育在形式上是以"问题为基础"为主导的。近些年，受杜威的影响，曾经有许多国家的政府鼓励和号召在早期教育领域采用更正规的模式。这种变革确实反映出政府行为的衰退和流向，但近年来早期教育出现了大量关注合作学习的基于问题学习模式。这些尝试反映出基于问题学习中隐藏的培养批判能力的主张，也反映出培养读写能力等方面的诸多模式。在意大利雷焦艾米利亚(Reggio Emilia)的婴幼儿和学前学校里可以找到更自由的基于问题学习方式的例证。这些学校的关键准则是将幼儿看作是有能力的学习者与研究者，并且反映出教学中倾听的价值。因此，对幼儿需求和劳动的尊重推动了教育理论的发展，它有利于更好地服务于幼儿。教师与研究者的工作——

> 不仅可以带来日常经验和行动，而且能够成为批判性评价和理论建构的基础……实践并非仅仅是证明理论获得成功的行动，而且也是理论中活跃的一部分：实践包含理论，实践生成理论，同时理论也反过来推动实践的发展。(Rinaldi，2001：342)

基本观点是：课程既不是以儿童为中心的，也非教师引导为中心的；而是由儿童起始，教师架构的。这种方式基于以下观点：

- 生成课程：以儿童兴趣为基础，小组计划为核心组成部分；

- 合作:小组合作活动,规模可大可小,对于幼儿的认知发展不仅必要而且意义重大。教师鼓励儿童在小组活动中去交谈、评论、比较、协商、推测,并解决问题。
- 教师作为研究者:教师的首要角色是和儿童一起作为学习者,这与高等教育 PBL 中的辅导者的作用非常相似;
- 环境:关注教室的布置和印象感觉。环境被认为是"第三个教师"。学校为所有幼儿提供的公共空间包括戏剧游戏区和工作台,这样不同班级的幼儿可以聚到一起。这点与 PBL 的大部分形式不同,但或许在高等教育中我们可以进一步考虑借鉴。

七、结　语

基于问题的学习是一种不断发展的学习方式,PBL 在高等教育领域应用的多样化也会带来更多的争论。然而,除了关于类型、应用和方式的讨论,在争论中最重要的议题就是基于问题的学习的重要原则,而非驱动学习的内容。PBL 对于教师和学生来说是一种挑战,需要他们以全新的方式看待学习和知识。因为它表现为,不同的东西在同一空间(地点)汇聚到一起,彼此之间的界限变得模糊,这种学习方式已成为人们生活和学习的一部分。然而,这是一种富于挑战性的学习方式,因为它给人们的生活带来了新的视角,也给人们的生活带来了困惑。从个人和教学法的角度来说,基于问题的学习可能成本较高,但它同样也是一个很有力度的转型过程。

参考文献

Abrandt, M., Castensson, R., and Dahlgren, L. O. (1995). *Problem-Based Learning in an Undergraduate Environmental Education – An Evaluation*. Linkoping University: Department of Geography and Department of Educational Psychology.

Abrandt, M., Castensson, R., and Dahlgren, L. O. (1998). PBL from the Teacher's Perspective. Conceptions of the Tutor's Role within Problem Based Learning. *Higher Education*, 36, 437 – 447.

Barnett, R. (1994). *The Limits of Competence*. Buckingham: Open University Press/SRHE.

Barnett, R. and Coate, K. (2002). Conceptualizing Curricula: A Schema. Imaginative Curriculum Knowledge Development Paper 2, www. ltsn. ac. uk/genericcentre, LTSN Generic Centre (Accessed May 20th).

Barrows, H. S. (1986). A Taxonomy of Problem – Based Learning Methods, *Medical Education*, 20, 481 – 486.

Barrows, H. S. (2000). *Problem – Based Learning Applied to Medical Education*. Springfield, Illinois: Southern Illinois University School of Medicine.

Barrows, H. S. (2002). Is It Truly Possible to Have Such a Thing as dPBL? *Distance Education*, 23(1), 119 – 122.

Barrows, H. S. and Tamblyn, R. M. (1980). *Problem – Based Learning, an Approach to Medical Education*. New York: Springer.

Boud, D. (Ed.) (1985). *Problem – Based Learning in Education for the Professions*. Sydney: Higher Education Research and Development Society of Australasia.

Boud, D. and Feletti, G. (1997). Changing Problem – Based Learning. Introduction to Second Edition. In Boud, D., and Feletti, G. (Eds.). *The Challenge of Problem Based Learning* (2nd). London: Kogan Page.

Bridges, E. M. and Hallinger, P. (1996). Problem – Based Learning in Leadership Education. In Wilkerson, L., and Gijselaers, W. H. (Eds.). *New Directions for Teaching and Learning*. San Francisco: Jossey – Bass, 53 – 61.

Britain, S. and Liber, O. (2004). A Framework for the Pedagogical Evaluation of ELearning Environments, Report to JISC Technology Applications Programme. http://www.cetis.ac.uk/members/pedagogy/files/4thMeet_framework/VLEfullReport (Accessed 28 July 2004).

Casey, M. B. and Howson, P. (1993). Educating Preservice Students Based on a Problem-centered Approach to Teaching. *Journal of Teacher Education*, 44, 1 – 9.

Clarke, R. (1978). The New Medical School at Newcastle, New South Wales. *Lancet*, 1, 434 – 435.

Collis, B. (1997). Pedagogical Reengineering: A Pedagogical Approach to Course Enrichment and Redesign with the WWW. *Educational Technology Review*, 8, 11 – 15.

Conway, J. and Little, P. (2000). Adopting PBL as the Preferred Institutional Approach to Teaching and Learning: Considerations and Challenges. *Journal on Excellence in College Teaching*, 11(2/3), 11 – 26.

Cordeiro, P. and Campbell, B. (1996). Increasing the Transfer of Learning through Problem Based Learning in Educational Administration. ERIC Document Reproduction Service, No. ED, 396 – 434.

Duch, B., Groh, S., and Allen, D. (Eds.) (2001). *The Power of Problem-based Learning*. Sterling VA: Stylus.

Ebenezer, C. (1993). User Survey Conducted at the Medical Library of the University of Limburg at Maastricht. Technical Report, Medical Library, University of Limburg. http://dlist. sir. arizona. edu/archive/00000242/ (Accessed 15 September 2003).

Eva, K. W., Neville, A. J., and Norman, G. R. (1998). Exploring the Etiology and Content Specificity: Factors Influencing Analogic Transfer and Problem Solving. *Academic Medicine*, 73(10), S1 – 5.

Graaff, E. de and Kolmos, A. (2003). Characteristics of Problem-Based Learning. *International Journal of Engineering Education*, 5 (19), 657 – 662.

Hutchings, B. and O'Rourke, K. (2004). Medical Studies to Literary Studies: Adapting the Problem – Based Learning Process for New Disciplines. In Savin – Baden, M. and Wilkie, K. (Eds.) *Challenging Research in Problem – Based Learning*. Maidenhead: SRHE/Open University Press.

Jaques, D. (2000). *Learning in Group* (2nd). London: Croom Helm.

Karmel, P. (1973). Expansion of Medical Education: Report of the Committee on Medical Schools to the Australian Universities Commission. Canberra: Australian Government Publishing Service (AGPS).

Major, C. H. (1999). Connecting What We Know and What We do Through Problem-Based Learning. *American Association for Higher Education Bulletin*, 51(7), 7 – 9.

Margetson, D. (1991). Is There a Future for Problem – Based Education? *Higher Education Review*, 23(2), 33 – 47.

McGill, I. and Beaty, L. (2001). *Action Learning* (2nd Edition). London:

Kogan Page.

Newell, A. and Simon, H. A. (1972). *Human Problem Solving*. Englewood Cliffs, NJ: Prentice Hall.

Noble, D. F. (2001). *Digital Diploma Mills: The Automation of Higher Education*. New York: Monthly Review Press.

O'Grady, G. and Alwis, W. A. M. (2002). One Day, One Problem: PBL at the Republic Polytechnic Paper Presented to 4th Asia Pacific Conference in PBL. Hatyai, Thailand, December 2002.

Oliver, R. and Herrington, J. (2003). Exploring Technology - Mediated Learning from a Pedagogical Perspective. *Journal of Interactive Learning Environments*, 11(2), 111 - 126.

Reeves, T. (2002). Storm Clouds on the Digital Education Horizon. In Williamson, A., Gunn, C., Young, A., and Clear, T. (Eds.). *Winds of Change in the Sea of Learning*. Proceedings of the 19th Annual Conference of the Australasian Society for Computers in Learning in Tertiary Education (ASCILITE). Auckland, New Zealand: UNITEC Institute of Technology, 17 - 26.

Rinaldi, C. (2001). Reggio Emilia: The Image of the Child and the Child's Environment as a Fundamental Principle. In Gandini, L., and Edwards, C.. Bambini: *The Italian Approach to Infant/Toddler Care*. New York: Teachers College Press, 49 - 55.

Ritzer, G. (1996). McUniversity in the Postmodern Consumer Society. *Quality in Higher Education*, 2(3), 185 - 199.

Savin - Baden, M. and Gibbon, C. (2005). Online Learning and Problem - Based Learning: Complementary or Colliding Approaches? In Savin - Baden, M., and Wilkie, K.. *Using Problem - Based Learning Online*. Maidenhead: McGraw Hill.

Savin - Baden, M. and Major, C. (2004). *Foundations of Problem - Based Learning*. Maidenhead, Open University Press/SRHE.

Savin - Baden, M. (2000). *Problem - Based Learning in Higher Education: Untold Stories*. Buckingham, Open University Press/SRHE.

Scardemalia, M. and Bereiter, C. (1994). Computer Support for Knowledge - Building Communities. *The Journal of the Learning Sciences*, 33, 256 - 283.

Schmidt, H. G. (1983). Problem - Based Learning: Rationale and Description.

Medical Education,17(1),11-6.
Schmidt,H. G. and Moust,J. H. (1995). What Makes a Tutor Effective? A Structural - Equations Modelling Approach to Learning in Problem - Based Curricula. *Academic Medicine*,70(8),708-714.

附录一:基于问题的学习的模式类型[①]

模式 1:提高认知能力(epistemological competence)的 PBL 模式

模式 1 以其知识观为特点,即知识在本质上是命题性的。学生需要提高知识的应用能力,以便解决并管理问题。

模式 2:培养职业能力(professional action)的 PBL 模式

作为一个包罗万象的概念,这种 PBL 模式的内涵是“懂得如何做”。这里行动决定了课程的基本原则,学习既是使学生具有行动能力的知识,也是使学生有能力胜任实践工作的机制。

模式 3:促进交叉学科理解能力(interdisciplinary understanding)的 PBL 模式

这个模式不是要求“懂得如何做”,或者是获得命题性知识,PBL 成为连接“懂得如何做”与“知道是什么”的媒介,同时也是课程中沟通不同学科知识之间的桥梁。

模式 4:发展跨学科学习能力(tran-disciplinary learning)的 PBL 模式

在这个模式中,PBL 的运作功能是让学生认识到学科界限既是真实存在的,又在某种程度上也是虚假的,而且界限是人为建立的。学生可能打破学科界限,但未必会挑战学科知识的框架。

模式 5:培养批判性竞争力(critical contestability)的 PBL 模式

这种 PBL 模式试图为学生提供一种高等教育类型:课程设置以多种方式提供行动、知识、推理和反思的模型;同时还为学生提供挑战、评价和质疑的机会。学生因此要去检验潜藏在某一学科或专业中的基本机制和信条,以理解这一学科以及它的基本信念。通过深入探索这些学科的潜在含义,学生会达到跨越和反思学科界限的目标。

---

① 见 Savin-Baden,2000.

附录二：基于问题的学习的课程模式[①]

模式 1：单科模式(single module approach)

这种形式主要出现在专业学习的第三年，在 1 个模块(可能 2 个)中实施。

模式 2：小样本模式(on a shoestring)

这种形式主要由对此感兴趣的教师单独实施，同时也可以回避持反对意见的人。结果可能是 PBL 在课程的很多个模块中得到应用，但却缺乏在某一领域实施的真正理念。

模式 3：漏斗模式(the funnel approach)

这种形式的课程设计呈漏斗状：开始先运用学生较熟悉的课堂讲授方式而不是基于问题学习模式，第二年采用问题解决学习法，最后一年完全采用基于问题的学习法。

模式 4：理论奠基模式(the foundational approach)

这种形式假设一些知识比另外一些知识更为基础，因此，在学生开始解决问题之前就应该把基础知识教授给学生。因此，第一年的教学重点应当是为学生提供充足的授课、辅导和实验时间，使他们理解并掌握必备的知识和概念。第二年和第三年的教学中可以采用基于问题学习。此类课程设计的基本假设是，首先教给学生基本概念，以达到知识的去情景化(decontextualised)，然后知识就被学生记住并用于解决新问题。

模式 5：双轨模式(the two-strand approach)

在此方式中，基于问题学习是课程必不可少的组成部分，该课程设计也是为了同时使 PBL 和其他学习方法的效用最大化。在双轨式方法中，可以清晰地发现不同类型的方法。基于问题的模块不仅自身与自身之间，而且它与其他混合方法中的模块也相辅相成。有可能会出现的情况是：每一轨中的模块都围绕连锁主题而设计，这样，混合方式中的知识和能力就会支持基于问题的学习而非与其背道而驰。

模式 6：拼凑模式(patchwork)

拼凑模式很复杂，对学生而言难度高，而且迷惑性强。这里，课程整体会

---

① 见 Savin - Baden 和 Major，2004.

使用PBL模式,但是由于考虑到直观要求,不同模块可能会同时运作但是却缺乏连贯性。学生需要同时解决2～3个不同的问题,但它们却未必相关。此外,不同模块的持续时间也不相同。某一个问题学生可能需要用4周时间解决,另一个问题则需要2周,而另外一个只需要1周时间。

模式7:整合模式(the integrated approach)

整合模式基于以下原则:基于问题的学习不仅仅是一种学习策略,更是一种课程理念。课程以合成的方式设计,这样,所有的问题都是有序的、跨学科的,而且紧密相连。学校为学生提供对此方法的解释和小组合作技能的培训。

模式8:复合模式(the complexity model)

Barnett和Coates认为课程本应该在知识、行动和自身之间保持一致性。以前的课程反映了学习者和课程设计者之间片面而割裂的世界,而该模式的这个观点大大拓展了人们对课程概念的认识。实际上,课程应是对知识与能力的管理和促进。

第三章 基于问题的学习：一种大学教学组织途径

Erik Laursen[①]

一、引 言

30年前，丹麦两所大学——洛斯基尔德大学和奥尔堡大学开始试行"基于问题与项目组织的学习"(problem-based and project-organized studies)，并展开组织层面上的教育变革。回顾30年的发展历程，人们对于这种教学方法的态度和评价大相径庭。本文认为这30年可以清晰地划分为3个阶段：

第一阶段，20世纪70年代，以"强烈的情绪"为特征。一方面是来自支持者的热情和开拓精神，另一方面是反对者的怀疑和批评。

第二阶段，20世纪80年代，支持者也对其表示怀疑甚至要放弃。20世纪80年代末，PBL[②]深陷困境。奥尔堡大学甚至出现激烈的争论，对"大学以后是否要将PBL教学法写在招生广告上"这一问题意见不一。

无论如何，PBL在30年中的发展虽然历经坎坷，但仍硕果累累。90年

---

① Erik Laursen，丹麦奥尔堡大学教授。——译者注。

② 本文所用的"PBL"指奥尔堡大学的基于问题与项目组织的学习。学生活动以"基于问题"和"项目组织"为特点，项目主要以团队形式实施。如此一来，可以指代这些学习活动的英文 problem-based and project-organized studies 缩略写法应该是"PPS"，既包含教学也囊括学习。但是，众多不同的缩略语已经使该研究领域变得纷繁复杂，译者不想再使大家徒增困惑，所以决定采用常用缩写"PBL"(其英文全称本为 problem-based learning，但在本章中的含义是指"基于问题与项目组织的学习")贯穿全文。——译者注。

代，也就是第三阶段，PBL的发展迎来了重大的胜利。在这一阶段，PBL重新获得了各个教育组织机构的信任。同时，PBL在社会和其他领域的影响也大幅提高。如今，人们已经通过各种不同方式，将PBL应用到教育的各个层面和各个领域之中。另外，PBL甚至已经成为了一种“常规的、必须有的”做法。

二、约定俗成世界里的新奇做法

PBL的发展获得重大胜利、成为常规的做法意味着什么呢？简而言之，在奥尔堡大学和洛斯基尔德大学，意味着这种教学方法已经成为教师组织教学的常规方法，获得了“必须有”的地位；意味着这种教学方法已经成为组织机构的“既定方法”。现在，尽管仍然有必要对学生项目和教师指导的质量等问题进行讨论，但人们不会问“这个学期的教育目标应该通过PBL还是其他方式来完成”之类的问题。

通常，对于一个既定的做法采取这样的态度很难促进一个组织在实践上进行创新发展。然而PBL在奥尔堡大学的发展并非如此，因为它的发展是一个非机械化统一的、无中心的过程，并深受不同研究影响。很多情况下，我们可以笼统地概括出PBL在组织层面上实施过程中普遍存在的一些特征，这些将在后文中详细论述。然而严格意义而言，奥尔堡PBL模式本身是一个“复数的概念”，以不同的“变式”存在，这一特征给讨论单一化的奥尔堡PBL模式带来了难题。

奥尔堡大学的情况非常有趣。一方面，作为一个组织机构，它已将现有的PBL学习模式视为约定俗称的既定教学方法。另一方面，在这个组织机构内部，PBL方法在不同院系学科的实际应用可以说是百花齐放，具体方法因不同学科性质而定。在这样看似“自相矛盾”的情况下需要建立一个宏观的框架。这样可以为不同的实践方法提供对比和理论反思，也可以激发批判性思维和创新性思想。

因此，本篇文章的第一个主题就是：PBL方法应该被视为一个涵盖广泛教学因素和教育方法的灵活的并具有组织性的框架。这一框架旨在功能性地融合各个因素，并使各个因素相互支持。

三、关于学习的“新概念”

现在,PBL 在 20 世纪 90 年代“东山再起”的真正原因是什么?为什么会出现这样的波折?

本文第二个主题为这一问题提供了一个可能的答案:**PBL 方法在 20 世纪 90 年代的“大获成功”同教学科研中的“焦点转换”有关,后者也发生在 20 世纪 90 年代——教育领域的关注焦点由“教”转换到了“学”。**

但是上述答案又引起新的问题:为什么教育科研领域的关注点由“教师如何教”转向“学生如何学”?在回答这一复杂问题之前,有一点应该明确指出:本文讨论的是人们“兴趣”的转换和“话语焦点”的转移,是相对“具体的行动变化”而言的。我们在此探讨的是一些教师以及专业人员对教育的看法,并不一定要包括在实际教育活动的组织和实施过程中所发生的变化。

在过去十多年中,我们理解和反思教育活动的方式深受“建构主义对学习过程的理解方式”的影响。建构主义理解方式的核心内容来自于皮亚杰对儿童认知发展的实验和理论(Piaget,1971)。最重要的一点是,皮亚杰认为认知和学习是积极的过程。另外重要的一点是他将学习定义为“一个建构的过程”,在这一过程中,学生必须形成自己关于“世界怎样组成、事件如何完成”的理解。人类的学习从模仿、复制和重复自己亲身的经历开始,但所有的这些都有我们自身独特的方式,建构成我们自己独特的“现实”,形成独特的生活方式。约翰·杜威指出,我们所有的学习都必须通过同自身想要开展的行为发生“有意义的联系”来进行。建构主义关于学习理解的第三个重要观点是:学习过程必须被视为一个“对干扰(disturbance)作出的反应”。这里受到的“干扰”是学生对“学习情境如何影响他们的学习活动”的期望(Piaget,1971;Bateson,1973;Von Glasersfeld,1995)。当某一“现象”同我们之前的“期望”不一致时,我们对这一现象的理解和了解就必须做出相应的改变。

“学习”这一概念不但重要,而且具有宏观指导作用。它要求我们开展教育活动时,将关注的重心由“教师的行为”转移到“学生的行为”。同时,它也提出了这样的问题:在这一教学框架内部,学生能够以及必须进行的活动有哪些?学生能够通过这些活动学到什么?为了得到一个完整的“学习的新概念”,我还需要再进一步增加两个因素:

首先,重视情境互动学习过程中的应用能力(Bateson,1973)。从这个角度看,如何把正规学习环境中学到的知识应用到社会和工作场景中是极其重要的。因此,应用能力是学习能力中非常重要的一部分。学习能力意味着学习者知道如何从行动中培养技能。20 世纪 90 年代,对学习能力的掌握通常指"学习如何学习(learning-to-learn)"(Bateson,1973)。

其次,"学习的新概念"强调对知识和能力的"反思能力",这一能力通常被称为"元认知"(meta-cognition)或者"自我反思"(self-reflection)(Flavell,1976)。元认知是指对认知过程、个人具有的能力和学习过程进行反思。举例来说,就是根据解决某种特定问题所需能力来做自我评价,并诊断出自己缺乏何种能力。典型的元认知从批判性地评价一个人的行为所带来的后果出发,寻求"行为所带来的结果"和"与行为相关的能力"之间的关系。

学习能力和元认知能力综合起来便能够被划归到"自我导向学习"这一概念之下,而这一概念正是"终身学习"理念的重要前提条件之一。

"自我导向学习"能力的内涵通过下面一系列问题展现,具有这种能力的人应该能够回答下列问题:

1. 为完成这项任务,我必须掌握哪些知识?
2. 在完成这项任务中我需要学习什么能力?(我还缺乏哪方面的能力?)
3. 如何培养这些能力?
4. 我愿意以怎样的方式获得这些能力?
5. 我已经学到了哪些,我仍然缺乏哪些?
6. 回顾:我是怎样完成这项任务的?

要实现"终身学习"和"为大多数人提供教育"这些具有重大政治意义的目标,重要前提条件是让越来越多的人有能力提出并且能够回答以上这些简单的问题。这也是为什么当前人们对能够培养这一能力的教育方法具有浓厚兴趣的原因。

四、奥尔堡模式及其获得广泛认可的原因

至此,我们已经了解这种反思教育活动的方法(由建构主义的学习观引发)如何在本阶段得到广泛的认可和传播。若将建构主义的一整套理念、概念

和理论转化成为实际的教学活动，PBL 的方法是迄今为止应用最广泛的组织层面上的教育变革方法。

上文已经指出，奥尔堡大学的 PBL 方法是一个“不同变式并存的复数概念”，这给我们把奥尔堡大学的 PBL 方法作为一个单一模式来探讨带来了困难。我们也应当注意到，与“内部区别”并行的，是洛斯基尔德大学和奥尔堡大学在其 PBL 发展的过程和状况方面也存在着明显的区别(Ulriksen，1997)。其实在百花齐放的实践方法中，仍可以总结出 PBL 在奥尔堡大学发展的一些普遍和基本的规律。下文将总结概括出这些最重要的规律并与上文所讨论的基于建构主义的“学习新概念”做一对比。

在基于问题与项目学习的实际应用中，学生要去完成一个项目并提交一份报告。项目是其他所有教育活动的“总体框架”。PBL 的方法模式是基于问题的，而且通常以“团队”的组织形式出现。

因此在整个 PBL 模式中主要元素为项目、问题、团队，在实践中主要基于以下 4 项原则。

1. 项目作为整体教学体系的框架(Laursen，1994，2002)。以小组为组织形式的基于问题和项目的学习过程中包括了个人学习的层面。这种模式也包含传统教学中上课这一重要因素。当这些因素都整合在项目的总体框架下时，学习过程对学生而言更富有意义和实用性。

2. 整个教育框架提出激进的“以学生行为为导向”的方向。这种方法的运用基于一个理念——项目和问题可以激发学生学习的主动性。好奇心、设计能力、制订计划并按照计划进行、对自己兴趣和想法的反思，这些都是运用 PBL 学习方法的重要前提基础。

3. 项目由问题引导，由学生完成。一方面，这个问题必须能够引起学生主观兴趣；另一方面，还必须同课程内容和学习目标(也是教学目标)相关。这个问题就是一个“干扰”，它存在于对学习活动的期望和实际发生的学习活动中。进一步而言是理论性问题和实践性问题的差异（Kjersdam 和 Enemark，1994；Adolphsen，1985)。常见的反思注重日常实践活动，而理论性的反思通常出现于专业领域的讨论。因此结合理论性和实践性的反思不是一件容易的任务，尤其是要把实践性的问题重新组织成理论性的问题。

4. 学生在个人的学习过程中能够得到“承载理论的”以及“问题导向的”讨论的支持。导师与学生之间或是学生之间的讨论是同项目融合为一体的。理论性较强的讨论可以帮助学生更好地掌握相应的理论知识和学术探讨的能力，也对学生的元认知能力和批判性思维的发展过程起关键作用。

以上四项原则结合一起，能够构建出一个充分体现建构主义学习理念的

教与学的情境:

1. 行动是学习的前提条件。(原则 2:激进的"以学生的行为为导向"的方向。)

2. 学习是一个建构的过程。(原则 3:以问题为导向的原则。)

3. 学习是对"干扰"的反应。(原则 3:以问题为导向的原则。)

4. 应用能力的重要性。(原则 1 和 3:项目从问题出发并作为应用的框架。)

5. 元认知能力的重要性。(原则 4 和 1:在团队学习和导师辅导的情境下,以学术的方式处理问题。)

PBL 同建构主义学习观之间的紧密联系便形成本文的第三个主题:PBL **模式之所以能够在 20 世纪 90 年代获得成功,主要原因是它为人们对知识的应用能力和元认知反思能力的发展提供了"支持框架"。**

五、衡量成功的标准变了吗

有人可能会对第三个主题提出批评:从最初阶段开始,"自我导向式学习能力"的发展就一直是衡量 PBL 模式应用的最重要标准之一,因此,不能将其看成是 PBL 发展到 20 世纪 90 年代才出现的一个方面。

早在 20 世纪 70 年代,就有人将"个人能力及应用能力的发展"作为支持 PBL 模式的理由,这是一个不争的事实。但阐述第三个主题的理由是:那时,大学里采取"基于项目学习"的大部分教师和学生都认为这一方式是以后教学发展的方向,其"合法性"需要得到认可。20 世纪 70 年代,大学教学向"基于项目"的方向发展的驱动力来自于当时对传统的学科划分和等级式大学教育方法的强烈批判。对一套体制化的、有高度概括性的、规范性的、关于"什么是优质的学习内容"和"机构应以怎样的方式更好地组织运转"的理念的需要引发了上述的方向性的发展。

接下来将对上述理由做进一步的延伸。为了达到这一目标,本文引入了"教学三角"(Künzli,1998;Laursen,2002;Bering Keiding,2003)(见图 3.1),这是一个非常有用的分析模式。教学三角清晰而系统地展示了教学过程中的核心因素:教学的"内容、主题、学习目标","学习者或学生(即学习所教内容的人)"和"教师"(即学习者和学习内容之间的协调者)。这里也存在着三种重要的关系：首先，学习者和学习内容、学习目标之间的关系，我们将这一关系命名为“认知轴”(acquisition axis)；其次，教师和学习内容、学习目标之间的关系，称为“再现轴”(representation axis)；然后，教师和学生之间的关系，“互动轴”(interaction axis)。

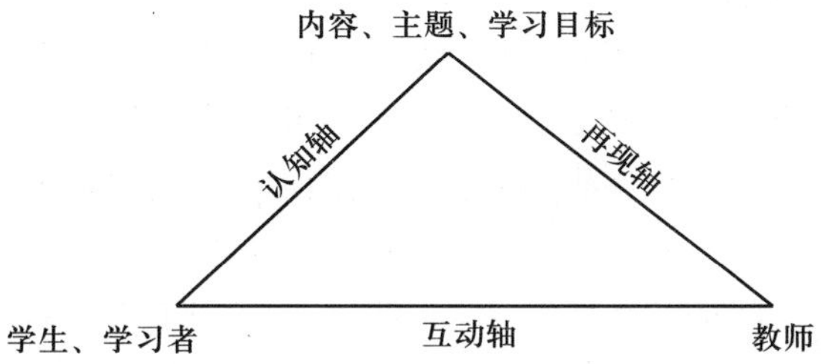

图 3.1 教学三角模型

如前文所述，20 世纪 70 年代期间，向“基于项目学习”发展的内在驱动力是当时人们对于改变“学习内容”和“教师与学生之间关系”的兴趣。而一系列论证完整的“可选择方案”也为这一兴趣的发展提供了基础。在 Knud Illeris 关于“以问题为导向和自我支配学习”的重要著作中(Illeris，1974)，他强烈支持这一教育模式的理由很大程度上来自皮亚杰对于学习过程的理论化理解的影响。然而事实上，在 20 世纪 70 年代，建构主义的学习理论并没有在大学的日常教学活动中起到重要影响。那时，在建构主义者看来，大部分“项目”中的“问题”都不能称之为“干扰”。甚至在今天，在“项目”中形成的“问题”仍被建构主义者认为是“项目的框架”而已，而“项目”则融合了一系列的“具体问题”和“干扰”(Laursen，1994；Leiking 和 Laursen，2003)。

对于 20 世纪 70 年代 PBL 方法的发展而言，“认知轴”上“学习”这一方面并不重要。对于 Illeris 和他的同时代人来说，跟“学生”相关的重要方面不是“学习”，而是“影响”。具体是指：谁来决定？学生应该学习什么？Illeris 为自己的著作起了个非常恰当的名字——《问题导向和参与者的自我控制》。这本书中很重要的一点就是，学生应该能够影响他们所承担的项目内容，并且，形成项目背景的问题应当“在主观上对学生有意义”。实际上，尽管“学生中心”的取向非常明显，它只在“项目中问题的内容”上认可了学生的影响，而并没有对学生在项目中采取何种理论、何种方式等决定上产生影响。因此，“学生应当学习什么”的最核心部分实际上是很难“协商”和“影响”的，因为它仍由教师来决定。

因此，本文认为：20 世纪 70 年代，PBL 是在一个严峻的历史背景下发展起来的，那就是“教师决定学习内容”。

在20世纪90年代,教育发展的背景发生了很大变化。明确划分“学习内容”的特征已经不复存在:不同学科之间的界限也日渐模糊。许多学科已经“去中心化”而成为“一种情境”,在这一情境内部,若干个互补兼容的范式、理论方向和次级学科相互竞争,想要达到“单独控制”整个大学科的地位,但都没有实现。知识和信息的产出量剧增,在大部分的学科中,单单是新出现的新理论、新概念和新的研究成果已经足以使人“望洋兴叹”。另外,在大部分的研究和专业领域中,实践活动的“总体形态”已经开始向更加复杂的方向发展。因此,在一些专业领域内,现在很难断定哪些能力属于重要的“核心能力”。也很难预测十年之后,“核心能力”又会出现怎样的变化。

教师与学生之间的关系已经由20世纪70年代的“对称关系”(symmetrical ideal)发展到如今的“不对称的关系”甚至“互补关系”。在“对称”的传统师生关系中,教师的角色是了解某一特定的学科内容,并开展教学工作;而学生的角色是学习,而非产生新的知识并让教师也有学习的机会。

与这种非常传统的师生互动方式相对,“认知轴”采取不同的方式将学生和学习内容联系在一起,这种方式反映了在“后现代时期”普遍出现的几个发展趋势(Beck,1992;Giddens,1991)。实际上,今天的学生在“自己想要学习什么内容”这一方面有了相当大的控制权。他们能够影响的,不仅包括对“问题”的选择,还有对理论、方法和范式的选择。而矛盾的是,如今有许多学生并不希望自己能够发挥这些影响。

实际上,学生们当然希望能够影响自己“应该学习的内容”,但是他们更希望能够在清晰划分的学科背景下,或者在对相关职业领域中“核心能力”有所了解的情况下做出这些决定。为了决定学习内容及其“优先顺序”,学生会向教师寻求帮助,希望教师能够告诉他们哪一部分的学习内容(知识,技能)应该置于首位。当学习内容确定了之后,学生还希望教师能够在“选择哪一个问题”和“采取哪种方式来学习”等方面提供指导。

20世纪90年代期间被提及最多的教育学术语之一就是“为自己的学习负责”(Bjørgen,1995)。在实际中,这一模式的教学法倾向于让学习者承担责任——学生不仅要为自己“怎样学习”负责,还要为自己“学习什么”负责。

因此本文可总结如下:从20世纪70年代到20世纪90年代,PBL的内容和背景都发生了重大变化——在70年代,教师在“应当研究什么理论、方法和范式”上有重要影响。我们还可以看到,当时教师和学生之间是相当“对称”的关系。

到了20世纪90年代乃至今天,学生们在“应当研究什么、学习什么”的问题上具有重要的影响作用。但同时,师生关系变得“不对称”和“层级化”。教师们在各种“知识体系”上依然具有传统的“象征性权威”(Bourdieu 和 Passeron,1977),但他们也可以被视为“出售”这些“知识体系”的人。由“消费者”,即学生来决定自己要“购买”什么。

衡量“基于问题和项目的教学法”的成功标准确实已经发生了变化。这些变化具有如下特征(这也是本文的第四个主题):**如今,PBL 方法的成功取决于它是否能够成功地应对这样的情形:对学习内容的限定极其宽松灵活,同时要求学生的发展体现在知识的最高层面上,再加上学生能够在学习内容的选择上起到重大影响。一般情况下,要实现这种情形,需要将关注的焦点放在学生整体能力的发展上,如应用能力、元认知能力和个人能力。**(Rasmussen 和 Laursen,2003)

六、当前的问题

在这一背景下,我们能否认为,PBL 在大学的应用已经“大获全胜”了?不能。

笔者认为下列是 PBL 方法在应用中现存的四类问题:

1. 项目中所涵盖的不同教与学的形式并不是以功能性的方式结合在一起。正相反,这些不同形式组成的是一个支离破碎甚至是令人迷惑的、庞杂的整体。这些体现在:项目和课程相互竞争挤占学生的时间和精力,有时两者甚至分别进行考试。本文将这一混乱现象归因于“学科的去中心化”,即课程的延伸导致了对学习内容范围界定的不明确。“去中心化”的情境也为提出学习质量标准带来了难度,而质量标准是学生对项目学习进行批判性自我反思和自我评价的重要工具。

2. 在学生的能力和知识的增长过程中,专业知识的递增有时未必明显。突出表现包括学生有时会倾向于回避相对枯燥和难度较大的专业内容,有时会倾向于重复利用自己已经掌握的内容。如上所述,灵活性和范围不明确的学习内容是当前 PBL 方法应用的重要前提之一。然而,在学习过程中学生有时不能及时得到“项目与学习内容之间的相关性”方面的指导。

3. 兴奋的个人,却组成了沉闷的团体。个人的学习过程需要得到整合在项目活动中的“理论承载”和“问题导向”的讨论的支持。一部分讨论发生在学生之间,然而有时这些讨论会花费大量的时间,同时很难建立和维持稳定的讨论关系。尽管这些讨论对于学生元认知能力的发展具有重要作用,但学生有时会缺乏参与的动力。

4. 过于随意的考试。学习内容范围的不明确,加上学习目标散乱、不集中,一般会导致考试方面出现问题。通常,问题集中于"哪些内容需要明确的考试"以及"哪些内容只需要考官和学生之间形成'只可意会的、直觉式'的理解即可"。在不久的将来,这些考试就很可能发展成为大学最"棘手"的领域之一,到那个时候,学生和教师之间的冲突可能会相当激烈。因为一方面,学生个人选择了自我能力的发展途径,而另一方面,教师却还承担着维持自己学科体系的责任。

七、未来的发展

在谈及"基于问题与项目组织"教学法时,我们必须强调,这种方法仅仅是众多组织学生学习的方法之一。如何建构这一框架取决于使用该方法的三个方面:学生素质、学习目标和学习内容(Keiding 和 Laursen,2003)。

PBL 是一个富有弹性的、灵活的方法,其中大部分的因素可以当作变量来考虑。以"构建的问题"为例,这取决于学习目标和学生素质。另一个变量是"资源领域",即由理论、模式、方式和数据组成的项目工作的"原材料"。这决定了可供学生选择的"可能性区域"的开放程度。

需要强调,PBL 当前发展的一般规律是:制订学习目标时,要将"培养自我学习能力和解决问题能力"同"专业知识"结合起来。本文对 PBL 未来的发展提出三条建议:

第一,有必要研究出学生能够理解和使用的一整套学习目标和质量标准,这些目标和标准可以作为考试和学生进行自我评价的工具。应当以适当的方式表述这些学习目标,才能够被用来衡量项目和确定项目的相关性。教育学的反思不能解决学科"去中心化"带来的问题,但是只有这一问题得以解决,"基于问题的项目工作"才能成为"自我导向学习"中能力发展的框架。

第二,构建一个清晰的、由专业知识贯穿的、同时还要联系最重要的个人能力和教育目标的进展过程。这一进展过程需要体现在以下各方面:方法、使用、解决和处理复杂问题的能力。

第三,必须提出一个全新的关于"问题"和"项目"的概念。该观点指的是:

要在“学习目标及学生素质”和“教学框架的选择”之间建立一个信息更加畅通、更加准确清楚的联系(Laursen,1994;Keiding 和 Laursen,2003)。

参考文献

Adolphsen,J. (1985). *Problemer i Videnskab: En Erkendelsesteoretisk Begrundelse for Problemorientering*. Aalborg Universitetsforlag,Aalborg.

Bateson,G. (1973). *Steps to Ecology of Mind*. London: Paladin.

Beck,U. (1992). *Risk Society: Towards a New Modernity*. Cambridge:Polity Press.

Bjørgen,I. A. (1995). Læringsprocesser i Gymnasiet. In K. S. Iversen & K. Svejgaard(Ed.). *Læreprocesser i 90'Erne. - Ansvar for Egen Læring?* Århus:Statens Erhvervspædagogikse læreuddannelse.

Bourdieu,P. and Passeron,J - C (1977). *Reproduction in Education*,Society and Culture. London:Sage Publ..

Flavell,J. H. (1976). *Cognitive Development*. New York:Prentice Hall.

Giddens,A. (1991). *Modernity and Self -Identity*. Cambridge:Polity Press.

Glasersfeld,E. von (1995). *Radical Constructivism: A Way of Knowing and Learning*. London:Falmer Press.

Illeris,K. (1974). *Problemorientering og Deltagerstyring: Oplæg til en Alternativ Didaktik*. (*Problemorientation and Selfdirected Learning: Towards an Alternative Didactic*). Copenhagen:Munksgaard.

Keiding,T. B. (2003). *Hvorfra min verden går*. Institut for Læring. Aalborg:Aalborg Universitet.

Kjersdam,F. and Enemark,S. (1994). *The Aalborg Experiment:Project Innovation in University Education*. Aalborg: Aalborg University Press.

Künzli, R. (1998). The Common Frame and the Places of Didaktik. In Gunden,B. B. & Hopman,S. (Eds.). *Didaktik and/or Curriculum*. New York:Peter Lang Publ..

Laursen,E. (1994). *Evaluering af den Samfundsvidenskabelige Basisuddannelse på Aalborg Universitet*. Aalborg:Aalborg Universitet.

Laursen, E. (2002). Projektpædagogik, Konstruktivisme og Individualisering. In Kolmos, A. & Krogh, L. (Eds.). *Projektpædagogik i Udvikling*. Aalborg: Aalborg Universitetsforlag.

Laursen, E. and Keiding, T. B. (2003). The Relation Between Types of Problems and Learning Outcome. In *Teaching and Learning in Higher Education: New Trends and Innovations*. Aveiro: University of Aveiro.

Laursen, E. and Rasmussen, J. G. (2003). A Problem Based Canon – A Draft for an Alternative Way to Enhance Progression in University Studies. In Kolmos, A. et al. (Eds). *The Aalborg PBL-Model – Progress, Diversity and Challenges*. Aalborg: Aalborg University Press.

Piaget, J. (1971). *The Construction of Reality in the Child*. New York: Ballantine Books.

Smith, R. M. (1983). *Learning How to Learn*. London: Open University Press.

Ulriksen, L. (1997). *Projektpædagogik-hvorfor det?* Erhvervs-og Uddannelsesgruppen. Unipæd Projektet Nr 7. Roskilde: Roskilde Universitetscenter.

第二部分

变 革 管 理

第四章　走向基于问题的学习的教育变革

Anette Kolmos, Erick De Graaff①

一、引　　言

由传统教育走向 PBL——本章讨论这一变革过程的目的是为了在课程发展的过程中大力推行 PBL 的学习原则。这并非说本章偏爱某一类特定的 PBL 模式，因为不同的机构可以通过不同的方式实践 PBL 的学习原则。20 世纪 60 年代末至 70 年代初，若干个基于问题与项目教学法的新型大学相继成立，如加拿大麦克马斯特大学、荷兰马斯特里赫特大学、丹麦奥尔堡大学和洛斯基尔德大学、瑞典林雪平大学、澳大利亚纽卡斯尔大学等。PBL 的学习原则建立在这一时期的学习理论和创新教学经验的发展历史基础之上。

上述大学均为在建校之初便开始试行 PBL 的典范。这种相同的背景有利于这些新建的大学挣脱传统理念和习惯的束缚从而为学生开发出全新的课程，并开创实践 PBL 教育模式的先例。本文将着重介绍从传统的教学和学习体系转向 PBL 体系这种更为复杂的变革过程。传统的体系采用普通的讲授方式，而 PBL 体系以其学习原理为基础，涵盖了基于问题学习、基于项目学习、基于团队学习、交叉学科学习和情境学习等多种学习方式。

在全球化进程加速的背景下，由于对终身学习技能需求的不断攀升，传统学习模式需要逐渐向以学生为中心的学习模式转变。在这个过程中，每一个推行 PBL 模式的机构也都有自己独特的发展历程。大体上，从传统模式走向

① Anette Kolmos 博士，丹麦奥尔堡大学 PBL 和工程教育教授，UCPBL 教席主任。Erick De Graaff 博士，荷兰代尔伏特科技大学技术与通讯研究所副教授。——译者注。

PBL 模式的变革不同程度上都源自于下述期望：

- 降低辍学率；
- 激发学习动力；
- 提升大学形象；
- 支持新型能力的发展。

我们能从不同的角度观察到这种变革。当一个学院、系所或者专业进行课程改革时，组织层次上的变革就会随之凸显出来。而有些情况下，仅仅是教师对某一门课程进行了创新。本文主要从整体和系统的角度探讨组织变革。这些变革过程的类型十分复杂，并且每一个经过变革的组织都有其独特的发展历程。然而与此同时，这些组织的发展过程仍有许多相似之处，从中可以总结出高等教育变革过程的模式。

二、教育变革

如何将“变革”概念引入教育领域仍是一个挑战。本章旨在帮助读者理解涉及文化、组织及课程等各个层面的教育“变革”的概念。关于组织领域的研究表明，通常变革的目标是开发新产品，或者降低产品的生产成本。若把这些概念引入高等教育领域，产品就不再是有形的物质产品，而是学生的知识和能力。换言之，教育改革的最终目的在于提高学生的学习绩效。

在为数不多的从组织角度探索教育变革的研究者中，Fullan(2001)在理论和实证方面都做出了独特的贡献(见图 4.1)。他提出教育变革的成果不仅包括学生学习的转变，还包括组织竞争力的转变。西方国家高等教育领域共同面临的各种问题，如学生辍学，不断促使教研人员进行变革以促进学生学习能力的发展及学习效果的提高。

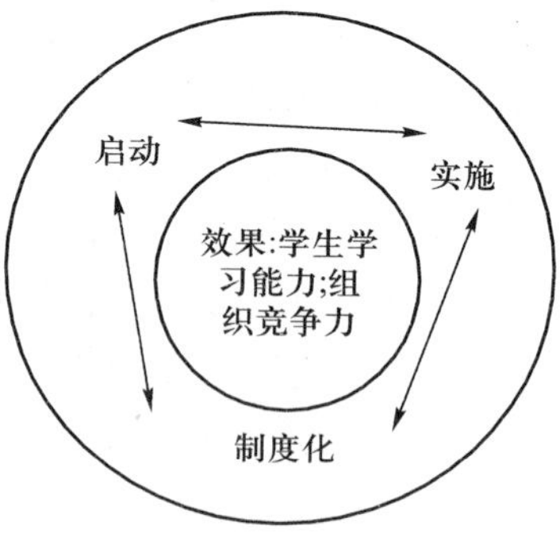

图 4.1　变革过程概览
(Fullan,2001)

Fullan(2001)还强调变革是一个耗时较长且意义深远的过程，而非一日之功，因此变革不可能一蹴而就。

Henriksen 等人(2004)认为要理解组织变革,就需要掌握"现实"这一概念,因为组织内部的变革就是现实的变革。他强调要了解现实,至少要深入了解四种要素:事实的资料、制度化过程中的核心逻辑、对重要价值观的描述以及与社会的交流和沟通。

因此,我们应当在更广泛的背景下分析和解释变革。价值观是教育变革中十分重要的部分,因为如果要避免变革流于表面,系统的变革和价值观的转向就显得尤为必要。Henriksen 还指出,变革离不开具体的环境,正如前文所言,不同变革的发展过程各不相同,因此我们很难用统一的模式去分析这些复杂的过程。有些变革仅仅发生在某一门课程内部,而有些变革会影响整个系统。

为了将上述观点应用于课程领域,我们需要一个更全面、更系统的方法来分析课程发展。Biggs(1999)曾提出 3P 模式,"3P"即预知(presage,即学生先前的知识经验与教学背景,如目标、评估、氛围和制度性程序)、过程(process)(聚焦学习的活动)和产品(product)(学习效果)(见图 4.2)。3P 模式描述的是一个平衡系统,各组成部分之间联系紧密。因此,应用该模式的关键在于遵循整体原则和协同性原则(principles of holism and alignment)。

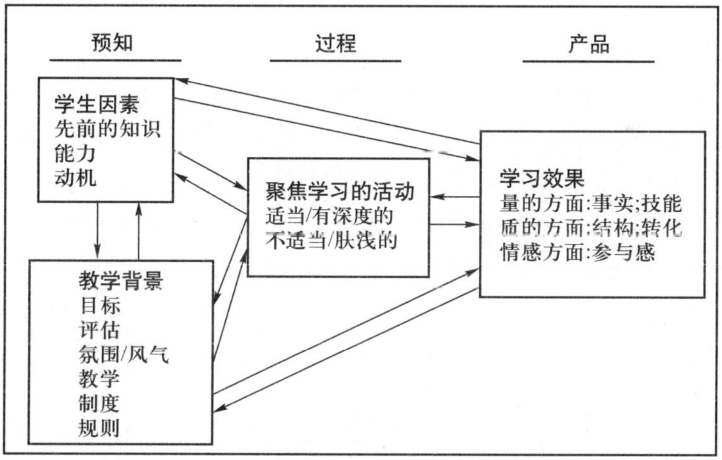

图 4.2 教学与学习的 3P 模式(Biggs,1999:18)

协同性原则要求下列各要素之间形成连贯的逻辑关系并且相辅相成(Biggs,2003:26):

- 所讲授的课程;
- 所使用的教学方法;
- 评估程序和评分方法;

- 与学生互动中所营造的氛围；
- 必须遵循的组织氛围、规则和程序(Biggs,2003:26)。

开发此模式的目的不是分析组织变革，而是为了分析课程。由于在教学中发生的任何变革都将影响学生以及他们的学习活动和效果，所以我们应将全部课程视为一个协同系统。

为了更深入地分析向PBL转化的变革过程，我们需要一种更为综合的模式，这种模式不仅要包括机构的制度规则，还要体现其与社会、组织、文化和价值观的联系。斯堪的纳维亚的课程发展模式(在欧洲大陆称为“教学法”)涵盖了这些要素，同时还强调教育政治与课程发展之间的相互关系。因此理解社会结构对更好地理解课程变革至关重要。Him和Hippe(1997)建立了一种关联教学(relationship didactics)模式，可以更批判性地分析和理解教与学的关系。这个模式包括了教与学分析过程中最重要的六个要素：

- 学生学习的前提：包括社会、文化、心理和生理等前提；
- 构架文化、社会与物质设施要素(包括教师必须具备的先决条件)；
- 学习目标；
- 教学内容；
- 学习过程；
- 评估。

图4.3展示了基于“关联教学法”(Him和Hippe,1993；Kolmos,2002)的模式。我们已经依据组织、文化和价值观的重要性进一步发展了该模式。其中，这些因素的重要性是在规划变革进程时必须考虑在内的。根据该模式，为实现变革，课程必须协同性地涵盖上述全部教学要素。在传统的教育环境中，如果只改变教学方法，而没有同时改变选材的原则和评估考试的方式，很难达到教育模式的变革。

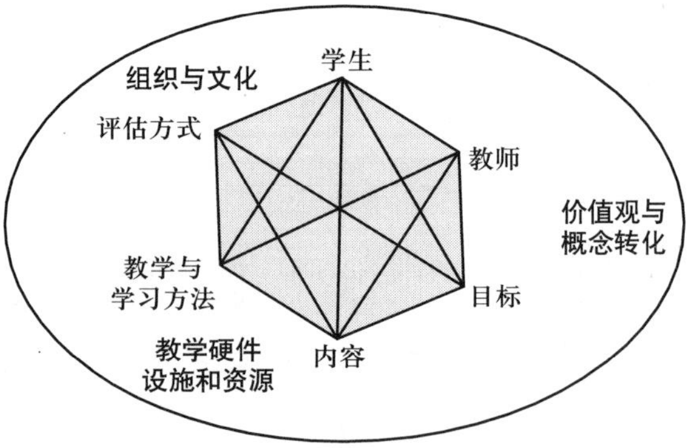

图4.3 课程模式的转化

这个模式可以分为两个层面：课程层面和组织与价值观层面。前者涵盖六个要素：学生、教师、目标、内容筛选、教学方法与学习方法以及评估方式（见图4.3）。向PBL的转变也需要这六个要素协同转化：要将学生先前有关PBL的知识经验考虑在内；教师能力也要有所提高；新的目标和技能有待出现；内容将以全新的方式重新筛选；教学与学习方法将以PBL原理为基础；并且将会需要新的评估方法。

上述要素形成了课程发展的框架，但还不足以解释课程的变革。知识建构最核心的变革包括价值观、概念的转化，以及新的学习原理的运用。因此，第二个层面，组织层面至关重要。

至此，上述模式描述了整个系统的变革，并概括出了相关的要素，然而，这并不足以帮助我们理解变革的过程。

三、变革策略

我们不妨把管理像大学这样的大型组织机构比作超级油轮的航行。油轮的惯性使我们很难在中途突然改变航向。换言之，运作组织机构的变革需要制订包含短期目标和长期目标的战略性规划。Chin和Benne(1985)区分了在组织变革过程中能够应用的三种策略类型：

- 实验—理性策略；
- 规范—再教育策略；
- 权力—强制策略。

每一种策略都蕴藏着对人性的基本假设。第一种策略假定人都是理性的，都会关心最终个人的获利。因此为推动变革，应该明确指出个人的收益。第二种策略认为人类本性保守，同时它也强调人类行为的社会性以及学习新行为的能力。因此为了推进组织变革，有必要转化该组织成员的价值观——今天我们称之为“文化变革”。权力—强制策略不同于第一个策略，即假定人们更看重个人利益而不关心组织层面的整体利益。因此，自上而下式管理对于在危急关头维护整体利益十分必要。

每一种策略都有其优点和缺点。实验—理性策略是学术环境尤其是工程教育领域的常选方式。它最大的特色是简洁。如果我们能解释为什么某些创新方法能带来更好的学习效果，并展示其他所有潜在的有利因素，人们就会理性地一致认为此方法可行。然而,教师个人未必一定会把组织整体利益视为个体利益。尤其在引入 PBL 之后,新的教学任务甚至有可能降低传统守旧型教师的工作满意度(Graaff 和 Mierson,2005)。因此在应用这种策略时,应当考虑到人类理性的局限。

规范—再教育策略的长期效果最佳,该策略旨在为发展创造条件而非仅产生即时效果。它将价值观与态度看作是人类行为的基础。作为教育变革的一种途径,它的实施需要更多的时间,而且起初效果也不太明显。然而在这种方式下人们对新理念的接受程度会很高。因此,为了让人们更大程度上接受 PBL,这该是总策略中的根本要素。

权力—强制策略主要服务于见效快的需求。尽管这种策略能成功处理最紧急的问题,但这种策略长期效果很差。尤其在高等教育领域,为了成功实施变革,教研人员自愿性的通力合作是必需的。权力—强制策略的另外一个主要局限性在于:主动权常掌握在一小部分人手里。这一小部分人可能会启动整个事件,但他们也很容易陷入孤立。为了能保持组织层面上持续性地变革,有必要获得全体教研人员的广泛支持。

为了实现转向 PBL 的变革,需要把握时机,运用不同策略,有效地联系教育和组织学习。

四、变革阶段

当下我们对变革的过程还知之甚少。我们必须借鉴组织领域的研究成果以了解更多的变革模式。Kotter(1995)的模式经常被用来具体地呈现变革的不同阶段。它最初源于公司运作的环境中,但也用来分析教育变革的过程(Morgan 和 Roberts,2002)。Kotter(1995)概括出变革的八个阶段,详见表 4.1。

表 4.1 组织机构转变的八个步骤

1	树立紧迫意识	5	采取行动实现愿景
2	组织有魄力的领导团队	6	规划短期目标
3	构建愿景	7	巩固成果,继续变革
4	围绕愿景进行交流	8	新方法的制度化

人们常批评 Kotter 太理性化和线性逻辑化，因为他认为变革的发展就是由此及彼。Kotter 尤其强调紧迫意识和愿景这两个步骤。本文前面提到，转变过程是复杂而独特的。作为教研人员培训的组织者，笔者经常参加各种旨在提高教研人员积极性的培训活动，在这些经验中可以发现：教研人员未必具备紧迫意识，也未必能参与愿景构建。

Kotter 强调了创新过程中的两个重要因素：紧迫意识和愿景。通常情况下，教师很难体验到紧迫感——与此相反，他们往往对当前的教学实践感到自信和满足。只有少数教研人员能意识到变革的需要，因为内部制度的变革通常源于外部刺激。

Kotter 的阶段论是规范—再教育策略的一部分。尽管这一理论还存在许多问题，但愿景对于长期变革毕竟是至关重要的。因为在此模式中，愿景是管理阶层构思出来后将信息传递给员工的。在教育领域，管理阶层或领导者的角色很难界定或扮演，因为他们常常和雇员们是好同事关系。因此，愿景的形成应该是同事之间共同构建的过程。这个过程中积极性和整体规划都是很重要的因素。

与 Kotter 相同，Moesby(2004)也坚信愿景在课程规划和发展过程中的核心作用。他建立了一个高教领域向 PBL 转化的实施模式，包括四个阶段：

- 调研阶段：预备活动；
- 采纳阶段：构建愿景，制订成功标准并对此进行交流和沟通；
- 实施阶段：教研人员培训计划及评估计划；
- 制度化阶段：变革过程的最后阶段。

虽然 Moesby(2004)没有谈及"树立紧迫意识"阶段，但他认为：调研阶段，在开展预备活动的同时，要激发大家的动力。因此，如果变革的决定来自上级管理部门，这一阶段就至关重要，因为它可以起到调动积极性的作用。变革永不停止——变革过程是不断进行的活动，因此，制度化也未必是变革的最后阶段，这之后的很长时间里都有必要进一步反思和发展。

Knoster 也强调愿景的重要性(见表 4.2)。他没有研究各个具体阶段，而是研究了各阶段的必需要素：愿景、共识、技能、动机、资源和行动计划。和 Kotter 的理论相比，Knoster 提出的要素更加具体，并且其行动导向性更强。Knoster 的观点是：一个变革过程应当恰当地涵盖上述六大要素。即使缺失其一，在员工中也会产生各种不同的态度，如困惑、怠工、焦虑、抵制、受挫或者产生枯燥的体验。

表 4.2　管理复杂变革的要素(Thousand 和 Villa,1995)

愿景+	共识+	技能+	动机+	资源+	行动计划	=变革
	共识+	技能+	动机+	资源+	行动计划	=困惑
愿景+		技能+	动机+	资源+	行动计划	=怠工
愿景+	共识+		动机+	资源+	行动计划	=焦虑
愿景+	共识+	技能+		资源+	行动计划	=抵制
愿景+	共识+	技能+	动机+		行动计划	=受挫
愿景+	共识+	技能+	动机+	资源+		=枯燥

这些结果可能看似夸张,但是它呈现出变革过程中人们有可能出现的不同感受,同时这也建议可以通过一个更加完整而系统化、囊括全部要素的方法进行变革,从而避免抵制等问题的发生。值得一提的是,参与此变革的员工也能够很容易地理解这个分析框架。

五、管　　理

由于组织结构的原因,尤其是领导角色问题,与私企的变革相比,高等教育的变革尤为复杂。在私企,领导者通常有权力进行指导和提议。在西方国家的高等教育领域,领导者通常由同事选举就职,其工作性质主要为行政管理而非规划未来。当前,在高等教育领域出现了任命领导的新趋势,然而它对变革的影响仍有待研究。

Kolmos、Gynnild 和 Roxå(2004)认为:不管领导的产生是基于任命还是选举,组织的变革都要涉及所有阶层。自下而上的策略效率有限,因为制度变革需要高层的决策。自上而下的策略效率有限,是因为它们在组织中造成了许多抵制因素。因此,变革的最优途径是同时使用自上而下和自下而上两种策略。自上而下的策略与经验—理性策略、规范—再教育策略类似,而自下而上的策略则与权力—强制策略类似。

众多变革经验证明所有的策略都是需要的。当变革由高层启动,只有得到全部员工支持时,变革才会成功。

另一方面，单纯自下而上的变革也很容易受挫，因为组织未必支持这个变革过程。如果一位老师仅在某一门科目的教学实践中尝试改革，这种情况下，领导层的支持未必是直接前提。一旦改革范围越来越广并涉及多门课程时，对硬件资源的需求可能会打破常规，而上级的支持是必不可少的。

因此，这就需要变革推动者——如果变革始于高层，推动者必须来自教研人员；如果变革始于底层，推动者必须要来自高层。变革推动者的作用是激励员工并且全程推动整个变革过程，如推动愿景的展望，制订详细的计划，争取资源，实施战略，等等。我们不是说每个变革推动者都要担负全部这些责任，但是经验表明，推动者的作用是必不可少的。

教研人员的培训和开发也至关重要，这些活动要与组织机构的所有阶层（高层、中层和底层）紧密相连（见图 4.4）。对于变革的认识和了解非常有利于实践的开展，因此教研人员培训的倡导和组织者将成为主要的变革推动者。

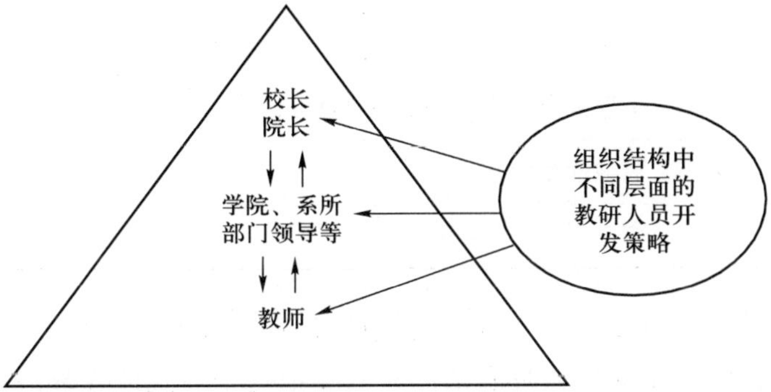

图 4.4　教研人员开发与大学组织之间的关系

相关资源为上述各种培训发展活动在各个层面实施提供保障。如所有阶层都能参加部门主管、学习委员会和院长等召开的会议。这些资源也对确保大学管理阶层的所有领导都有支持教研人员培训和发展的意识有重要作用。Graaff 和 Sjoer(2006)分析了荷兰的发展现状，表明最有效的教育培训中心同时也是科研型机构。

六、变革的持续性

如前所述，变革不是一个短期事件，而是在进行时具有综合性，且耗费大量精力，因此变革非一日之功。

回顾前人研究经验，Fullan(2005)总结了实现持续性变革必须具备八个要素(见表 4.3)。在此基础上 Fullan 特别强调了下列重要因素：通过关系网建立的横向沟通与合作[①]能力(lateral building capacity)、更有效的问责制(intelligent accountability)、纵向关系(不仅指处于变革中的组织之间的纵向关系，也包括组织同周围社区的联系)等。

表 4.3 实现可持续性变革的八个要素

1	有道德目标的公共服务
2	改变整体环境的责任
3	通过关系网建立的横向能力
4	更有效的问责制与纵向关系
5	深层学习
6	短期效果与长期效果的双重责任
7	周期性激励
8	领导力的培养[②]

Fullan 的理论模式建立在初级和中级教育学校的实证研究基础上，应用于高等教育机构、工业界或政府部门时需要把这个模式放在环绕变革过程的网络中考虑。不过，在相关组织中实践这些理念仅仅有助于增强问题机构内部的可持续性发展。

另外两个可以起补充作用的要素是：周期性激励与领导力的培养。我们已经了解变革是一个过程，不能一蹴而就。有时变革也可能会停滞不前。Fullan 明确指出：要不断给予激励，以便使其从变革阶段延伸到可持续发展阶段。这就要求激励源——不断反思并推动实践的进步。与此类似，Fullan 也研究了领导力的培养，这个要素已经引起关注。他认为领导者必须有足够的能力在一个组织内贯彻执行所有要素，至少应当能够从系统角度和整体角度考虑问题。

① 这里不仅指不同个体间的沟通与合作，而且也包括不同组织、不同地区，甚至是不同国家之间的交流与合作。——译者注。

② “领导力的培养”指的是一种领导策略。不仅仅是培养几个领导者，而是培养组织中的每个成员都具有领导者素质，即提高每个人的领导能力。——译者注。

七、展　望

我们可以利用不同的模式来分析和解释变革中的各种要素，而这些模式至少指出了在贯彻执行变革之前应明确予以考虑的方面，如：

- 涵盖所有课程要素；
- 考虑课程和组织、文化之间的连贯一致性；
- 采用一系列不同的变革策略；
- 概观整个变革过程；
- 构建愿景；
- 激励员工与同事；
- 在不影响短期目标的基础上，构建长期目标的愿景；
- 规划教研人员资历的发展；
- 增加资源；
- 制订明确的行动计划；
- 建立关系网；
- 推动教研人员的培训和发展，以发挥周期性激励的作用；
- 提供学生学习成效得到提升的证据；
- 提供教研人员能力得到发展的证据。

最后两点对变革过程的拓展起决定性作用。因此，在变革过程中，重要的是如何证明学生的学习和教研人员的能力发生了变化。学生的学习需要更多地关注深层学习而非表层学习，而教研人员则需要加强对学生学习的理解。

从长远来看，课程创新的成功取决于教研人员的两种能力：一是发展出适合自己需求的教育方法，二是不断地更新自我。Graaff 和 Cowdroy(1997)在比较两所采用 PBL 教育模式的建筑学院的基础上，指出了教研人员参与的重要性。事实上，其中那所采用自上而下方式引入和推行 PBL 的学校，最终也放弃了这种发展策略。对于采用理性—强制策略者而言，他们可以从其他机构组织的研究结果中看到 PBL 的成效。引入 PBL 的一个非常重要的好处就在于，它能使我们从新的视角对教育与学习进行思考。在传统的高等教育领域中，我们很少对教学任务进行反思，而 PBL 课程的引入恰恰能帮助我们打破传统的束缚。在引入 PBL 的初期，教研人员需要接受培训和再教育，以便学习在新环境下如何更有效地发挥作用。最后,成功的教育领导阶层承担着决策的使命,包括制订一些并非所有相关团体都会拥护的决定,但是这对一个组织在竞争激烈的世界中生存来说是十分必要的。

参考文献

Biggs, J. (2003). *Teaching for Quality Learning at University*. The Society for Research into Higher Education and Open University Press.

Brew, A. (1998). *Directions in Staff Development*. Buckingham: SRHE and Open University Press, 21-35.

Centre for Higher Education Practice, Open University(1999). *Institutional Learning and Teaching Strategies: A Guide to Good Practice*. Bristol: HELFE.

Chin, R. and Benne, K. D. (1985). General Strategies for Effecting Changes in Human Systems. In Bennis, W. G., Benne, K. D., and Chin, R.. *The Planning of Change*(4th Edition). New York: Holt, Rinehart & Winston.

Dalin, P. (1978). *Limits to Educational Change*. London: Macmillan.

Him, H., and Hippe, E. (1997). *Læring Gennem Oplevelse, Forståelse og Handling—En Studiebog i Didaktik*. CPH:Gyldendal Undervisning.

Fullan, M. (1982). *The Meaning of Educational Change*. New York/London: Teachers College, Columbia University.

Fullan, M. (2001). *The New Meaning of Educational Change* (3rd Edition). New York: Teachers College Press.

Fullan, M. (2004). *Leading in a Culture of Change: Personal Action Guide and Workbook*. San Francisco: Jossey-Bass, John Wiley.

Fullan, M. (2005a). *Facilitator's Guide: The Moral Imperative of School Leadership*. Thousand Oaks:Corwin Press.

Fullan, M. (2005b). *Leadership & Sustainability: System Thinkers in Action*. Thousand Oaks:Corwin Press.

Graaff, Erik de and Cowdroy, R. (1997). Theory and Practice of Educational Innovation: Introduction of Problem Based Learning in Architecture. *In-*

ternational Journal of Engineering Education, 3(13).

Graaff, E de and Mierson, S. (2005). The Dance of Educational Innovation. *Teaching in Higher Education*, 1(10).

Graaff, E. de and E. Sjoer(2006). Positioning Educational Consultancy and Research in Engineering Education. Proceedings of the Annual SEFI conference in Uppsala, Sweden, June 28 – July 1, 2006.

Henriksen, L. B. et al. (Eds.)(2004). *Dimension of Change – Conceptualising Reality in Organisational Research*. Copenhagen: Copenhagen Business School Press.

Him, H. and Hippe, E. (1993). *Læring Gjennom Oplevelse, Forståelse og Handling: En studiebok i didaktikk*. Oslo: University Publishing.

Kolmos, A. (2002). Facilitating Change to a Problem-based Model. *The International Journal for Academic Development*, 1(7), Routledge.

Kolmos, A., Rumo, C., Ingemarsson, I., Laloux, A., and Winther, O. (2001). Organization of Staff Development – Strategies and Experiences. *European Journal of Engineering Education*, 4(26), 329 – 342.

Kolmos, A., Gynnild, V., and Roxå, T. (2004). The Organisational Aspect of Faculty Development. In Kolmos, A., Vinther, O., Andersson, P., Malmi, L., and Fuglem, M. (Eds.)(2004). *Faculty Development in Nordic Engineering Education*. Aalborg: Aalborg University Press.

Kolmos, A., Vinther, O., Andersson, P., Lauri, M., and Fuglem, M. (2004). Perspectives on Nordic Faculty Development. In Kolmos, A., Vinther, O., Andersson, P., Malmi, L., and Fuglem, M. (Eds.) (2004). *Faculty Development in Nordic Engineering Education*. Aalborg: Aalborg University Press.

Kotter, J. B. (1995). Why Transformation Efforts Fail. *Harvard Business Review*, March – April 1995.

Lave, J. and Wenger, E. (1991). *Situated Learning*. Cambridge University Press.

Moesby, E. (2004). Reflection on Making a Change towards Project Oriented and Problem Based Learning. *World Transactions on Engineering and Technology Education*, 2(3), 2004.

Morgan, C. K. and Roberts, D. (2002). Herding Cats? Obtaining Staff Support for Curriculum Change and Implementation, International Consortium for Educational Development. Perth, July, 2002: http://www.csd.uwa.edu.au/iced2002/publication/toc.html.

Nicholls, G. (2001). *Professional Development in Higher Education-New Dimensions and Directions*. London: Kogan Page.

Starkey, K. (Ed.) (1996). *How Organizations Learn*. International Thomson Business Press.

Thousand, J. S. and Villa, R. A. (1995). Managing Complex Change towards Inclusive Schooling. In Villa, R. A., and Thousand, J. S.. *Creating an Inclusive School*. Association for Supervision and Curriculum Development (ASCD).

Trowler, P. R. (1998). *Academics Responding to Change in New Higher Education Frameworks and Academic Cultures*. Society for Research into Higher Education and Open University Press.

Webb, G. (1996). *Understanding Staff Development*. Buckingham: Society for Research into Higher Education.

Wenger, E. (1998). *Communities of Practice - Learning, Meaning and Identity*. Cambridge University Press.

第五章　实现高效益的基于问题的学习——解析对“基于问题的学习”的误解

Rob Cowdroy,Arthur Kingsland,Anthony Williams①

一、引　　言

三十多年以来,基于问题学习一直是高等教育中重要的推动力。基于问题学习自产生之日起就争议不断,但它在高等教育的某些领域,尤其是专业教育领域(建筑、工程、法律和医疗等等)的改革中扮演着极其重要的角色。尽管成绩斐然,然而它一直处于各方压力之下,因为高等教育部门面临着来自外界的种种干预,如招生政策、资金、成本控制及质量保证等。本章汇集了与基于问题学习发展变化过程(自开始到它的现状和前景)相关的讨论、研究和发展。

20 世纪 80 年代到 90 年代,人们对高教领域打破传统教育方式表现出浓厚的兴趣,其主要原因如下:一是社会政治压力要求高教改革;二是企业雇主发起并受到政府和社会支持的问责制推动了高教改革(Cowdroy,1985)。20 世纪 60 年代末,加拿大安大略省麦克马斯特大学的 Donald Woods 在工程教育领域倡导了一种名为“基于问题学习”的创新教育方式(Woods,1985)。Woods 的学习方式是经验式学习的一种,这种学习方式关注不同知识和技能的整合,也注重问题解决的实践与“真实世界”之间的相关性。这个理念的推

① Robert Cowdroy,澳大利亚纽卡斯尔大学合作研究教授;Arthur Kingsland,澳大利亚纽卡斯尔大学教授;Anthony Williams,澳大利亚纽卡斯尔大学副教授,工程技术与建筑环境学院教学与学习研究副主任。——译者注。

动首先体现在约20世纪70年代初,麦克马斯特大学和荷兰马斯特里赫特大学同时在本科医学课程中采用了基于问题学习的方式(Norman,1988),随后澳大利亚的纽卡斯尔大学医学院也采用该方式。

20世纪80到90年代,在麦克马斯特大学的经验基础上,基于问题学习的"认知学徒教育模式"(Cognitive Apprenticeship Model,经常被称为医学模式)建立起来。该模式的发展源于美国威斯康星大学Donald Schön(1983)的"反思型从业者"(reflective practitioner)理念,并常常归功于Howard Barrows(1986)的努力。此后,基于问题学习被广泛应用于医学与护理教育以及其他健康相关专业的本科课程。与此同时,若干截然不同的基于问题学习模式相继出现,如荷兰代尔夫特科技大学的建筑学及其他相关领域的"组块"模式(Graaff和Westrik,1994)、澳大利亚纽卡斯尔大学建筑学的"整合式学习"(Maitland,1985)和"基于研究的学习"模式(Cowdroy和Graaff,2005),以及加拿大蒙特利尔魁北克大学生物学领域提出的"问题式学徒教育"模式(Mauffette和Poliquin,1997)。

代尔夫特科技大学的建筑学课程方案用模块把一系列的项目联系起来,每一项目都对不同学科知识进行整合,并采用大班授课与小组工作室辅导相结合的方式(Westrik和Graaff,1994)。澳大利亚纽卡斯尔大学的建筑学课程方案使用多种基于问题学习的方式(统称为"整合式学习")。在低年级它采用"认知学徒教育"方式,而在高年级便发展为基于研究的学习方式。这种方式使用多种教学方法,包括大班授课、小组工作室辅导、自我导向式学习,以及(尤其是在高年级的)学习协议与评估协议(Maitland和Cowdroy,2001)。加拿大蒙特利尔魁北克大学生物学专业的"问题式学徒教育"是由澳大利亚纽卡斯尔大学建筑学的整合学习方式发展而来,该方式也采用类似的大班授课、小组工作室辅导等教学方式(Mauffette和Poliquin,2001)。而后,在纽卡斯尔大学建筑学的整合式学习方式和基于研究学习方式的基础上,建筑管理教育领域内建立了有创新意义的远程教育模式。

基于问题学习在发展过程中产生了六种截然不同的形式。六种方式的共同目标是通过问题解决实践以实现(学生思维的)关联和整合,只有这样才是真正的基于问题的学习模式。为实现这些目标可以采用多种教育策略,然而也有很多"冒牌货"相继出现,其中多数建立在传统个案研究、实习,以及Beaux Artes和Bauhaus提出的"工作室"方式的基础上。它强调"行为性学徒教育",而极少关注其中涉及的认知学习过程,尤其是学生思维活动中学习内容、技能与态度的整合,及对其整合的评估方式(Biggs,1999)。最初,许多专业的课程设置依据真正的基于问题学习准则制订,但当最初的开发者调离工作或升入管理阶层后，可能会带来代际变化，如课程内容、教学形式与评估方法上的突变，而后逐渐流于不同层次的“冒牌货”。这样最终导致的结果是破坏了起核心作用的教育环(强调教育目标、课程、教学方法和结果评估的相互关联)，并抛弃基于问题学习的本质与精华。

这六种不同的基于问题学习类型在以下方面取得了相当不错的成绩：教研人员与学生的满意度、社区的支持与认可度；并且更广泛地促进了不同的基于问题学习模式的推广，尤其是在建筑、工程技术、法律、医疗、护理及相关的专业教育领域(Chen 等，1993)。以 Barrows 的认知学徒教育方式为基础的医学模式已经在大学本科教育中的医学与护理专业及其他与健康相关的专业领域中广泛传播，并且已经在基于问题学习中占据主导地位(有时被看作唯一方式)。代尔夫特科技大学建筑学专业开发的模块组合在建筑、工程和一些科学领域与保健领域广泛传播。尤其在北欧，由于该模式比医学模式更经济，它受到了越来越多的关注。由魁北克大学开发的“问题式学徒教育”模式虽然历时不长，但是也受到了许多关注。在北美和欧洲，自然科学教育领域改革在政治议程中占有重要位置，因此这些地区的自然科学教育对这种模式也更加关注(Smaglik，2005)。纽卡斯尔大学为建筑学开发的整合式学习模式与基于研究学习模式在澳大利亚、英国和欧洲地区引起了广泛关注，它们将这种模式视为教育发展的理想模式(Eraut，1994)。另外，这种模式也被其他建筑领域传统的以工作室为基础的专业课程设计广泛采纳，尤其是在研究生和专业发展教育方面。

但是，基于问题学习模式的坚定支持者仍然是那些成功地应用过该方式的人，或者是那些继承了该方式并且得到普遍认可和师生支持的人。这种教育方法与真实世界联系紧密，并且具有实用主义特色。

近十年间，澳大利亚、欧洲西部和北美等国家和地区的大学在改革和问责制方面所受的社会和政治压力已逐步扩展到质量保证、教学透明度、本科课程及专业评估方面。并且，这些压力又伴随着政治和经济压力，与成本效益的衡量紧密联系(A. C. Nielsen Research Services，2000； Kemp，2000)。许多人认为这两组压力(质量保证和成本保障)之间的矛盾不可调和，并且对他们以往所做的改革采取强烈的抵制态度，反对这些压力再次引发变革。然而，抵制越坚决，要求变革的社会压力就越大；随之，问责制、透明度和成本效益保障的实施也就越艰难。这导致政治干预的重心逐渐窄化，而只关注成本的衡量(Harman 和 Meeks，2000； Sporn，1999)。

在这种氛围下，许多人对基于问题学习产生了误解。他们把质量保证和成本效益混在一起，教师的频繁流动使他们忘记了教育的初衷，而现有的教师不能清晰地分析 PBL 作为教育策略的目标和益处。在这种情况下,来自专业评估的压力,学校和教研人员为质量控制和提高效率而进行的发展都使维护现状变得不可能(Hativa 和 Goodyear,2002)。

或许最致命的误解是:无论是从经济角度还是从教师与资源的角度来说,基于问题学习的成本都是很高的(Eraut,1994)。另外一个误解是:PBL 就是(或者依赖于)小班辅导教学。第三个误解是所有的教学必须同时进行,这样学生在解决指定问题的时候,要同时学习所有需要了解的知识和相关的知识。除极少数极端情况以外,这些误解大都是荒谬的,但由于下列原因,它们已经逐渐变成教条:(1) 简单地以为基于问题学习只有一种模式(通常情况下是医学模式);(2) 新教师尚未形成具有战略意义的教育环(educational loop)(即从目标、方法到效果的循环),就被指定在 PBL 环境下进行教学;(3) 目睹 PBL 在某一环境中成功后,在不理解其基本目标和教育环的情况下盲目模仿该学习模式,并且不断增加的外部压力,使基于能力的评估成为提高“透明度”的主要基础。

在 PBL 持续发展的过程中,当继承 PBL 课程的教师只关注“如何”实施而并未理解“为什么”要用 PBL 的时候,就强化了上述教条(Cowdroy,2000a)。忘记教育的初衷和缺乏对“为什么”要用 PBL 的理解导致现在大学教师欠缺以下能力:(1) 运用有说服力的教育理论来清晰地阐释其教学实践的合理性(Wilcoxson 和 Walker,1995);(2) 依据预期的教育成效和成本效益标准,批判性地和策略性地评价各种教学方法——包括 PBL 在内(Cowdroy,2005)。

二、澄清误解

误解 1:“采用和运作基于问题的学习成本高昂”

基于问题学习的主导模式是 Howard Barrows 为医学教育开发的认知学徒教育模式。这种模式以辅导为基础,并结合自我导向式探寻,旨在仿效实践中解决问题的方法。人们常常认为这一模式的实践成本高昂,这可能是因为最早开发这种模式的马斯特里赫特大学、麦克马斯特大学和纽卡斯尔大学的医学院曾重金聘请教育专家小组来进行课程发展和专业规划。

这一模式也常常导致巨大的教师开支及资源需求，这或许是因为教研人员希望所有文献的更新和改写都聘请他人完成从而导致成本增高。具有讽刺意义的是，由于初期实施成本较高，而且需要大量专家，认知学徒教育模式在实现最高层次（high order）的教育目标方面，尤其是在培养“从业者”思维和高水平解决问题的技能方面，并没有达到预期效果。相反，这种方式克隆出了一种相当保守的诊断式问题解决法，它很难培养学生的多方面能力，采纳这种方法的医学院也缺乏预想中的热情（Maitland 和 Cowdroy，2001）。

其他与基于问题学习最初目标相一致的教育模式（虽然不是所有的模式都叫做基于问题学习）在实现 PBL 预期的学习效果方面更有效，尤其是对医学教育而言更是如此。这些模式在直接成本投入和各种资源需求方面更为经济，同时在应对问责制压力、提高透明度和质量保证及最大化成本效益方面均令人满意。比如，“组块”模式（有时被叫做“基于案例”模式）对资源需求较少，但是却达到了类似的效果，尤其是对大规模的学生参与来说效果更明显。但是，它在实施中需要不断进行大量“幕后”策划、协调与时间规划（Claessens 等，1996）。这种模式也常常由外来专家顾问帮助规划课程发展，这意味着其建立需要较高的费用。

整合式学习模式和问题式学徒教育模式很大程度上是在没有（或很少）校外课程专家帮助的情况下由教学人员自发建立的。在课程开发中，教师自身也得到了发展（Mauffette 和 Poliquin，1997，2001）。因此，该模式建立的费用适中，而且维持性的花费也不比相同专业在传统教育模式下的成本高，但却可以获得更高的学生满意度和成就，还有非常高的认可度。这种内部自发组建的方式更进一步的优势在于：与外聘顾问所达到的效果相比，学科文化更有效而深入地嵌入教育模式中；人们对教育理念的把握也更稳固、持久（Cowdroy，2005）。

引入 PBL 的每一学科都曾经比较过传统模式和 PBL 模式的直接与间接成本、空间、工作量和毕业生成效等。但这些比较通常仅限于一个学科和一种 PBL 模式。医学和建筑学在引入各种不同 PBL 模式方面做出积极尝试。这两门学科与自然科学一样，都有小组活动的传统，这是专业中非常重要的教学环节，如实验室、病房、工作室教学和实地调查等都以小组活动为中心。因此，医学、自然科学和建筑学中的 PBL 能够与传统的自然科学教学模式相比较。

表 5.1 向我们展示了 2 种传统教育模式与 6 种基于问题学习模式在直接运作成本方面的比较（为方便下面的讨论，我们增加了一个混合模式，但在这里不包括远程教育模式，因为它需要的比较基础不同）。所有的例子都基于真实案例，尽管如此，为了进行最直接的比较，每一种模式都被简化为假设包含

100名学生的群体,每个辅导小组有10名学生,每学期14个周,学生平均每学期工作量为500小时。实地调查包括在讲课量之中(假定有教师辅导)。直接成本体现为每学期教师面授课时。按照惯例,聘用研究生在实验室或工作室做辅导工作时会发给补助。

表5.1 PBL模式与传统模式直接成本的对比

用时成本 / 教育模式	每学期授课时间(小时)	每学期辅导时间(小时)	每学期正规自我导向时间(小时)	每学期作业时间(小时)	每学期学生自我导向时间(小时)	每学期学生工作总时数(小时)	直接成本:每学期授课时间(小时)
1. 讲课模式	(18小时/周)250			250	250	500	275
2. 传统自然科学模式	(12小时/周)168***	(6小时/周)84		248	248	500	588*
3. 认知学徒教育模式	(10小时/周)140	(10小时/周)140	240	110	350	500	1 400
4. 组块模式	(10小时/周)140	(5小时/周)70	150	140	290	500	840
5. 问题学徒教育模式	(8小时/周)112	(8小时/周)112	164	112	224	500	672**
6. 整合模式	(8小时/周)112	(4小时/周)56	200	132	332	500	672
7. 基于研究的学习模式	(1小时/周)14	(2小时/周)28	258	200	458	500	294
8. 混合模式(整合模式+基于科研的学习模式)	详见正文中的讨论部分						520

注:* 表示实验课时,允许有教师和导生做辅导工作。

** 表示允许教师担任小组指导;实验课辅导工作可以由教师和学生辅导员担任。

*** 表示包括实地调查。

表5.1表明:与其他学科中传统授课教学模式相比,长期以来传统科学教学模式的成本过高一直是备受争议的焦点。然而在这里,更重要的是把PBL的五种主要模式(基于医学、建筑学和自然科学领域的例子)与自然科学中的传统教学模式相比较。该表表明:在所有PBL模式中,以集中小组辅导教学

为主的认知学徒教育模式成本最高(就直接成本而言),甚至比传统的自然科学模式还高得多;组块模式、问题学徒教育模式和整合式学习模式比认知学徒教育模式经济一些,但成本也比传统自然科学模式高。只有基于研究学习模式的成本比传统自然科学模式低,更接近传统授课模式的费用。

然而,成本并非唯一标准,当我们考虑到成本效益的时候,我们必须认识到:传统自然科学教学模式正处于改革的强大压力之下。为"科学研究"开发的问题学徒教育模式已经提高了学生和教师的满意度,并且该模式也为自然科学教育提出了改革的大致方向。组块模式与其他所有模式相比,费用较高,位居第二。但是该模式是为大样本群体开发的,在样本数为 250 或多于 250 的群体中,该模式的费用几乎与问题学徒教育模式和整合模式的费用相当。

成本最低的 PBL 模式是专门为优异学生开发的基于研究学习模式(Maitland 和 Cowdroy,2001)。对那些在整合模式下已完成五年制学位课程前三年的学生来说,该模式在最后两年成功地发挥了它的作用;它可以为学生提供高水平的自我导向式学习及自我评估。就学生、教师、毕业生和雇主满意度而言,这种融合(整合式学习+基于研究学习)取得了令人瞩目的成绩:在这种模式下毕业的学生在就业、获取奖学金和国家性奖励等方面表现十分突出。这种混合 PBL 模式的综合成本是每位教师平均每学期 520 小时工作量(五年制专业)。就成本效益而言,这种混合模式以比传统自然科学模式(还有传统的医学和建筑学模式)更低的成本,实现了高质量的毕业成效,从而进一步推动了自然科学教育、医学、建筑学等相关学科的改革。

因此,PBL 成本未必一定高:某些模式比其他模式成本高些;在相近的学科中,一些行之有效的模式的实施和运作已经不比传统模式昂贵了。就文献存档而言,任何 PBL 课程并不比与同类学科中其他运作良好的课程规模更大。因此,实施的费用并没有那些 PBL 的主要文献综述中提及的费用高昂。(尽管各机构必须清楚:任何改革都必须对教师发展进行资金和资源上的投入。另外,对一些起重要作用的教师也需要投资"买断"他们的教学任务量从而在时间方面支持他们投入改革规划。)此外,综合运用不同 PBL 模式和传统教学方法可以提高灵活性,这样可以满足当前政治与制度发展议程中对质量保证和成本效益的期望(Nelson,2002a)。

误解 2:"基于问题的学习意味着所有的教学都应该在小组辅导中进行"

一些人认为,小组辅导是所有高等教育专业中的重要组成部分,它促进了师生间的互动和相互理解(特别是理解彼此之间的期望)。在基于问题学习中,这种方法旨在为学生提供机会以小组为单位讨论他们当前的集体工作。在认知学徒教育模式中,人们期望大多数教学以小组辅导的方式进行,而教师则致力于推动和促进(facilitating)讨论的开展。其目的在于:学生通过讨论最终达成共识,这样可以以集体的方式推动学习进程,并与整个专业规划的期望相符合。这种情况下,教师的辅导和推动的作用需要特殊的技巧,并且不能受时间束缚。然而,很多时候,一些兼职教师由于缺乏辅导和促进的技能,把辅导环节(tutorial sessions)变成了指导(lead)。其结果是:教师直接告诉学生,教师自己(作为从业者)会如何处理问题,而讨论的重点则变成了解释细节。在这种情况下,学生处于相对被动的地位,几乎没有反思和进行高层次思维活动的机会,学生可能成为教师的翻版。这与 Beaux Artes 和 Bauhaus 工作室教学模式中"大师班"教学的缺点相似,这种模式教师成本高,并且在获得高级思维与问题解决技能方面见效甚微(Biggs,1999)。

通过对比,在整合式学习、基于研究学习和问题学徒教育模式中,学生需要有能力表达并为自己的观点和方法辩护,并且能够用各自的方式与其他学生进行辩论,从而在如何开展和推动学习进程方面形成自己的立场(Maitland 和 Cowdroy,2001)。这样的话,不同学习方法的数量至少和参与学生的数量一样多。这种追求"多样化结果"的教学方法并不依赖于教师的辅导和促进,而需要教师具备广泛的实用经验及对别人观点的宽容。这样,教师就成为了信息探测仪(sounding board)而非信息源。在锻炼学生高级思维和问题解决能力及养成反思与自我评估习惯等方面,这种方式十分有效。在整合式学习和基于研究学习模式中,小组辅导被认为最能培养高级思维和技能;而级别较低的思维和技能的培养,以及知识的获得,主要通过大班教学和自我导向式学习完成。这种方式十分经济,且在培养优秀学生方面极其有效。

作为主要的教学方式,小组辅导在培养学生高级思维与问题解决技能方面是最有效的。然而,如将其拓展成主要教学方式,首先,费用高是难以避免的;而且,如果辅导者未经过培训,不能掌握适当的技能,其效率也会很低。另一方面,把小组辅导定位于高级思维、反思和自我评估活动在成本上是非常划算的,而在不太需要批判性思维的活动中,就用较传统的教学方式。把两种方式结合起来,成本未必比传统方式下精心构建且运作良好的专业教育昂贵。

误解 3:"基于问题的学习仅对复杂的学科教育有效"

问题不是一个学科有多么"复杂",而是学生要培养的能力有多么复杂。最近的研究表明:医疗、法律、建筑和自然科学领域的学生或从业者,在思维和问题解决方面没有区别。不同学科的背景和具体内容虽然有所不同，但是在神经和认知水平上，他们都使用非常相似的高级思维和问题解决技能（Crick 和 Cowdroy，1999）。发展和培养高级思维与问题解决能力是所有高等教育活动的明确目标，而 PBL 可以被视为一种获取这些能力的策略。基于问题学习是经验学习（experiential learning）教育方法的“子集”，经验学习教育方法包括案例研究、田野研究、模拟和虚拟项目。这些子集之间的区别不明显，实际上 PBL 包括经验学习模式的所有方面。

PBL 的本质是要解决一个跨学科的复杂问题（Kingsland，1992）。也就是说，应用从多个学科中习得的知识来获得问题的解决办法。在建筑学、医学和健康科学教育领域中，很多成熟的例子表明，基于问题学习的应用是复杂且具体的。不过 PBL 没有必要像上述例子一样复杂而且具有优良的结构。关于 PBL 的研究，我们可以很容易在一个日常环境中找到实例——比如在一个乡村市场上卖卷心菜时，就需要考虑两种或两种以上的因素，如市场分析（顾客的偏爱、价位、类型及摊位的位置）、后勤（选种、准备土壤、照看农作物、收获时间并运输至市场）和风险管理（季节、天气和小气候问题）。对这些问题的分析可以在“软科学”层面进行，例如从社会人类学角度对习俗惯例进行观察；或者在微观经济层面对生产率进行分析；也可以从“硬科学”层面的实验分析角度（细胞生物学或生物化学）来看市场循环不同时期的生产质量。因此，同一“项目”能够为以上三种类型的学科服务，并实现并列的或者多学科的目标。

从高中能力水平过渡到专业能力水平要求思维能力、态度和工作能力的紧密结合以及循序渐进的发展。PBL 允许研究随不同阶段的要求变得狭窄或广泛。例如，一年级学生的研究范围可能仅局限于导论层面：固定在诸如土壤、气候和天气状况中的某些“既定”信息上，而忽视其他的具体问题（如忽略劳工花费）。一个导论性质的 PBL 计划可能会关注相对简单的问题，如偏爱、种类和价格等问题之间的关系。

一个在不同学科专为高年级学生设计的专业也被开发出来。值得一提的例子就是：在未来的医院，要为重度损伤治疗提供一个新的急诊室。这个设计可以由医学和建筑学学生同时完成。对医学专业的学生来说，这样的项目包括对传统和当代的技术医疗程序以及它们的顺序、隔离、后勤和不同类型创伤后果的研究；对建筑学学生来说，项目将包括对复杂的多重循环、技术原料和设备系统现状的研究，还有对医生、患者及其亲属来说很重要的良好工作环境的设计问题等方面的研究。这样的项目允许每组学生理解并掌握其他人的操作方法；同时，也加深了他们对自身学科的理解。

为此,不考虑学科及其“复杂性”,不管是限定形式还是复杂形式,背景可能十分“简单”。但是,精确的学习目标将由某一特定学科决定,而PBL被视为可能实现这些目标的策略之一。

误解4:“基于问题的学习意味着学科学习的时间减少并降低学习质量”

PBL的失败通常是教学时间增加一倍或两倍,其原因主要是教师不能认识到“他们所教的”科目是整体中不可或缺的一部分(Cowdroy和Williams,2002;Mauffette和Poliquin,2001)。PBL专业的目标着重于整合和应用,而不是单一科目的学习。

在基于问题学习中,如果通过某一学科的学习,学生已经掌握了相应的技能,但学生又在知识整合和问题解决中学习这种技能,这对教师的努力和成本来说就是巨大的浪费,而且也增加了学生负担,导致混乱和不满。在相对均衡的PBL项目中,跨学科学习和单学科学习,至少是各自的作业部分,与传统专业相比是不会缩减的。但是,某些部分有可能转移到整合与问题解决过程中去。这样,单一学科组成部分同整合与问题解决组成部分之间的任务分配就达到了平衡(Eraut,1994)。

不同水平的技能也出现分化(Cowdroy等,2002a):只有那些成为职业核心的技能才是最高水平的技能(“高超技艺”)(医学中的预后,建筑学中的方案设计)。在模仿“从业者原型”的学生发展过程中,最高水平的技能(优异)只需要是问题的本质技能即可(比较图5.1和图5.2)。另一方面,该图表明:需要具备一些附加的低水平应用技能(如计算机技能)和普通知识,才能有利于高级技能的联结与整合、整合性技能的应用以及实际解决办法的形成。我们不需要评估这些应用技能,但是可能要通过正式的先前学习预案或先前学习认可计划来认识到它们是问题解决过程中必不可少的一部分。也就是说,在所有学科中同时追求优异,不利于真实或模拟问题的解决,并且加重师生工作负担、成本和资源的浪费。

教师对某科目提出过多要求,经常会造成学生负担过重;教师之间不和,会扭曲学生的学习目标和对学生业绩的评估(Leckman等,1999)。只有当教师认识到这点,并在具体科目的教学中调整对学生的期望,该科目中教学、作业和评估的紧张程度才会在既不降低学习质量,也不加重师生负担的前提下得到缓和。

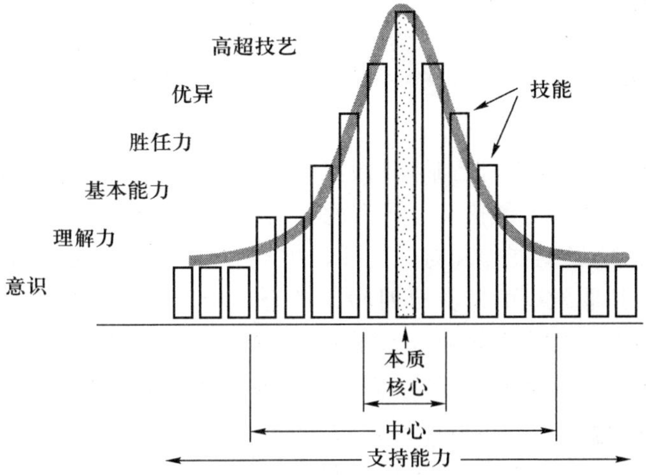

图 5.1 从业者技能水平的分化

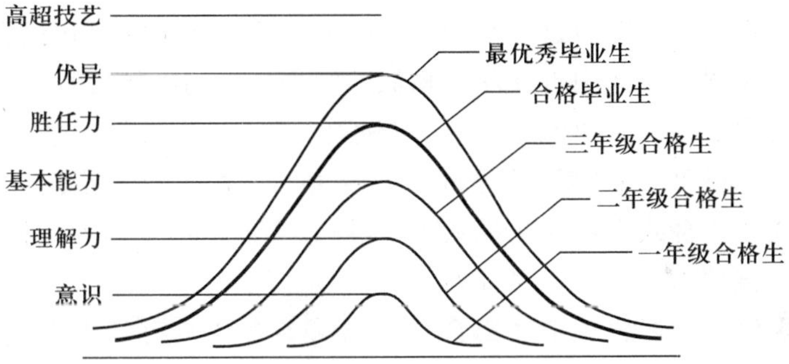

图 5.2 PBL 整合学习中能力的层级式构建

误解 5:“基于问题的学习仅仅是不同学科的协调”

对学科协调的主要质疑是如何确定评估的内容和时机(Biggs,2003)。采用 PBL 的根本原因是,可以整合学生头脑中关于不同学科的既有知识,可以提高学生解决问题的能力(整合理解的应用)。最重要的是,整合性知识的应用需要对固有知识中各种要素间的关系进行批判性比较评价。

在传统学习过程中,学生可以随意“选择”学科,然后在头脑中把它们联系起来,或许后来还需要工作经验的帮助。这并未对整合能力与问题解决能力进行评价,因此学生也没有对不同学科进行整合的压力。然而,在问题形成和解决的不同阶段,PBL 的各种形式来自不同学科的知识需要在学生头脑中“汇合”(实现整合)。这与科学研究中提出研究问题和假设,使用研究方法是一致的(Cowdroy 和 Graaf,2005)。为了促进“汇合”的出现和评价,教师必须促进知识与技能的“集合”。确保“集合”与“汇合”在时间和内容上建立正确的联系,就需要不同学科的协调。

某些 PBL 形式,特别是那些依据 Barrows 的认知学徒模式构建的学习形式中,没有传统意义上的检验。所有的评估都趋向于对工作进行评价,以证实是否获得解决问题的能力和对不同知识进行整合的能力。只要有一个正确的解决方法(或是非常少的),只要对知识整合与问题解决的评价有正确的标准和规则,这种方法就是有效的。然而,问责制的压力使评估越来越依赖教师的观点(教师驱动型标准),而透明度的压力则使评估越来越着重于那些被“展示”出来的东西(如基于能力评价)。这两种方式都不能有效而可靠地反映出整合能力和问题解决能力(Cowdroy 和 Mauffette,2003)。

组块模式提供一系列项目(组块),每个模块都关注一个技术学科,有时也涵盖了许多其他学科甚至是全部学科的成分,这使我们有机会不断对知识的整合以及解决问题的能力进行评价,这也有助于应对问责制和提高透明度的压力。在问题学徒模式中也发现了相似的结构,该模式最初源于科学领域,而整合学习模式最初源于建筑学领域。虽然仍然依赖于教师的理解,但这种方法提供了一个更可靠的“累积”评价学生智力水平的工具。不过组块模式、问题学徒模式和整合式学习模式都依赖于学科、个人讲座和作业的协调,以确保“集合”与“汇合”以合适的顺序排列。

在基于研究学习模式中,“集合”、“汇合”与合作具有学生自我导向性,很少需要教师参与。然而我们必须承认,初期阶段需要教师更密切的合作并规范学生的发展。但是,在计划的后期阶段,随着学生自我管理、自我导向式学习以及自我评价能力的提高,目标已经转向自我导向式合作(Maitland 和 Cowdroy,2001)。

从全球范围看,教师导向式合作是确保学生不断进步并在毕业时达到预期技能水平的必要保障。PBL 为推动综合技能的发展提供了机会,这些技能主要是区分“从业者”毕业生的技能(医学上的诊断技能,建筑学上的设计技能)。这样,学生可以不断进步。作为“从业者原型”,他们在专业学习初期就获得了相关知识和技能的支持,直到毕业前的每个阶段都从专业中获得新知识(比较图 5.1 和图 5.2)。这就是包括认知学徒模式与整合学习模式的学生发展模型。在所有的核心和支持性学科中,策略性的协调(但不是全部)对促进均衡的进步和发展来说是必要的,但这种协调不可过度。

图 5.2 表明了“从业者原型”学生在毕业时期望拥有的技能。这些技能是

在整个学习过程中渐渐建立起来的。在第一学年的课程中就引入每个学科需要的技能，然后不断与其他学科一起获得提升与发展。

误解 6："由于所有学习和问题解决活动须同时开展，基于问题的学习给宏观设置时间表带来了难题"

问题解决是一个认知过程，知识按分类的次序"集合"在一起，这是对传统教育模式的挑战（Woods，1985）：(1)"累积"，首先讲授所有必需的技术知识和理论知识，为以后的应用"提供基础"；(2)"随机"，学生随机"挑选"学科而无须考虑知识的整合。

Schön 的"反思型从业者"是一个以 PBL 为基础的认知模式。在 Schön 的模式中，反思是对问题的分析，通过分析找到解决方案，而这两者都离不开技术性知识、技能和行为习惯。认知学徒模式在教师的指导讨论中模拟和学习反思性的分析；讨论的目的在于揭示知识的差距，而这种差距可以随后在由各种学习形式如讲课、技术笔记和印刷材料组成的"学习包"（learning package）中被发现（Barrows，1986）。"学习包"的时间安排对课程时间安排和资源配置的宏观协调是一个巨大挑战：对各小组辅导的安排需要和其他活动的安排相一致，如课程的预先设置、课本及各种设备和材料的预订，这些都需要和小组的进度保持一致。当这些统筹安排需要涉及全校所有五年制的专业和学生时，时间表的设定工作可能会如同噩梦。

马斯特里赫特大学医学院、麦克马斯特大学医学院和纽卡斯尔大学医学院都采用了这种令人兴奋的模式（即反思型从业者模式），该模式也在许多认知学徒模式中得到应用。随着认知学徒模式在 PBL 诸多模式中占据主要位置，它渐渐成为 PBL 中必要的但是却有负面影响的方面。人们常常认为有必要去追求"所需"和"所给"的一致性：确认学生对知识和工具的需求，并以此为其提供所需。这种人为的"常理"基于这样的假设——认为所有学生以同样的步调前进，但这种假设是不正确的。它强制许多学生（特别是那些程度较高的学生）以低于他们自己能力水平的思维顺序进行思维（Cowdroy 等，2002b）。良构问题中的学习曲线包含三个阶段，如图 5.3 所示：定位阶段、概念生成阶段和巩固阶段。

对于多数学生来说，概念生成与检测阶段的学习曲线是最陡最长的，相对来说探索与巩固阶段的学习曲线则稍微平缓短暂。对于基础薄弱的学生来说，他们的问题定位阶段比较长（但不陡峭），概念生成阶段相对平缓短暂，这主要是由于他们的多向思维能力有限；而当他们专注于解决问题的细节时，巩

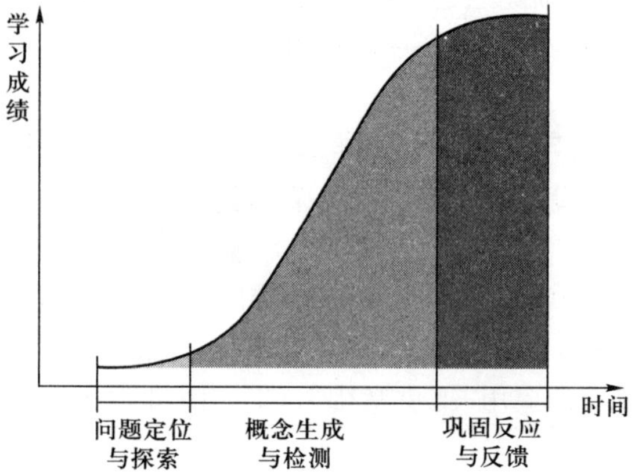

图 5.3　良构问题中的学习曲线阶段

固阶段长且平缓。对于非常聪明的学生来说，导向阶段通常长且平缓（他们很快就能抓住问题的核心但随即就失去了讨论的兴致）；他们的多向思维能力敏捷而丰富，而且他们喜欢拖到最后一刻才真正投入，概念生成阶段却非常短暂而陡峭；他们的巩固阶段也非常短暂（Crick 和 Cowdroy，1999）。

因此，在一个"固定的"时间表上，基础薄弱的学生和聪明学生必然在一群"普通"学生中表现"出格"。在严格的合作项目中，出格的学生会面临"时间噩梦"：用以解决问题的"已发现"的信息流出现得要么太早（对基础薄弱学生而言），要么太晚（对聪明学生而言），他们变得对教师不满，这也给教师带来额外压力。

其他 PBL 模式表明，不同能力的学生可以适应互相重合、种类不同而且同时发生的问题（只要不是同时高要求的）。它允许学生在关注之前的主要问题的同时，探索预备性的问题（如发展应用技能），以便为未来的重要问题做准备。因此，当目前的问题即将完成时（如图 5.4 所示），便引入一个新问题。或者，在本学期提出一个主要问题，然后准备一个次要问题，为下一个学期的主要问题做准备。预备问题在时间上一向短于主要项目，而且协调后可以避免增加过多的学习负担。而且，预备项目的评估不像评估主要问题那样严格，可以避免对个体技能多次进行评估，因而在一定程度上缓解学生的负担。

经验表明，各种类型、水平和周期的问题可以有多元化的方法，而且这些方法是并列的，学生对此非常满意。这样可以给学习能力强的学生更多探索的空间，给薄弱学生更多的准备时间。不同科目的协调与进度需要谨慎地加以控制，不过它的精细度比最初的认知学徒模式要低。需要对硬件（如图书馆、设备、设施等）进行均衡的分配，以减少教师和资源的直接成本。

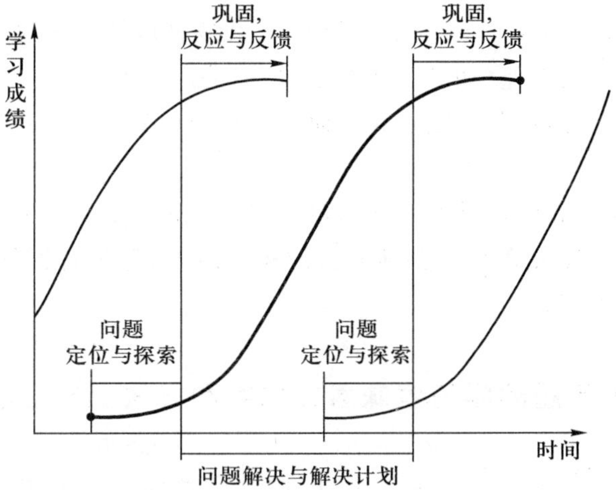

图 5.4　探究与巩固阶段的重合

因此，无论是学习多个学科还是只学习某一个学科，都不是有效开展 PBL 的必要因素。这两种学习方式通常极不合适而且成本高昂，因此时间安排并非一定就是梦魇。

误解 7:“基于问题的学习意味着缺乏客观评价”

PBL 需要的是评估方法，而并不在意它究竟是客观的还是主观的。衡量高水平思维的表现需要好的评估方法(Bowden 和 Masters，1993)。推动高级思维能力发展已被列入国家发展的日程中，这离不开高级评估方法的使用，它为思维表现提供了一系列可靠的评估标准，如概念化、系统化、整体化、设计和预知(James 等，2002)。所谓“客观”或是模拟的评估方法，如基于能力的评估或者多项选择题等，难以有效测量这些思维能力(Cowdroy 和 Williams，2005)。“客观”或是模拟的评估形式(analogue form)只适合于测量低层次的能力，如手工技术。这些技能多是高等教育中的应用技能。

“我们的教学会得到评估”。传统专业中的教学由“客观”或模拟方法进行评价，它妨碍了高级能力的培养，使教育停留在低水平能力的教学与发展中(Kingsland，1990b；Cowdroy 等，2002a)。所以，在 PBL 中如果只采用“客观”或模拟评估价就背离了基于问题学习的整体目标，而且把它降低到之前讨论过的“冒牌货”层面。

评估领域中的最新发展成果是变量—标准(过渡性的)评估(Cowdroy 等，2002b)。它允许教师评价低水平技能和高级思维表现，同时也评价了与 PBL

相关的知识整合、问题形成和问题解决方面的思维表现。另一最新进展,鉴定性评价(authenticative assessment)增加了思维表现的其他维度,这与自我导向式和自我评价式专业(如基于研究学习)相关。这也为科学领域的教学与评价提供了发展机会,使其更接近科学研究的评价模式(Cowdroy 和 Mauffette,2003)。

因此,基于问题学习并非意味着没有客观评价。高等教育的发展,尤其当它的内部充满了发展高水平思维能力的压力时,高等教育留给“客观”评估方法的空间就很少了。

误解 8:“基于问题的学习意味着在内容和方法上缺乏学术自治”

学术自治的概念源于学术自由,即抛弃宗教的偏见追求研究(参阅 Darwin)。学术自治在高等教育的某些领域如专业教育中没有太大的空间(Hativa 和 Goodyear,2002)。在这些领域中,不管专业是以 PBL 为基础的还是以传统方法为基础的,它都要顺应外部认证需求(在众多的需求之中),每个教师提供的课程必须与经过认证的专业保持一致(工程师学院,1996)。

另外一些与高等教育相关的话题也出现了。高等教育的专业需要改变课程,以满足外界的需要,如上面提到的认证、组织和政府的质量保障、资金限制与利益相关者的问责(Cowdroy 等,2002a)。外部制约通常针对教学文化和学科传统(如科学教育改革的激烈反对意见,相关例子参见:Cowdroy,2005;Cowdroy 等,2002b)。在基于问题学习的案例中,还需要进行协调,以便与 PBL 的内部要求保持一致。

医学教育有很长的教育历史,由附属的专业医师负责教学(例如普通实践、医院、研究中心等)。提高专业和医师的地位通常比教学内容和教学质量重要得多。此外,医学门诊与大学研究院之间的协作利益来自辅助教学,而这比单纯的教学利益更重要。严格的合作内容和过程影响了它们的关系,混淆了教学需求与研究需求,并干扰了教学的优先地位。

同时,建筑学教育长期以来的教学传统是名人(知名从业者)讲学,对他们的地位和影响的重视程度远远超出了对教学质量的重视。在向 PBL 转化的过程中,工作室教学传统的形式一直保留下来,那时访问学者有绝对的自由管理自己的工作室,但是即将实施的项目打破了这种自由。它强调技术核心,并采用评价标准和程序。而且,它也打破了这种关系并向新的教学方法提出挑战。

在缺乏浓厚的辅助教学传统的专业中实施 PBL,会导致全职教学人员的形象发生变化，其特点是通才取代了某些专家，一些专业的扩展弥补了学科间的不足（Maitland，1985）。学科间的边界变得模糊，并出现了学科间的交流。为了促进澳大利亚纽卡斯尔大学的建筑学计划的综合交流，所有传统的学科边界都被重新界定，在学科交流的基础上，诞生了许多与传统学科迥异的新领域。许多教员承担了多重角色：作为通才，他们要促进不同进程的整合；作为专家，他们则支持学科的发展（Kingsland，1992）。

这并不是说要取消所有专业。一些狭义的专业，特别是为核心技能提供支持的专业更需要保留。经历了改革的巩固阶段后，组块模式在较大的学校中应用时，专家起主导作用。然而，较小的学校不能负担大量的专家，所以通才和（或）全能型专家会占据主导地位。

医学领域中实施全面辅导的认知学徒模式遇到了最大的困难。其他模式中，问题则不是非常尖锐。然而在所有领域（包括医学）中，PBL 是成功的，它足够为实践者提供新的动力，扮演新的角色并成为教学与成功的一部分。

因此，学术自由及其缺失是一种误解：问题主要是学科文化的转变，这既包括学科内部的安排，也包括它与从业者的关系。

三、结　　语

30 多年来，基于问题学习已经成为推动高等教育教学的重要力量。基于问题学习中不断创新发展出更有效、更有成本效益的形式，而且各种形式已经得到广泛采用，但也面临不少误解。这主要是因为很难坚持只采用某一种特定的 PBL 模式，比如认知学徒模式，而它难以在成本或者成本效益方面证明自己的正当性。PBL 的其他形式可以应对这些误解，甚至在某些情况下能完全消除它们。

以上讨论表明：

- 基于问题学习的创立和实施未必昂贵（误解 1）。如前所述，大多数 PBL 的成本应该与传统科学教学模式做比较。如此看来，一些 PBL 模式与传统的科学教学模式的成本相仿；至少有一种 PBL 模式要比自然科学教学模式的成本低；同时它也比同一学科的传统教学模式的成本低。
- 基于问题学习并非意味着所有的教学都要以小组辅导的形式实施（误

解2)。有些模式采用小组辅导与其他教学形式相混合的模式,比如至少远程教育模式就是一个非常成功的模式。以上讨论指出,当“定量”使用小组辅导并把它与其他教学方法混合使用时,可以很好地满足高水平能力和低水平(支持性)能力的融合需求。

- 基于问题学习并非只适用于复杂的学科(误解3)。这与学科的“复杂度”并不相关;真正与之相关的是学习结果,如思维和能力,而且高水平和低水平能力的混合是高等教育各方面期望实现的目标。
- 基于问题学习并不意味着忽视学科学习并降低学习质量(误解4)。相反,基于问题学习允许不同学科均衡而渐进地发展,当目标是培养“从业者原型”能力时更是如此。
- 基于问题学习不是不同学科的简单结合(误解5)。正如一些传统的教学法一样,对学生头脑中不同知识集合的期望和评估,需要在适当的时候进行“汇合”,所以必须进行融合。
- 一旦学习和问题的解决同时进行,就会使PBL在时间协调上出现障碍(误解6)。然而,要求二者同时进行本身就是错误,而且也违背了效率原则,尤其是考虑到个人的学习曲线时更是如此。项目的重叠与并列避免了资源的过度集中,并且允许调节不同个体的学习活动。
- 基于问题学习并不意味着缺乏客观评价(误解7)。客观评价在高等教育中的地位并不确定,尤其在考察高层次能力时,它的可信度就更低。新的评估方法更合适(尤其是对科学来说)、更可靠、更具成本效益,更易于实现学生中心的学习目标。
- 基于问题学习并不意味着在内容和方法上缺乏学术自治(误解8)。在我们考虑到高等教育面临的各种压力(如提高透明度、问责、认证、学生满意和许多必须满足的外部需求)时,谈论学术自由就不太恰当了。在这一方面,基于问题学习与其他教学方法并无区别。

尽管基于问题学习有许多类型,而且也有许多关于这些类型的报告,但仍然有一个普遍的误区:就是PBL只有一个模式,即认知学徒模式。人们也常常把认知学徒模式的弊端推及到PBL的所有模式中。当我们谈到政治议程中的成本和质量保障时更是如此。“什么”才是基于问题学习,“为什么”在特定的计划中采用基于问题学习,由于这些问题无法解答,教师们很难相信PBL带来的好处和能获得的成本效益。

由于高等教育政治中对“透明度”(使评价标准转向以能力为基础)和质量保障(使课程与教学方法以培养高级能力为目标)的需求不一致,人们对各种教学方法为高等教育带来的益处产生了混淆。当适合高级能力的评价标准被人们理解和接受后，各种 PBL 的好处就会显现出来。这最有可能在科学及其相关学科中体现出来，如医学和工程技术，因为新的评价标准以实践中较为成熟的评估为基础，这些评估包含在自然科学类学科的专业实践和研究文化中。

本文讨论的目的仅仅局限在呈现基于问题学习的成本效益。我们认为这一目的已经达到——本文指出：基于问题学习的许多形式跟相同学科的传统教学方法相比并不昂贵，而且在培养高等教育期望的高层次能力方面，它更加有效。

参考文献

A. C. Nielsen Research Services(2000). Employer Satisfaction with Graduate Skills, Research Report, Evaluations and Investigations Programme. Canberra: DETYA.

Barrows, H. S. (1986). A Taxonomy of Problem-Based Learning Methods. *Medical Education*, 20, 481 - 486.

Biggs, J. (1999). What the Student Does: Teaching for Enhanced Learning, *Higher Education Research, and Development*, HERDSA, Canberra, 1(18).

Biggs, J. (2003). *Teaching for Quality Learning at University: What the Student Does* (2nd Edition). Buckingham, Philadelphia: Society for Research into Higher Education Open University Press.

Boud, D. (Ed.) (1985). *Problem - Based Learning in Education for the Professions*. Sydney: Higher Education Research and Development Society of Australasia.

Bowden, J. and Masters, G. (1993). *Implications for Higher Education of a Competency - Based Approach to Education and Training*. Canberra: Australian Government Publishing Service.

Chen, S. E., Cowdroy, R., Kingsland, A., and Ostwald, M. J. (Eds.) (1993). *Reflections on Problem - Based Learning*. Sydney: APBLN, Problarc, University of Western Sydney.

Claessens, M., Graaff, E. de, Jochems, W., and Cowdroy, R. (1996).

Student Evaluation of a Problem Based Course in Architecture. In *Research and Development in Higher Education*, (3), Higher Education Research and Development Society of Australasia Conference Proceedings, University of New South Wales, Sydney, 67 - 78.

Conway, J. and Williams, A. (Eds.) (1999). *Themes and Variations in PBL*. Newcastle: Problarc, 159 - 166.

Cowdroy, R. (1985). *Clients' Perceptions of Architects' Performance*. NSW: Board of Architects.

Cowdroy, R. (2000a). At the Boundaries the Rules Must Change, *Les Cahiers de L'enseignement de L'architecture*, 6, European Association for Architectural Education, Louvaine - La Neuve, Belgium.

Cowdroy, R. (2005). (Awaiting Publication). *Mentored Self - Evaluation for Teachers in Higher Education*. Ottawa: RES Academica.

Cowdroy, R. and Graaff, E. de(2005). Assessing High - Level Creative Ability. *Assessment and Evaluation in Higher Education*, 5(30), October.

Cowdroy, R. and Mauffette, Y. (2003). Assessing Research and Research - Based Learning: An Authenticative Paradigm. Proceedings. Adelaide: ATN Evaluations and Assessment Conference.

Cowdroy, R. M. and Williams, A. P. (2002). Assessing Design Activity: Issues and Actions. Proceedings of the 7th International Design Conference DESIGN 2002, Croatia.

Cowdroy, R. M. and Williams, A. P. (2004). Profiling Designers as a Basis for Assessing Design Performance. Proceedings of the DESIGN 2004 8th International Design Conference, Dubrovnik.

Cowdroy, R. and Williams, A. P. (2005). Aligning Teaching and Assessment: The Key to Greatly Improved Graduate Quality and Sustainable Teaching Efficiency. The First International Conference on Enhancing Teaching and Learning through Assessment, Hong Kong, June 2005.

Cowdroy, R., Williams, A., and Mauffette, Y. (2002a). Transitional Evaluation: The PBL Advantage in Alignment of Assessment, Accountability and Accreditation. Proceedings, HERDSA Conference, Perth.

Cowdroy, R., Williams, A., Graaff, E. de, and Mauffette, Y. (2002b). Resolving Relevance, Quality and Quality Assurance: A Transitional Criteria Approach. *Research and Development in Higher Education*,

(25), Perth, WA.

Crick, M. and Cowdroy, R. (1999). Assessing Brilliance, Research and Development. *Higher Education*, (14). Higher Education Research and Development Society of Australasia.

Eraut, M. (1994). *Developing Professional Knowledge*. London: Falmer Press.

Graaff, E. de and Westrik, J. (1994). Innovation and Adaptation: Searching for the Balance Between PBL and the Traditions of Design Education. In Ostwald, M. and Kingsland, A. (Eds.) *Research and Development in Problem Based Learning*, *Vol.* 2 (Newcastle, Australia: Charles Sturt University Press), 50 - 51.

Harman, G. and Meeks, V. L. (2000). *Repositioning Quality Assurance and Accreditation in Higher Education*. Canberra: DETYA.

Hativa, N. and Goodyear, P. (Eds.) (2002). *Teacher Thinking*, *Beliefs and Knowledge in Higher Education*. Dordrecht, NJ: Kluwer Academic Publishers.

Institution of Engineers (1996). Changing the Culture: Engineering Education into the Future, Review Report. Canberra: Institution of Engineers.

James, R., McInnis, C., and Devlin, M. (2002). *Assessing Learning in Australian Universities*. Centre for the Study of Higher Education, University of Melbourne.

Kemp, D. (2000). Quality Assured. In Skillbeck, M. and Connell, H. (2000). *Quality Assurance and Accreditation in Australian Higher Education*. Proceedings, a National Seminar on Future Arrangements, Higher Education Division, Department of Education, Training and Youth Affairs, Commonwealth of Australia.

Kingsland, A. (1990b). The Development of Integrated Professional Tertiary Courses. In Herdsa(NZ). Capability through Higher Education in the Pacific Region. Joint PRAHE/HERDSA(NZ) Conference, CIT, Upper Hutt, NZ, 38 - 41.

Kingsland, A. (1992). Problem - Based Learning: Efficient, Affordable and Stress-free Implementation. In Australian Problem - Based Learning Network(Ed.), *Problem - Based Learning in Education and Train-*

ing. Joint APBLN/HERDSA Conference, The University of Sydney, December 1992,177 - 186.

Leckman, A - M. A. , Levesque, K. R. ,and Audet, G. J. (1999). Assessment of a Problem - Based Learning Programme in Biology at the University of Quebec at Montreal by the First Student Cohort. In Conway, J. and Williams, A. (Eds.). *Themes and Variations in PBL*. Newcastle: Problarc,159 - 166.

Maitland, B. S. (1985). A Problem - Based Course in Architecture. In Boud, D. (Ed.). *Problem -Based Learning in Education for the Professions*. Sydney: HERDSA.

Maitland, B. S. and Cowdroy, R. M. (2001). Redesigning PBL: Resolving the Integration Problem. In Schwarz, P. , Mennin, S. ,and Webb, G.. *Problem - Based Learning: Case Studies, Experiences and Practice*. London: Kogan Page.

Mauffette, Y. and Poliquin, L. (1997). Implementation of PBL in a Biology Curriculum. In Conway, J. , Fisher, R. , Sheridan - Burns, L. , and Ryan, G. (Eds.). *Research and Development in Problem Based Learning Vol. 4: Integrity, Innovation, Integration*. Australia: PROBLARC, 382 - 389.

Mauffette, Y. and Poliquin, L. (2001). PBL in Science Education: A Curriculum Reform in Biology at the University of Quebec in Montreal. *PBL Insight*,1(4),1 - 5.

Nelsen, B. (2002a). *Higher Education at the Crossroads, an Overview Paper*. Canberra: Commonwealth Department of Education, Science and Training.

Norman, G. R. (1988). Problem-solving Skills, Solving Problems and Problem-based Learning. *Medical Education*,22,279 - 286.

Schwarz, P. , Mennin, S. ,and Webb, G. (2001). *Problem - Based Learning: Case Studies, Experiences and Practice*. London: Kogan Page.

Schön, D. A. (1983). *The Reflective Practitioner*. NY: Basic Books.

Smaglik, P. (2005). Breathing Life into Industry, *Nature*, 7056(437), 8th September.

Sporn, B. (1999). Current Issues and Future Priorities for European Higher Education Systems. In Altbach, P. G. and Peterson, P. M. (Eds.).

Higher Education in the 21st Century: Global Challenge and National Response. Annapolis Junction: Institute of International Education.

Westrik, J. and Graaff, E. de(1994). Development and Management of the New PBL-Based Curriculum in Architecture. Key Note Lecture Presented at the Conference Reflection and Consolidation. Newcastle, Australia, 3 – 6 July 1994. In Chen, S. E., Cowdroy, R., Kingsland, A. J., and Ostwald, M. J. (Eds.) *Reflections on Problem-Based Learning*. Sydney: Australian Problem Based Learning Network.

Wilcoxson, L. and Walker, P. (1995). Valuing Teaching: A Strategy for Changing the Organisational Culture of an Academic Department. *Higher Education Research and Development*, 2(14), 269.

Woods, D. (1985). Problem-Based Learning and Problem-Solving. In Boud, D. (Ed.). *Problem-Based Learning in Education for the Professions*. Sydney: Higher Education Research and Development Society of Australasia, 19 – 42.

第六章 走向基于项目的学习的变革
——组织领导与教师发展的角色

Isabel Alarcão[①]

一、引 言

近年来，高等教育机构在不断的挑战下进行变革。作为教学机构，一些高校在面对专业发展的新趋势和新时代的大学生时，开始反思自己的角色。这也是葡萄牙阿威罗大学阿格达技术学院在工程教育领域引进“基于项目的学习”(project - based learning，英文缩写为 PBL[②])的现实背景。

但是变革的过程并非一帆风顺，有顾虑、有担忧，也在前进和倒退之间徘徊。正如鲍威尔(Powell)所言：

> 学校很少会自发改革自身的组织结构。变革的动力通常来自一种紧迫感，它使我们意识到为什么要进行变革，并使我们能下决心积极地去面对。变革需要激励与动力，而这些可能会通过形成的愿景和达成的集体共识来实现。(2003/CD - ROM)

阿威罗大学技术学院的变革就是如此。学院清醒地意识到存在的问题之后(如学生学术能力的下降与学习动机的欠缺)，开始尝试其他教学方法

---

① Isabel Alarcão，葡萄牙阿威罗大学教育学教授。——译者注。

② 本章中的 PBL 指基于项目的学习。——译者注。

(PBL)。在学校最高管理层的支持下,学院探讨了 PBL 的原则和实施过程。最终,在得到教师们的一致支持后学院决定变革。变革过程中集体合作式的课程开发和教师发展培训活动并驾齐驱同时进行。

变革的过程还涉及学校组织的不同层次(校长、主管教学的副校长、学院院长,以及全体教师),并听取了校外专家与顾问的建议。在这一过程中,学校的最高管理者——校长,作为变革的倡导者,不仅提出了创新的观念(愿景),还对变革给予指导和支持。副校长探寻有效方法以将这一创新理念付诸实践,在此过程中,她采用合作的方式,建立了鼓励教职人员共同学习的集体氛围。整个过程中,变革得到了不断的支持与鼓励,并吸引越来越多的关注。通过国际交流,人们开阔了视野,开始思考不同的教育文化和模式,同时,运用批判性思维方式以避免盲目移植外来事物。

二、变革的背景:大学所面临的问题

葡萄牙的高等教育体制是一种二元体系,包括两种类型的机构:大学和技术学院。而阿威罗大学阿格达技术学院是葡萄牙高等教育体系中为数不多的特例之一。阿格达技术学院创建于 1997 年,建校之初明确定位为"技术学院",后来合并到阿威罗大学。校长在就职演说中指出,合并"使人们看到了'大学'的新理念,即大学要多元化发展,满足社会的需要"。

在认真分析社会需求的基础上,学院的发展使命是,突出技术学院对教学内容的本质要求,这些要求包括:

——对基础知识的深入掌握;

——以技术和职业为导向的教育;

——培养学生具备本地以及国内相关企业现今所需要的能力。

当前,葡萄牙技术教育在整体上也面临着前所未有的挑战,如下所列方面:

——培养专业人员与时俱进的能力;

——探讨新的教学方法,以满足"新能力培养"的需求;

——适应新时代大学生的特点;

——为技术院校提供教学新理念(使其区别于普通高校教育)。

值得一提的是,当阿格达技术学院被合并到阿威罗大学之后,这些挑战变得更加严峻。

阿威罗大学阿格达技术学院主要定位为工程教育,该校招收的第一批学生的中学成绩不好,学习动力不足,很难做到自主学习。第一学期结束时,原本士气很高的教师们也出现了明显的沮丧和担忧的情绪,不过他们依然强烈希望改变现状。教师们认为,造成当前现状的主要原因在于学生素质的参差不齐。他们:

——习惯了低层次的能力要求;

——缺乏动机和积极性;

——缺乏良好的学习习惯;

——只熟悉“机械式”的学习策略;

——不会自主管理学习;

——过分依赖教师。

学生们则归咎于教师,他们认为教师们自身准备不足。无论如何,教师们都强烈地认为“传统的讲授式教学法需要改变”,因为那些方法不符合学生的特点及理工技术教育的本质。

葡萄牙的其他地方以及其他国家也经历过类似的问题。阿威罗大学和阿格达学院的管理委员会对这种情况一直非常关注,并决定采取相应的行动来改变现状。而学院所处的大环境也有利于进行大规模的变革,变革时机的成熟表现为以下特征:

——工程师形象的转变;

——专业发展需要新型能力,这需要改变传统的教学范式;

——未来学生的特征与现行教学方法的“不协调”;

——有必要明确界定技术学院学生的能力、学习成效及如何协同规划相应的学习、教学与评估方法;

——需要校级管理层参与反思教学质量和课程本质;

——阿威罗大学正在进行深入并具有反思性的专业调整;

——自然科学和工程类学生人数逐渐减少;

——学生非应届毕业率和辍学率较高。

学院的任课教师都意识到当前需要解决的问题。尽管他们在“问题是什么”这一方面达成了一致,但直到 PBL 模式进入视野后,教师们才似乎看到解决问题的一线希望。因为 PBL 的主要特征是,以“团队”形式组织学生活动,培养学生合作学习和解决“开放性问题”的能力。所以 PBL 不仅能为学生提供良好的学习环境,还能帮助学生提高学习的积极性,并培养所需的相应能力。但在正式推广实施 PBL 之前,学院很有必要先建构一个能达成共识的思想框架,并且领略到 PBL 理念的精髓。

三、突围之路：启发性思路

正确地认清问题是提出有效解决方案的第一步。现实情况是：需要探寻新的教学方式，从而达成工程领域所需的能力、学生的愿望与学习能力三者之间的协同关系。学院在“需要变革”这一点上已经达成共识，接下来的问题是：怎样进行变革？

正是阿威罗大学校长提出这个富有启发性的思路。他本人是化学教授，极其关注教育问题。在一次教师会议上，他提出该校应该探索“基于问题”和“项目主导”的教育方法的构思。在此前对丹麦的一次访问中，他看到这些方法在丹麦奥尔堡大学已经采用，而奥尔堡大学的实践也为这一新方法提供了有力的范本。

为了推进这一想法的实施，我们必须对奥尔堡大学的模式进行深刻细致的了解，阿威罗大学分管教学的副校长承担了此项任务——探索“阿威罗大学阿格达技术学院是否能够借鉴奥尔堡大学的经验”的问题。

研究该问题的计划包括以下内容：通过阅读材料获得信息，并认真观察奥尔堡大学的具体实践模式，以及对其理论原理、实施过程及成效、所遇困难及对硬件与人力资源的管理进行反思。副校长极为赞成校长的建议，并且立刻着手制订详尽的奥尔堡大学考察计划。

他们在葡萄牙做好了访问的准备。通过阅读和讨论 Kjersdam 和 Enemark 的著作《奥尔堡大学的经验：大学教育中的项目创新》(*The Aalborg Experiment: Project Innovation in University Education*)，他们提出了需要解决的问题的清单。副校长随即同其他七位大学成员开始了奥尔堡大学为期一周的考察，获得关于 PBL 的第一手资料。除副校长本人之外，考察团还包括六名科学和工程方面的教师，以及校园规划建筑师。

出访期间，考察团的活动包括：实地观察 PBL 的实践、学习并交流相关信息、提出感兴趣的问题、访谈教师和学生、观察小组活动、联系奥尔堡大学的毕业生和以前的工作人员、进行成果评价、权衡优劣以及反思文化的差异和共性。

回到葡萄牙之后，访问团提交了一份反思性报告。在报告中，他们从正反两方面对 PBL 进行分析，重点突出 PBL 的优势，并提醒人们不能单纯照搬奥尔堡模式。他们总结如下：

——与传统教学模式相比，奥尔堡大学的学生学习动力和满意度高，考试不合格率和非应届毕业率低；

——毕业生能更好地融入企业工作，并表现出较强的团队合作能力，这些颇受雇主认可；

——对教师而言耗时更多；

——可能需要对校园建筑布局进行调整（这也是阿威尔大学的建筑设计师参加访问的原因）；

——这意味着教师文化和学生文化的重大变化；

——引进新模式时，需要考虑国情，而非简单照搬。

然而在考察团的成员看来（他们中有人起初对 PBL 抱有疑虑，但回来以后就变成 PBL 的虔诚支持者），真正要在本校实施 PBL 模式极具挑战性。尽管他们曾亲眼看到 PBL 的实施效果，但考察团成员毕竟只是全校教师中的一小部分。因此，他们必须争取让其他教师都认可 PBL。尽管校长委员会（大学最高级别的管理委员会）在考察完毕后更对 PBL 充满信心，但他们并不想用"自上而下"的方式来强制推行新模式。他们知道，变革绝非一日之功，因此希望教师能主动地尝试变革。

学校要求所有的教职人员都要参与决定是否愿意接受挑战。只有当大家共同做出决定时，才能激发个人的主人翁精神。学校发动教职工围绕此话题进行论辩，指出其正负面影响，并大力鼓励运用各种论据进行论证。大学的高层管理者希望以此营造出集体参与的氛围，一旦达成变革的共识，大家会全力参与到行动之中。

变革过程中学校主要采取以团队意见为基础和自愿加入的方法。这种方法既表现出应用新模式的困难，也使大家看到学校的潜力。教职工们以合作团队的形式展开工作，他们要在"虚拟课程"的基础上进行模拟练习，分析变革的实施过程。为此，学校成立了三个工作组：电子机械力学类工程课程开发组、勘测类工程课程开发组和组织管理事务组。变革过程中，教师们在讨论会中提到的顾虑和所关注的事项能够显示出变革发生的程度。这些事项包括：

——课程的类型及其与项目的关系；

——开展项目的恰当时间（教师不愿意在第一年开展项目活动）；

——项目小组的学生人数；

——项目组的数目和建筑空间的配备；

——时间安排（须有别于常规安排）；

——对学生课程学习和项目工作的评价；

——"兼职学生"（他们有自己的工作）可能面临的困难；

——转型计划，例如，如何帮助往年考试不及格的学生融入到新的教学方式中；

——教师在教学理论方面的准备；

——教师的工作负担（如何衡量辅导学生的时间）；

——对教师科研活动有可能产生的负面影响；

——对教师的评估应包括其在教学方面的参与程度，并作为教师晋升的参考；

——对各专业的评估方式。

四、酝酿阶段

正如 Powell 所言：

> 当前大学管理面临的最大挑战是，如何说服教师们放弃现有的、得心应手的教学方式，投入到开发新思维的教学形式中去。(2003)

校长委员会和学校管理委员会为筹划变革的新方案预备了过渡时间，并不断给予鼓励和支持。他们坚信，学校教师们都有足够的潜力来推动变革，他们需要的只不过是时间。管理者需要等待一个恰当的变革时机。在酝酿阶段，除极少数怀疑者外，越来越多的教师都逐渐对 PBL 模式的实施表现出积极态度。教师积极性日益提高，这意味着首战告捷。毫无疑问，学校已经营造出变革所需的氛围。在对新方法的探索中，"以个体教师为中心"的教学文化已经开始被"合作学习"文化取代。同时，学校还组织教师发展"工作坊"，以帮助教师深入理解 PBL。

下面三个因素标志着"酝酿阶段"的结束，也促使学校决定实施 PBL：

——设计"虚拟课程"（旨在调动教师们参与实验的兴趣）；

——建立教师发展"工作坊"；

——为准备下学年（2000 年 10 月）开始招生的新专业（电子工程）所带来的压力——既然决定变革，再继续沿用传统的方式来规划新专业是不明智之举。

下文将讨论这三个因素是如何继续发展的。

五、“做中学”：教师发展的历程

前文已经强调，要解决问题就需要根据 PBL 模式对课程进行大刀阔斧的调整。学校认为，开发新课程和新的教学模式不但需要深入理解 PBL，还要有新课程开发和课程管理的能力。这就需要对教师进行培训，以帮助他们明确教育的具体目标、内容和过程。学校必须特别关注学生和教师角色的重新定位问题，教师要成为“指导者和促进者”，而不仅是学科知识的传授者。教师还必须确切理解自身的角色、工作负担和教学能力等各方面的要求。

主管这一工作的副校长认为，预先设计好内容的培训方式不能达到预期的效果。学校应该让教师参与课程的设计、管理和评价，建立一个“学习共同体”。教师要积极主动地参与以下列四点为目标的行动研究：

——开发新课程；

——实施新课程；

——调控新课程的实施；

——必要时（对课程）进行修改。

他们希望，通过这种探索过程，教师能对 PBL 课程的设计、管理和评价做出贡献。

这种“分布式”教师发展模式（由 Colet 提出，引自 Vinther 和 Kolmos，2002），将会加快“教师整体”的、而不仅仅是单个教师的发展进程。然而人们发现，在变革一开始，通过与“有 PBL 经验”的同行接触，教师也能受益匪浅。因此，变革最初采取的是“互动方式”（interactive approach）（由 Colet 提出，引自 Vinther 和 Kolmos，2002）。其中，那些 PBL 教学法、教师发展及评估、课程开发方面的专家将成为“工作坊”的主持者。

第一次教师发展培训活动是邀请奥尔堡大学的两名教授来组织关于奥尔堡 PBL 模式（Aalborg PBL Model）的“工作坊”。这次活动处于“酝酿阶段”的早期——2000 年 5 月。那时，在阿威尔大学技术学院的教师看来，PBL 模式仍是困难大于收益。此工作坊的目标是，为教师带来灵感，并为以发展和规划为主题、以问题为导向的团队项目提供方法。

第二次“工作坊”（2000 年 7 月）由奥尔堡大学的一位前土木工程领域的教授主持，他曾任奥尔堡大学为新雇员做 PBL 培训活动的顾问。此次“工作坊”活动对 ESTGA 最终决策至关重要。

“工作坊”的主持者大都具有自然科学和工程方面的学位，他们自身的经历、背景及个人性格特征似乎对本校教师们产生了非常积极的影响。

一位教师做出如此评价：

> 他有工程师的背景，所以他能切身感受到我们所说的问题，这就大大激发了我们的热情，使我们坚信，时机成熟时我们就能实施新的模式，这对我们来说很有意义。他的态度就是：这要看什么对你们是有意义的……变革传统的教学方法，采用项目为基础的教学方法在你们现有的环境中就是最有意义的。（摘自个案研究的访谈纪录，Gil 等，2004）

此“工作坊”以“PBL 课程设计”为主题，非常实际地考虑了以下几方面：

——如何确定专业的培养目标；

——如何设计课程；

——如何构建相关的项目；

——如何协同能力和评估；

——如何设计评估体系，才能使计划最有效地实施。

用这位“工作坊”主持者的话来说，

> 工作坊主要为参与者提供机会来检验实例。最初这些实例由我提供，然后他们亲自参与到课程开发中。我们首先依照奥尔堡大学的模式检验“基于问题学习”的概念。由此，减少了我们的（对本校实践的）疑虑，并且避免在工作坊实验结束之前（对本校实践）做出任何臆断。同时，通过课程开发的逻辑，我们深入探讨了 PBL 的概念，使其随着工作坊的进展逐渐得到进一步解析。

他提倡“借鉴”而非“照搬”，因为“舶来”的观念和实践方式有时会同本地的文化观念和行事方式发生冲突。他在工作中也运用 PBL 原理，先让教师们体验 PBL，进而熟悉这一新方法。工作坊过程中，参与者模拟一项有实际意义的项目工作，亲自体验各项步骤，参与计划与团队合作的方法。

培训活动不拘泥于工作坊内，其他时间教师们也要进行团队合作。“工作坊”调动了教师的积极性，使任务组在后续工作中更加投入。

虽然没有正式任命，但“工作坊”的主持者成了整个变革计划的顾问，他还多次来到葡萄牙提供咨询。电子通讯技术为远程顾问提供了便利。

此后,2000 年 10 月由同一位教授组织的第三次“工作坊”主要致力于回答任务组教师在后续工作中提出的一系列问题。

教师提出的问题主要集中在以下几个方面:

——对项目的辅导;

——对学生的评估和评分;

——项目和课程的关系。

顾问在停留期间还参与了以下活动:聆听关于改革进展的汇报,对团队或个人提供咨询,并针对形成性评估和终结性评估的计划进行讨论。

通过对以上问题和已完成的工作质量的反思,“工作坊”的主持者强调了以下几点:

——提问的相关度和深度都有所提高;

——问题更集中于 PBL(同最初“泛泛”的问题相比);

——出现了“共同兴趣”(同最初更偏向个人旨趣相比);

——更多地致力于 PBL 相关活动;

——开始自主和自我管理的学习。

他还做出以下评价:阿威罗大学技术学院的教师间交流充分并具团队合作精神;领导效率高但不独裁;不回避必需的任务;所提问题质量高并具探索性,这说明了他们对所需考虑问题的正确评价;对所提建议深思熟虑,而非仅仅盲从。

“工作坊”帮助教师深入理解 PBL 的概念,而且为他们将知识应用到“情境”中、从做中学创造了条件。教师参与到对“具有文化背景的课程”的认识中,这种借鉴基础上的采纳方式让教师为 PBL 的实施做好了准备。

在对教师的访谈中,他们都极为强调“工作坊”的影响作用。他们说,“工作坊”不是自上而下、以组织者为中心、预先设定的培训,而是围绕项目建立一个解决问题的、学习型团体的过程。在这一过程中,教师能够参与新课程的设计、管理和评价。这种“探究态度”使学校采取了“行动研究”的方式,而该方式的目标就在于“保持新项目的高质量”和“为建立技术学院教学模式积累知识”,这恰恰满足了前文提到的葡萄牙的需要。

教师发展和课程开发是互动关系,这是一个真正的“PBL 培训模式”:参与者为了解决开放式问题而以团队形式行动和学习,并开展新的项目工作;教师需要用“对待学生的方式”来对待自己:他们需要找出解决问题(即课程开发)的方法,并像学生一样,在团队中学习。

同教师的意见一致,笔者认为,培训质量与以下因素相关:

——以教师为中心的活动(基于他们的兴趣、关注焦点和需求);

——有意义的学习活动(同新颖的教育项目相关);

——领导者作为“推动者”的角色(“不要希望我为你做决定,我只是帮助你做出自己的决定而已”)

六、变革中的其他影响因素

如上所述,一些其他因素也促使阿威尔大学技术学院决定实施 PBL:

——虚拟课程是一个重要因素,它帮助人们预示各种可能性和困难。在这一激励的过程中,人们看到了潜力,也发现困难比预想的要小。

——第二个影响因素是“在电力工程领域建立新专业”的压力。新专业在下一学年就要建立,需要提前完成计划并提交相关委员会批准。因此,电力工程领域开发组率先试行 PBL 模式。新专业的设立在一定程度上是一次“实验”,是 PBL 在其他专业进行推广的前奏。不久,其他专业的课程也开始进行修改。

——第三个因素与新领导的产生有关。变革过程中,项目顾问和主管副校长都认为,整个过程需要由一位本学院的“领导者”来负责。尽管没有正式任命,一位教师以自己对变革的高度热情和责任感,所提问题的水平和其积极主动性很自然地起到领导作用。用他自己的话说:

> 可能是由于我积极参与会议和工作坊的活动,学校负责人便让我发挥更加重要的作用。在我看来,我主要的责任是促进大家的交流。我并不想让同事们说:“他要来领导这整个过程吗?”我担心他们会这样想:“如果他是领导者,那么让他来告诉我们怎么做就行了。”我不能让这样的事情发生。我一直认为:所有参与者都需要一如既往地投入,我的任务只是让他们齐心协力。后来,我的同事也认可了我“支点”的角色。从那时起,我作为“项目协调员”的角色才变得名副其实。

尽管他一直不愿意认可正式的“协调员”称号,但他已经成为一个“自然的领导者”,在整个项目中从事协调和分配工作。

——另一个值得一提的因素是,阿威尔大学的宏观背景。这所大学的研究和管理等方面原本就得到很高的评价。大学外部相关机构的评价和该校的自身评价都不约而同地指出了现存的优势和问题。因此,大学便制定了提高教育质量的计划并在随后进行了全校范围的课程评估。最终的结论是:要切实提升教育质量,就必须改变学校教师和学生的文化。学校在科研方面已经非常出色,但在教学方面也有巨大的提升潜力。

该校认识到,教学问题和科研问题都需要得到重视。在解决的过程中,教师会变成更好的指导者和促进者,带来更好的学习效果,同时也为教学艺术作出贡献。(Shulman,1998)

七、学生的准备工作,以及对实施过程的调控

最初学生并没有参与到变革的过程中,但在新专业建立之前,教师与学生见面,帮助他们为变革做好准备。在变革过程中,学生也得到特别的关注及个别指导。

在“学生参与”这一方面,变革看似不够民主;但这并非人为有意造成的。其原因包括:那时教师中的不确定因素,学校决定引进 PBL 之前经历了一个漫长的“酝酿期”。然而回头来看,大家一致表示:“突然公布信息”也有其好处——它为学生带来惊喜。

同时还要论及的是“调控”。大家都知道:创新需要调控。一个内部评估小组建立了一个富有启发意义的形成性评估框架(Partlett 和 Hamilton,1972)。在此基础上,他们希望能进一步理解课程实施中学习过程的优势和不足、困难和进一步改善的潜力。

学校评估了学生的群体特征、学习结果、课程管理和后勤条件,评估将下列各方面的数据都考虑在内:

——针对学生和教师的问卷调查,来自于教师与学生的会议记录,以及非正式的讨论;

——学习结果的记录;

——个人和专业能力发展方面的记录;

——教师和学生对于新方法的态度。

当参与变革的第一批学生进入新专业的最后一年时,学校就以下六个主要问题对师生进行调查:

——PBL 是否适合培养高等技术教育所需要的能力;

——PBL 是否适合推动学生专业能力和个人能力的发展；
——学生感受到的“PBL 的推动作用”；
——教师感受到的“PBL 的推动作用”；
——优势；
——不足。

调查结果显示，学生和教师的认识基本一致，而且对 PBL 普遍持正面的接受态度。一些主要的方面包括：

——知识、理论—实践关系、新生对知识的态度这三者的整合；为真正的职业活动所做的准备；

——学生在教师指导下个人能力得到发展的机会；教师和学生角色的重新定位；

——对项目的热情和动力；个人责任；

——学习时间的管理；团队合作能力的培养；在校学习时间。

学校还就“课程管理过程中的优点和缺陷”向教师和学生咨询。他们提出的优点主要包括学校的特征（小而新、融洽的师生关系、富有创新精神和责任感的教师、组织上的支持）。而设备、空间条件、工作和时间负担、学生评价和教师的教学能力是需要进一步完善和改进的问题。

八、变革过程反思

本节汇总并讨论变革中出现的主要问题。

形成问题

一个年轻、富有激情、能够相互协作、以开放的心态对待创新、始终寻求高质量的学习的教师群体，却面临这样的境况：素质不佳的学生、新能力的挑战、对新教育方式的需求。然而他们并没有像以往那样相互推诿责任，而是切实地着手解决问题。他们理解问题的方式是采取实际行动的良好开端。

愿景

大学的最高管理者——校长，始终支持高素质教师关注的问题，把 PBL

作为可能的解决方案。他的创新性、以变革为导向的远见得到了副校长的热情支持,学校管理委员会也对其可能性做出探索。

高水平的组织领导力

教师为提高教育质量的努力得到了大学强有力的支持,“官方的全面支持”(Powell 和 Weenk,2003:124)和“民主式领导”为“自上而下的管理”和“自下而上的自发提议”提供了适当的平衡。整个变革项目的顾问认为,高层管理者的责任感和专业水平是变革的关键。Hannan 和 Silver 也支持这一观点,他们认为,组织上的支持和认可是推动创新的重要因素(见 Cowan,George,Pinheiro – Torres,2004:443)。

构建思维模式

这一决定是建立在深入理解新的教育方法的基础上的。理解 PBL“是什么”、“如何运作”、“意味着什么”是做出“理性而有意义”的决策的基础。决定“采纳”并不意味着“照搬”。Cowan、George 和 PinheiroTorres 分析了两个最近采取激进变革的例子(其中包括 ESTGA)后指出:

> 框架的建构有利于教师对面临的新事物进行反思;联系相关的经验和信息;去掉“舶来品”的“殖民气息”;把自己的经历内化于自身的思维模式和教学框架中。这样就会形成一个同本校的实际需求、进度、可能性和潜力相符合的新模式(2004:453)。

建构相同的理念

通过对话和互动,每个人都清晰地表达了自己的理解、意见和顾虑。学校鼓励讨论和团队合作,从而激励反思;推动新想法的成熟;促进不同意见的表达,并建设高度专业化的学习共同体。

组织发展策略、课程开发和教师发展的协同

Cowan、George 和 Pinheiro – Torres(2004)强调了协同这些要素的必要性。

当一个机构想要引进 PBL 并希望借助它提高教育质量时，教师首先要知道怎么设计和实施 PBL 课程。这是教师们必须完成的任务，同时这也是 PBL 模式教师培训发展活动的一部分。教师培训发展活动需要根据具体情境和任务而定，其结果是形成"一个涉及大规模的教师群体、组织、教师和课程齐头并进的发展方案"(Cowan，George 和 Pinheiro - Torres，2004：445)。

对过程的调控

变革绝非一日之功。由于其复杂性，人们需要对其进行细察、坚持乃至重新设计。以本校为例，整个过程中得到了缜密的督导。对过程的调控意味着引入值得一试的精化活动，这也确定了进展中取得的成效。因此，除管理功能外，对过程的调控还有利于提高教师和学生的自尊心。

学校的特征

人们常说，创新的种子会寻找肥沃的土地播种。肥沃的土地就是指在年轻的高质量大学即阿威罗大学中新建的、正在寻求认可的阿格达技术学院。当时阿威罗大学正在致力于推进整个机构中的"课程重建项目"。

系统化的反思过程

总体上看，整个过程是在反思型学校中进行完整而系统化的思考。Alarcao 指出：

> 它是这样一个组织：能够经常反思自己的社会使命和内部结构、评价自身的工作质量，同时始终处于一个评估和不断形成的过程中(2001：16)。

简而言之，这次创新恰好符合 Havelock 和 Huberman 提出的变革的三个条件(1977)，Powell 和 Weenk 引述如下：

——进行创新的组织基础必须在各个层面都能认识到变革的需求；正确地分析要解决的问题；提出一个可用、可行的解决方案(能够快速实施且可靠)；以及提供充足的资源(受过培训的人、交流和资金)。

——有计划、有指导地引进 PLEE，而且引入过程要有一定的"权威"认可,这样计划的实施才能获得牢固的基础并实现制度化。

——在创新目标和如何实现目标方面,需要与最深入的参与者达成共识。(2003:118)

九、结　　论

本章是一个因地制宜进行创新实践的案例。它不是盲目地移植外来经验,而是经过谨慎的计划,达成集体共识并得到组织支持的过程。最初的想法提出后,他们搜集与他人经验相关的资料,对其利弊、可能性和困难进行反思;开发虚拟课程,为教师发展提供机会,提供督导;做出抉择、计划真正的课程并将其付诸实施,在调控变革过程的同时为新的行动积累知识。参与者还包括一些怀疑者和优柔寡断的人。管理阶层还提供了缜密而系统化的支持和鼓励,并为教师成熟地理解观念和领导者的产生预留了足够的时间。教职人员整体状况得到加强。

其中,最值得强调的一点是组织的支持。正如该创新项目的顾问在一次个案研究的访谈中指出(Gil 等,2004):

> "本案例的独特之处体现在,从一开始变革就得到了学校强有力的支持。Agueda 的全体成员是具有很强凝聚力的团队,他们在课程改进上已获得一定经验,在教师培训发展方面也有接受可行性建议的充分准备",他总结道,"这是一个很好的组织管理的案例"。

参考文献

Alarcão, I. (2001). Escola Reflexiva e Supervisão. Uma Escola em Desenvolvimento e Aprendizagem. In Alarcão, I. (Org.) *Escola Reflexiva e Supervisão. Uma Escola em Desenvolvimento e Aprendizagem*. Porto: Porto Editora, 13 – 23.

Cowan, J., George, J. W., and Pinhero - Torres, A. (2004). Alignment of Developments in Higher Education. *Higher education*, 48, 439 - 459.

Gil, V. *et al*. (2004). Novas Abordagens no Ensino Superior e a Função Ensino. Relatório Final do Projecto Sapiens POCTI/CED/43396/2001. Aveiro: Universidade de Aveiro.

Kjersdam, F. and Enemark, S. (1994). *The Aalborg Experiment, Project Innovation in University Education*. Aalborg: The University of Aalborg Press.

Oliveira, J. M. *et al*. (2003). A Proposal for Formative Evaluation in a Project - Led Education Environment. Proceedings of the International Conference "Teaching and Learning in Higher Education: New Trends and Innovations". Aveiro: Universidade de Aveiro(CD - Rom).

Powell, P. (2003). Changing to Project - Led Engineering Education. Proceedings of the International Conference "Teaching and Learning in Higher Education: New Trends and Innovations". Aveiro: Universidade de Aveiro (CD - Rom).

Powell, P. and Weenk, W. (2003). *Project - Led Engineering Education*. Utrecht: Lemma.

Shulman, L. (1998). Course Anatomy: The Dissection and Analysis of Knowledge through Teaching. In Hutchings, P. (Ed.). *The Course Portfolio: How Faculty Can Examine Their Teaching to Advance Practice and Improve Student Learning*. Washington: American Association for Higher Education, 5 - 12.

Vinther, O. and Kolmos, A. (2002). National Strategies for Staff and Faculty Development in Engineering Education in Denmark. *Global Journal of Engineering Education*, 6(2), 161 - 166.

第七章 物理教学从传统模式到基于问题的学习变革过程中的管理

Brian Bowe①

一、背 景

在过去十年中，各层次的教育机构出现理科学生人数锐减的情况（Institute of Physics，2001）。学生人数的减少给学校招生带来压力，同时导致物理教学模式发生转变，开始强调以“学生为中心”的学习及终身学习的重要性（Angell等，2004；OECD，1998）。这种转变，正如许多教育研究所提及的，强调理论与实践相结合，重视物理教育的研究，尤其是在物理教学中更强调学生该如何学习及如何培养“抽象理解”的能力（McDermont，2004）。这样的转变也促使物理教育领域近年来出现一系列创新——开展以“学生为中心“的学习（Marr等，1999；Ryder，2001）。同时，物理教育者不但对“所教的内容”，而且开始对“如何教”进行批判性思考。

物理教育研究发现，当今高等教育体系中，许多传统教学法存在着诸多不足之处（Heron，2005；MeDermontt和Redish，1999；Redish，2003）。例如，研究发现，许多学生的“概念理解”能力并没有在学习中得到培养，而学生有必要在“概念理解”的基础上将他们所理解的与所学到的知识转化为解决现实问题的能力（Jong和Ferguson - Hessler，1986；Van Heuvelen，1991；Mazur，1992

① Brian Bowe，博士，爱尔兰都柏林理工学院（Dublin Institute of Technology，Ireland）物理学院讲师，学习与教学中心学习发展办公室主任。——译者注。

和 1997)。此类研究也表明,学生若没有首先获得"概念上的理解",就不能成为"问题的解决者"(Hake, 1998; Knight, 2002);同时,此类研究也验证了认知心理学的研究结果:学生必须从自己的"先验概念"出发,才能对"物理的抽象性"进行正确的理解(Roth,1990)。一些研究还表明,许多学生在接受高等教育之前,对物理世界存在着某种根深蒂固的"误解"(McDermott,1991)。因此,即便学生在接受正规的物理学教育后,他们对物理的"抽象理解"能力几乎没有发生改变。(Halloun 和 Hestenes, 1985; Krause 等,1995)。随着大众教育的发展、多元化的出现、竞争的加剧及信息技术的发展,这些不足之处在学生学习层面上已经表现得愈发严重。从这些研究中我们得出的共同结论是,物理教育者需要为学生营造"鼓励对知识和理解的建构与重新建构学习环境"(McDermott,2004)。Angell 等(2004)提出,物理教育"为明天的社会"培养物理学家,就需要采取更加"以学生为中心"的教学方法,更加重视"情境中的知识"。

二、起步阶段

自 1999 年以来,都柏林理工学院物理学院就不断地对其所采用的教学方式进行批判性反思,使人们对教学和评估实践有了全新的认识。学院之所以进行批判性反思,多半是出于现实的需求(相对于教学而言):各层次的高校中学习物理的学生越来越少,导致学校招收学生的素质普遍下降,进而旷课、缺乏学习动机与辍学的比例上升。另一个因素则来自工业界:更加重视"核心能力",而这些能力的培养同"学生中心"的教学方式息息相关。同年(1999 年),物理学院决定物理学第一年的课程将全部采取"基于问题的学习"的方式。在该决定之前,学院的所有课程采取的都是传统教学策略,如讲授、指导与实验。学院还决定,将第一年作为"实验年",并根据学生学习的评价结果和教师们的反应来确定是否将这一方式"延伸"到以后的学习阶段。

物理学院之所以选择 PBL 的教学模式,是因为学院认为该模式能够解决上述问题,同时会使物理学科更加吸引初学者。学院希望 PBL 教学模式中"真实情境的、基于团队的和体验性"因素能够激发学生的学习动机,使他们采取"更深层的学习方式",并鼓励他们在学习过程中具有更大的责任感和独立性。学院还认为,这种教学方式能够更好地培养学生理论概念的理解能力和解决问题的技巧。值得一提的是,尽管学校的管理机构支持物理学院这一创举,但实际的变革却采取“自下而上”的方式。创新举动的“驱动力”来自一名物理教师,他成功地说服一部分同事支持他在物理课程中引入 PBL 的建议。学校管理机构尽管对这一教学方式的内容还知之甚少,但相信这些教师对“创新举动不会给教学质量带来负面影响”的保证。事实上,从变革之初就有一小部分物理教师坚决反对这一创新举动。

三、基于问题的学习模式

2001 年 5 月,为了设计、实施和评价第一年的 PBL 课程,由四位教师组成的团队进行了合作研究(Bowe 等,2002; Bowe, 2005a)。他们最初计划实施一个“已有的 PBL 模式”,如麦克马斯特模式(Barrows 和 Tamblyn,1980)、马斯特里赫特模式(Gijselaers,1996)或者美国特拉华州模式(Willianms,2001),后来发现,PBL 的模式在应用时必须进行调整,以适应现实情境。为了实现 PBL 模式的潜在优势,他们认为,物理学科的各个领域应该融合(如机械、光学、热学等)。但他们最终否定了融合各个领域的想法,因为一年级的学生之前没有 PBL 学习模式的经验,而且许多学生没有接受过正规的物理教育。因此,他们实际采取的是介于 Savin - Baden 划分的“模式 1”和“模式 5”之间的一种方式(2006:6)。“模式 1”指的是“单科模式”,该模式以在单一学科中推行 PBL 为显著特征,而且“该模式通常依据麦克马斯特模式来设计,学生每次围绕一个问题进行学习,在解决问题的过程中学生们会有两三次机会聚集在一起讨论(Savin - Baden,2005:6)。”

但是物理课程需要掌握的知识比单一模块的内容宽泛得多,因为它包括四个连续的模块。在连续的学习过程中学生要解决的问题建立在彼此的基础上,并需要运用 PBL 学习课程以外的知识。从这个角度上讲,该模式同“模式 5”又很相似,在“模式 5”中“老师认为 PBL 是课程中至关重要的元素”。(2005:7)

PBL 团队认识到,引进创新教学方式的目的不仅在于帮助学生理解物理世界的抽象概念,还要培养他们作为物理学家所需的技巧和能力。设计问题的目的是帮助学生建构他们的知识体系及理解框架,而这些知识是“预定的”。这就是 PBL 团队面临的课程性质,这也是物理学特有的法则和规律决定的,也是进一步学习的基础。Savin－Baden 描述了不同的 PBL 模式，这些模式以课程制定中的知识观、学习观和学生观为基础。他指出，物理学的 PBL 课程模式应该介于"模式 1——提高认知能力的 PBL"和"模式 2——培养职业能力的 PBL"之间(Savin－Baden，2005：6)。

PBL 课程所设计的问题情境以学习主要的理论概念为核心，旨在培养学生解决问题的能力及知识运用的能力。但是，实施 PBL 的过程中也穿插着传统的教学模式，允许学生通过"认知学徒(congnitive apprenticeship)"和"重复性练习"来学习。"认知学徒"(Conllins 等，1989)是基于"学生不但需要自己动手解决问题，而且需要观察专家解决问题的过程，以从中发现处理实践问题的策略与启示"这一观点提出的，通常用来培养学生解决问题的技巧(Schoenfeld，1985)。进一步说，学生提出解决问题策略的能力与准确理解教师的启发性教导的能力都需要大量重复性实际练习。尽管这两个观点(观察专家和重复练习)并不与 PBL 的理念完全吻合，但随着 PBL 模式的发展，可以培养出这些能力要素。

四、实施阶段

学校首先在学生中展开 PBL 的介绍活动，这使学生们了解到 PBL 的内在理念与逻辑、教学方法、评价策略以及他们可以利用的学习资源。第一年的物理教学大纲大约设计了 30 个"真实的、引人入胜的"问题，并突出学生团队作为"专业人员"的角色，即要求学生根据问题能够做出预设、估算及处理疏忽信息等。团队一般由 6 名学生组成(一个班有 3 至 4 个团队)，辅导老师在各组之间来回走动为学生提供建议，也对整个过程进行观察，成为学生探究过程中的"推动者"。通常，学生们每周要在辅导老师的协助下解决一个问题，参加两到三次 PBL 团队活动，每次大概两个小时。在解决每个问题之前，学生们都确定一位"主持人"和"记录员"。这样在解决了几个问题之后，学生不仅对自己的角色认识更清晰，而且更好地了解辅导老师对自己作为"个人"以及作为"组员"的期待。每个团队都在不断地接受评价，学生们也会定期得到评价反馈。在活动开始前，就已制订好团队活动过程的相关评价标准体系，其中包括了一系列因素，如学生个人的贡献、相互学习、相互提问及团队工作的完成情况等。为了支持学生"元认知"的发展，学院在对评价标准进行考察之后，在学年中期引进“合作式评价”。这样,在解决每个问题之后,每个学生都要对自己在团队工作中的“贡献”做自我评价。针对所解决的问题,每个团队都要提交一份报告或者做一次陈述,当然,对于报告与陈述都有详细的评价标准。

实施 PBL 的第一年可以看作一次“实验”,PBL 改革小组要承诺“新实践”中的课程质量不能低于传统教学模式的教学质量。因为创新举动的受益者首先是学生,所以对教学质量的评估也必须基于学生的学习及学习的经历进行。这样,“课程开发团队”与“校外咨询师”一起制订评价策略,该策略的重点在于以学生为核心、评价他们学到的知识及“基于技巧”的学习结果。这一评价策略既是形成性评价也是总结性评价,也包括了对 PBL 课程和传统讲授法课程的对比评价。评价结果显示 PBL 课程处于优势地位,于是学院决定将 PBL 的实施推广到第二学年以及之后更长的学习阶段。但是,PBL 的实施过程中也出现重大困难,尤其是有些教师对参与 PBL 教学活动带有抵制情绪。在四年的学位学习中,第一、二年实现从“传统教学法”向“PBL 作为主要教学法”的转变是一个过程。本文将在下一部分讲述学校如何对这一过程进行管理。

五、变革的管理

PBL 协调员的作用

在学院发起创新举动的那位教师担任了“协调员”的角色,负责对课程的开发、实施及评价整个过程进行管理。“协调员”的角色需要不断变化,在各个阶段与不同的人交往时,需要不同的技巧。表 7.1 总结了“协调员”在向 PBL 转变的过程中各个阶段(提出、发展、实施)的作用。

A. 提出阶段:这一阶段,“协调员”的作用是“大力推介‘PBL 是物理学位教育中一个重要因素’”。以此说服一部分同事,让他们相信 PBL 将带来的收益和引进 PBL 的原因。在这一阶段中,学校成立“工作坊”以促进教师理解 PBL 的方法及其潜在的收益。在校外 PBL 指导专家的支持下,“工作坊”让教师确信 PBL 教学的优势。

表 7.1　"协调员"在 PBL 实施不同阶段的角色

提出阶段	发展阶段	实施阶段
说服同事； 成立团队	管理 PBL 团队； 组织教师培训； 设计评价策略； 设计问题； 组合资源； 开发学习资源； 讨论 PBL 的优势； 组织教师培训	开展 PBL 模式教学； 评价； 管理 PBL 团队； 组织教师培训； 设计问题； 评价教师和课程； 为教师提出建议； 就任务进行协商； 讨论 PBL 的优势； 与教师进行探讨； 组织教师培训

B. 发展阶段：这是第二阶段，学院做出引进 PBL 的决定，而且"协调员"也开始对参与课程设计的教师进行管理。这一阶段的工作包括组织教师培训、设计问题、设计评价策略、组合资源及开发学生可用的资源。新成立的都柏林理工学院教学中心开始对"PBL 团队"的成员进行"工作坊"式培训，因为所有的"PBL 团队"成员都要在新课程中担任辅导老师。实际上，大部分培训都发生在新课程的实际实施过程中，通过教师们之间的观察与评价及定期的"工作坊"活动的方式进行。在这一阶段，"协调员"的大部分时间都用在"为向 PBL 转化的决定进行辩护"。

C. 实施阶段：在这一阶段，"协调员"的角色依然是管理者，但在这之上又增加了建议者、评价者、调解者的角色。例如，"协调员"一直在诸如"指导"和"评价"等问题上为学校提供建议。然而，随着学校越来越多的教师们开始对 PBL 有所了解，"协调员"在这一阶段的大部分时间都用在讨论 PBL 的优势和潜在的收益上。教师对 PBL 的抵制在很大程度上是对其实施过程的不了解造成的，因此，通过"工作坊"、讲座及公开探讨等形式的教育与培训消除了教师的抵制情绪。

在转化过程中的每一阶段，为了让教师接受 PBL 的优点，进而让他们支持并参与实施，"协调员"还不断地开展对 PBL 的讨论。下一部分本文将探讨"协调员"在不同阶段采取的策略。

说服同事的策略

在物理学院，"协调员"最早提出了引进"PBL 教学方式"的思路，但在学院管理层正式考虑这一提议之前,他需要说服同事来支持这一创新举动。实现这一步的策略很简单——告诉其他教师PBL潜在的收益。因为许多教师本身就是积极的研究人员,"协调员"就能同时推行"在实施PBL的过程中的学习"和"学生们进行项目研究时的学习"。"协调员"采取了更实际的角度:利用学生学习动机、上课出勤率和学习成绩方面的问题来论证发生变革的需求。然而,他的论证也存在着一个明显的缺陷:PBL是物理教育中相对较新的事物,因此还没有得到实际的验证。而且,PBL既没有一个特定的既定模式可遵循,也没有实例来证明其在物理教育中的有效性和稳定性。这就意味着"协调员"不可能用例子来作为"最佳案例",也不能引证其他成功的例子。教师普遍的质疑是:如果PBL真的像所说的那么好,为什么其他大学没有在物理教育中使用呢? 因此,"协调员"使用这一策略的结果并不乐观——只成功地说服了24位教师中的3位参加创新活动。

学院开始正式实施PBL课程时,越来越多的教师对"创新举动"表示忧虑和担心,反对的声音也日益高涨。因此,学校采取了另一种策略,同以上的策略一起来减轻教师们的忧虑——评价PBL课程,以期能够找到一些PBL优势的实证。评价结果表明,PBL课程在提升学生学习动机、降低辍学率、鼓励学习、鼓励参与、培养学生核心技巧和促使他们乐于学习等方面获得了极大成功(Bowe和Cowan,2004)。但令人不解的是,PBL课程的实施越成功,教师对其反对声也越大。Fullan的研究证明,通过以讲座为主的"知识普及"的方式来让教师接受PBL功效的做法收效甚微(1992)。他同时指出,如果人们认为只要精心设计出创新计划或活动便可以很快地被理性的专业人员接受并顺利地推动其实施,这种假设是不成立的。"协调员"认为,两种说服教师支持PBL的策略均不成功的根源在于:教师们的认知观念和他们对自己科研领域的过于投入。对于一部分教师来说,向PBL转化的过程可能需要他们做出重大的转变——从一贯的行为主义模式转变到建构主义模式。另外,一些教师可能会认为,转变的过程会影响他们在自己科研活动上的时间投入。为了进一步调查原因,学校展开一次基于现象学研究的调查,旨在了解物理教师对教与学在理念上的看法和态度、他们采取各自的教学方法的深层原因以及这些原因在他们使用和接受PBL课程的过程中所起到的作用(Bowe, 2005b)。

使用和接受PBL在物理课程中的障碍

研究发现,在向PBL转化的过程中,存在着三个主要的障碍:

——对整合教学内容的强调;

——被认为“不合适”的教学背景；

——只关注各自领域的科研活动。

一些物理教师坚信：学生在参与到PBL过程中的“问题解决学习”之前，首先要有一个良好的知识框架和一定的数学技巧。因此，物理学位教育早期的课程和课堂设计的重点应该是“覆盖课程内容”，而不是“培养抽象概念理解能力”。这些教师认为，PBL是一种无效的知识迁移方法。

以往的研究表明，PBL的成功实施需要教师秉持“以学生为中心”的教学理念，并依此采取“以学生为中心”的教学方法（Landlbinder和Mauffette，2001）。但实际调查发现，大部分教师都对教学采取“以教为中心”的理念，并采取“以教师为中心”方法。研究还表明，教师对于教学的观念深受实际教学情境的影响，在不同的情境中采取不同的方法（Bowe，2005b）。另外，只有极少部分教师“顽固”地坚持“以教为中心”的教学观，无论在何种教学情境下都采取以教师为中心的方法。因此，总体的研究结果表明，如果教师认为实际的教学情境支持“以学生为中心”的教学法，他们就能够从“以教师为中心”转变为“以学生为中心”的教学方式。例如，PBL可能更适合于这样的教学情境：班级规模不太大、学业负担不太重、教师能够把握所教的内容和方式。在这样的情境中，那些一般采取“以教师为中心”方法的教师也可能会转向使用更加“以学生为中心”的教学法，培养学生的抽象理解能力和解决问题的技巧。

教师只关注各自领域的科研活动以及他们所持的“科研是学校的第一要义”的观念，这意味着：一部分教师不愿意支持和参与这一创新举动，他们认为变革会影响他们对研究活动的时间投入。正是因为这一巨大阻力的存在，PBL虽然在一、二年级的实践中证明是一种成功的模式，但并没有在物理学院得到全面展开，参与PBL实践的教师也没有得到相应的认可。其主要原因是“向PBL的转化”这一决定不是由学院的管理层面做出的。因此，推行PBL模式的教师唯一能够使用的策略就是说服、提供信息、讨论，但成效甚微。要克服这一困难，需要得到学院层面上的支持。

六、结　论

PBL已经成功地引进到物理四年学位教育的前两年学习中。这场由传统教学法向PBL转化的过程由一位教师发起，他成功地组织一小部分教师来开发、实施和评价这一课程。最初，这一创新举动就遇到了很大的阻力。尽管对PBL的评价已初显其成功的端倪，但随着课程的进一步开发，阻力也随之增大。要在物理学院更多的课程中进一步推广PBL，则需要学院管理层面确保以下条件的实现：

——所有物理教师都要了解近期物理教育研究的成果，转变他们的“学习观”——从强调知识获得到强调抽象概念理解能力和解决问题技巧的培养；

——对现有的课程进行审核，以突出“学生的学习”（而非“对教学内容的包含”），并将之置于首位；确保不出现课程内容过多而使“以学生为中心”的学习无法开展的现象；

——为教师在其所处的教学环境中采取“以学生为中心”的教学方法提供支持。需要了解和认可“以学生为中心”的学习在开展和实施过程中所需花费的时间；

——就像通过认可和其他方式奖励研究活动一样，学院需要采取策略奖励那些参与教学创新的教师们。

参考文献

Angell, C., Guttersrud, ø., Henriksen, E. K., and Isnes, A. (2004). Physics: Frightful, but Fun, Pupils'and Teachers' View of Physics and Physics Teaching. *Science Education*, *88*, 683 - 706.

Barrows, H. S. and Tamblyn, R. M. (1980). *Problem - Based Learning, An Approach to Medical Education*. New York: Springer.

Bowe, B. (2005a). Assessing Problem - Based Learning: A Case Study of a Physics Problem - Based Learning Course. In Barrett, T., MacLabhrainn, I., and Fallon, H. (Eds.) *Handbook of Enquiry and Problem - Based Learning: Irish Case Studies and International Perspectives*. Galway: CELT, 103 - 112.

Bowe, B. (2005b). *What are the Implications of Lecturers' Conceptions of Teaching and Learning for the Use of Problem - Based Learning in Physics Education*. MA Thesis. Dublin: Dublin Institute of Technology.

Bowe, B. and Cowan, J. (2004). A Comparative Evaluation of Problem -

Based Learning in Physics: A Lecture - Based Course and a Problem - Based Course. In Savin - Baden, M. and Wilkie, K. (Eds.) *Challenging Research into Problem - Based Learning*. London: SRHE/Open University Press.

Bowe, B., Flynn, C., Howard, R., and Daly, S. (2002). Teaching First Year Physics Using Problem Based Learning, UK Learning and Teaching Support Network, Problem - Based Learning in Physics Workshop. University of Leicester, Leicester, UK.

Collins, A., Brown, J. S., and Newman, S. E. (1989). Cognitive Apprenticeship: Teaching the Crafts of Reading, Writing, and Mathematics. In Resnick, L. B. (Ed.). *Knowing, Learning, and Instruction: Essays in Honour of Robert Glaser*. Hillsdale, NJ: Lawrence Erlbaum Associates, 453 - 494.

Fullan, M. (1992). *Successful School Improvement*. Buckingham: Open University Press.

Gijselaers, W., H. (1996). Connecting Problem - Based Practices with Educational Theory. *New Directions for Teaching and Learning*, *68*, 13 - 21.

Hake, R. R. (1998). Interactive - Engagement vs. Traditional Methods: A Six-Thousand Student Survey of Mechanics Test Data for Introductory Physics Courses. *American Journal of Physics*, *66*, 64 - 74.

Halloun, I. A. and Hestenes, D. (1985). The Initial Knowledge State of College Physics Students, *American Journal of Physics*, *53*, 1043 - 1055.

Heron, P. R. L., Meltzer, D. E. (2005). The Future of Physics Education Research: Intellectual Challenges and Practical Concerns. *American Journal of Physics*, *73*(5), 390 - 394.

Institute of physics (2001). *Report on the Inquiry into Undergraduate Teaching, Physics: Building a Flourishing Future*. London: IOP Publishing Ltd..

Jong, T. de and Ferguson - Hessler, M. G. M. (1986). Cognitive Structures of Good and Poor Novice Problem Solvers in Physics. *Journal of Educational Psychology*, *78*(4), 279 - 288.

Kandlbinder, P. and Mauffette, Y. (2001). Perceptions of Teaching by Science Teachers Using a Student - Centred Approach. 3rd Asia Pacific Conference on PBL, University of Newcastle, Australia.

Knight, R. D. (2002). *An Instructor's Guide to Introductory Physics*. San Francisco: Addison Wesley.

Krause, P. A., Schaeffer, P. S., and McDermott, L., C. (1995). Using Research on Student Understanding to Guide Curriculum Development: An Example From Electricity and Magnetism. *AAPT Announcer*, *25*, 77.

Marr, M. J., Thomas, E. W., Benne, M. R., Thomas, A., and Hume, R. M. (1999). Development of Instructional Systems for Teaching an Electricity and Magnetism Course for Engineers. *American Journal of Physics*, *67*(9), 789 - 802.

Mazur, E. (1992). Qualitative vs. Quantitative Thinking: Are We Teaching the Right Thing? *Optics and Photonics News*, February 1992.

Mazur, E. (1997). *Peer Instruction - A User's Manual*. New Jersey: Prentice Hall.

McDermott, L. C. (1991). What We Teach and What is Learned - Closing the Gap. *American Journal of Physics*, *59*, 301 - 315.

McDermott, L. C. (2004). *Physics Education Research: The Key to Student Learning*, *Physics World*. Bristol: IOP Publishing Ltd..

McDermott, L. C. and Redish, E. F. (1999). Resource Letter: PER - 1: Physics Education Research. *American Journal of Physics*, *67*, 755 - 767.

OECD (1998). *Educational Policy Analysis*. Paris: Organisation for Economic Co-operation and Development.

Redish, E. F. (2003). *Teaching Physics with Physics Suite*. Rosewood: John Wiley and Sons.

Roth, K. J. (1990). Developing Meaningful Conceptual Understanding in Science. In Jones, B. F. and Idol, L. (Eds.). *Dimensions of Thinking and Cognitive Instruction*. Hillsdale, NJ: Laurence Erlbaum.

Ryder, J. (2001). Identifying Science Understanding for Functional Scientific Literacy. *Studies in Science Education*, *36*, 1 - 44.

Savin - Baden, M. (2005). Learning Spaces, Learning Bridges and Trouble Someness: The Power of Diverse Approaches to Problem - Based Learning. In Tan, K., Lee, L., Mok, J., and Ravindran, R. (Eds.). *Problem - Based Learning: New Directions and Approaches*. Singapore: Learning Academy, Temasek Centre for Problem - Based Learning.

Schoenfeld, A. H. (1985). *Mathematical Problem Solving*. Roland Academic Press.

Van Heuvelen, P. (1991). Learning to Think Like a Physicist: A Review of Research - Based Instructional Strategies. *American Journal of Physics*, *59*, 891 - 897.

Williams, B. A. (2001). Introductory Physics: A Problem - Based Model. In Duch, B. J., Groh, S. E., and Allen, D. E. (Eds.). *The Power of Problem - Based Learning*. Virginia: Stylus Publishing.

第八章 鲁汶天主教大学工程技术学课程最初两年基于项目与问题的学习

Mariane Frenay, Benoît Galand, Elie Milgrom, Benoît Raucent ①

一、起步阶段

1998年,鲁汶天主教大学工程技术学院的一个教师团队决定要自主创新,探索教与学的新方法,原因在于他们对传统方式带来的教育结果感到不满。他们探索的目标是寻求以学生为中心的教学方式,选择某些能够在学院教学情境中形成高度共识的方法,设计新的课程,劝服同事和大学行政部门支持变革,实施新的课程,最终尽可能准确地评估效果。

鲁汶天主教大学工程技术学院实行五年制课程,共有学生近1 200人。前两年为基础教育阶段,后三年是专业教育阶段。2004年,该校转向博洛尼亚模式(Bologna)——三年学士学位和两年硕士学位。实施该模式后第一年有学生350到380人。值得一提的是,在比利时法语区学生只有通过入学考试后才能学习工程技术学。教师由近80位EFT学者(教授)和50名助教(他们有一半的时间用于博士项目研究)。还有290名助理研究人员也要花一部

---

① Mariane Frenay,博士,比利时鲁汶天主教大学心理学与教育科学学院教授;Benoît Galand,博士,比利时鲁汶天主教大学教育心理学与研究方法论讲师;Elie Milgrom,博士,比利时鲁汶天主教大学计算机科学与工程技术学教授;Benoît Raucent,博士,比利时鲁汶天主教大学机械工程技术学院教授。

分时间用于教学相关的活动。

二、初 步 行 动

为什么需要自主学习?

尽管我们的毕业生理所当然地应该受到产业界的评价,但作为教师对学生的现状感到担忧,原因是多种多样的:学生动机薄弱、辍学率较高、对课程内容理解肤浅、保持率较低、缺少高水平技能的表现能力、主动性与自治力贫乏。有相当一部分教研人员对教育结果不满,他们和学生都付出了全部的努力,而最终的胜任力水平却普遍令人失望,当然这是在实施五年课程的初期阶段的状况(Aguirre 等, 2001)。基于我们对传统课程无法满足工程技术教育的要求造成教育失败的理解,加上教师和学生的动机在不断匮乏的状况,这成了变革的导火索。由此鲁汶天主教大学工程技术学院的一个由多学科背景的教师组成的团队开始探索本文将叙述的最初两年的新课程设计方式。

该团队的首要任务之一就是确认他们的观点是否能为他人所认同。当他们调查到产业界的管理人员时,得知管理人员们很欣赏我们毕业生的科学水平,但特别强调学生欠缺其他非科学技能,如团队精神、解决问题的能力、自主性、把握新课题的能力等等。这就促使我们开始探索自主性学习的应用,如何将自主性学习作为满足以上及其他要求的方式。自 2000 年 9 月开始,新课程实施前的准备阶段经历了两年半多的时间。

新课程设计的初期阶段,教师制订了新课程要达到的一般目标(如表 8.1 所示)。

新课程目标旨在提高学习的深度和价值,促进高级能力的发展,培养学生的动机与自主性,并推动团队工作。

表 8.1　新课程中的一般目标

动力目标	增强学生动力
	学生进行快乐的学习
	教师开展愉悦的教育

续表

能力目标	掌握高水平技能(综合、分析、问题解决策略)
	学生知道如何进行自我评估
	学生可以创建并开发模式
	整合来自不同学科的科学知识
内容目标	加强深入而有意义的学习
社会相关的目标	学生积极参与到自身的教育中
	教员集体有效地工作
道德目标	使学生意识到工程师在社会的作用与责任
	确定道德问题
经济目标	增加工程技术学生的数量

该设计团队也考虑到许多限制，主要是指新体系中所需要的资源。例如：

- 经过短暂的转型期(如3年)后，新课程的设计成本并没有超出目前的课程成本。这就意味着，除了现实的转型期之外，全体员工的工作量应该保持不变。
- 学生平均每周工作时间不超过40小时。
- 学生不应该在一天之内变换不同的课题。

模式选择

在阅读了大量有关自主性学习及其多元化特点的材料，经过长时间的激烈讨论，参观许多实施自主性学习的机构后，负责课程设计的团队将注意力转向两个方面：一是特拉华大学、马斯特里赫特大学和舍布鲁克大学采用的基于问题的学习法；二是奥尔堡大学采用的基于项目课程。在这两种方法中找到优势后，我们终于决定实施著名的“比利时妥协(Belgian compromise)”问题解决战术，以避免无休止的争论：新课程的设计应该依据学科学习(数学、物理等)的问题和学科间或交叉学科项目学习。当然，问题和项目都将促进非技术技能与能力的获得。我们的决定完全取决于对问题和项目在培养未来工程师中作用的认识，这二者作用不同但相互补充。

创新团队的地位

最初的团队是由教师自发组成的。在搜集了足够的资料开始研究后，有必要使团队规范化，提高其代表权，并细化其要求。正式负责项目的团队由学院主任组建，主任是这种创新的忠实拥护者。团队由不同学科的教授和许多学生志愿者构成，这些教授主要讲授鲁汶天主教大学工程技术学院最初两年的课程（数学、电学、机械学、计算机科学、化学等）。这给团队在学院中奠定了合法的正统地位。

除此以外，学院还邀请教员开发者（来自鲁汶天主教大学教学中心）参与设计、实施及评估的全过程。这些专家及时提供给我们相关的建议与反馈信息。

范围

为了在整个过程中能够进行集中探讨，工程技术学院决定首先将更新的项目范围限定在课程的最初两年里。目的是当且仅当事实充分证明自主学习具有优势时（评估使用成本后），再将其拓展到其他课程领域。

三、实施策略

宣传战略

许多参与全过程的同事增强了团队精神。核心团队完成了课程的设计阶段之后，问题出现了——如何使其余的教员、学生和大学管理部门参与进来。

团队通过组织一系列的会议来宣传新课程的突出特点。但这立刻使学院教师队伍中产生了一股强烈反对改革的质疑力量（“为什么要改变这一切？我们比其他大学好很多……”）。在这些会议（尽管很必要）上，但团队最终不仅要还击反对声音，还不得不浪费时间去应付各种毫无意义的提议。因此，宣传变革最艰难的工作，是劝服那些不能将自己的直觉和个人经历放在超出以事实为基础的理性分析之上（甚至更糟糕地放在与他们毫无相关的、从未听过的理论基础上）的人，让他们将其放在确认有效的实验基础上。

为了收集相关资料以尽力应对所预见的多数人的反对声音，我们中有许多人花费了大量时间在各种机构开始实施自主学习法，如奥尔堡大学、特拉华大学、蒙特利尔魁北克大学和舍布鲁克大学。我们也充分利用国外精通 PBL 的学者造访欧洲的机会，邀请他们来 UCL 作报告。

教师委员会中学生代表的态度可能会成为实施新课程的主要障碍。教师委员会是工程技术学院中最权威的组织，新课程的正式批准必须要先通过委员会的同意。即使有许多学生积极地参与准备阶段，但仍不能保证（相当大数量的）学生代表会赞同课程改革。因此有人提议，将一队不接受变革的学生派到奥尔堡大学学习一个星期，亲身体验一下“活生生”的自主学习。这果然是最好的策略：回到鲁汶大学后，这队学生进行了积极踊跃的汇报，汇报所见、所闻及亲身体验，这一切与委员会对学生代表的支持是密切相关的。最后，学生们提出了一个很有意义的问题：“PBL 看起来非常有效，但是我们的教授真能掌握吗？”

2000 年 5 月教师委员会提出课程改革，该提议仅以极小的优势取胜（52 票比 48 票），根据少数服从多数的民主原则，改革提议将递交到大学中更高的决策机构。值得一提的是，新课程的计划于 2000 年 9 月开始实施，这显然需要大学以前所未有的速度尽快作出决定。由于变革初期阶段将采取的策略与全校的总体战略相一致（如学校下达文件中所倡导的，但是直到后来也出现了一点分歧），在克服了各种困难后，工程技术学院终于能够实施新课程。对于创新团队来说，这或许是在整个变革过程中至关重要的一步。

教师与学生培训

工程技术学院对于通过项目开展课程的实施具有丰富的经验：该学院已经采用各种各样的项目 20 多年，尤其是工程技术课程的第五年（Raucent，Johnson，1997）。在为新课程设计项目和问题时，我们面临的最大难题是如何准确界定这些项目和问题的目标（Raucent，2001）。事实上，我们的专业知识与传统的结果导向型项目（或问题）有关，然而现在我们想要将项目（或问题）聚焦于学习目标的实现上。简而言之，应用导向型项目（或问题）旨在尽可能地应用获得以前获得的知识和能力。

在学习导向型项目（或问题）中，目标并不是“结果”（例如样本、模式等），而是在项目（或问题）的实施中所获得的能力。

在实施获取导向型项目（或问题）之前，首先要开展三项培训活动。

第一，学生培训。学生进入大学后，他们大多数是在传统教育体制下学习，通过听课形式（以教师为核心的模式）获得知识。面对不同的模式，学生很容易会遇到一些挫折。

> 尽管学生们已经认识到 PBL 与学习的相关性及其优势，但有时会与他们的学习习惯和学习期望相冲突……致使学生无法确认究竟哪里出现了问题，他们只是觉得困惑、分不清方向而感到愤怒。他们抱怨老师，当然也抱怨 PBL。(Little, 1997)
>
> 经常会有一些经典的评论："我们应该做什么？我们应该怎样做？如果你能告诉我该怎样做，我就可以做到"……(Stinson 和 Milter, 1996)

基于项目学习的团队和基于问题学习的团队，很"自然地"被不同类型的任务所区分，如：信息搜集、报告撰写、图表绘制、解决问题等。学生倾向于专攻特定的主题：团队作为任务团队一起找到解决问题的方案。这或许适合结果导向型项目，但不适合学习导向型项目。学习导向型项目要求学生实现(或多或少)相同的一组学习目标。这意味着工作的分工并不是以要执行的不同任务为依据，而是以相似任务为依据。例如，每个学生都应该学习相同的理论——虽然来自不同的书籍，然后比较这些不同的模式；每个学生都应该承担项目的不同任务，还要理解所有模块之间的联系。因此，在实施基于获得性的项目(或问题)的学习的教学的主要挑战是如何培养学生获得恰当的工作方法。在鲁汶天主教大学，在最基本的问题中就实施(De Theux 等, 2002)这些培训，并将在学生入学第一年的第一星期在导师的广泛支持下开展。自第二个星期开始，学生会遇到不同学科的各种问题，学校还设置了一学期的交叉学科项目，这都强化了第一个星期的学习进程。

第二，导师培训。在结果导向型项目(或问题)中，学生和导师关注的是结果。导师偶尔会与学生会面解答问题。但学生通常认为根本不用看书，因为导师会提供他们需要的所有信息和答案(Raucent 等, 2004)。结果，学生无需怎么学习即可得到最终结果，他们善于用理论和工具作为"黑箱"(学习过程)。

在获得导向型项目(或问题)中，导师不应该仅仅回答学生的问题，这样会挫伤学生对学科知识的探索性。

教研人员的作用已经完全发生变化：无论是教师还是助教都变成了导师或促进者，这对我们大多数人来说是全新的角色。我们从提供答案转向提出疑问，指导学习前进的方向以找到获得学习的资料。

导师的主要角色正如下文所总结的(Raucent 等, 2004)：导航(如，在进程中的不同阶段给团队以指导)、质疑(如，要求学生自我评价)、促进(如，创设并维持有成效的学习环境)、诊断(如，评价学生学习情况)。以这些概念为依据，我们制订了完整的导师培训计划。新任导师在第一年的第一个星期接受经验丰富的导师的指导,这时学生会学到基于问题学习的基本原则。因此学生和新任导师就成为彼此被实验的人(guinea pigs)。

第三,问题(或项目)设计者培训。在一开始实施项目(或问题)时,学生就应该对其双重目标非常清楚。因此,设计者应该清楚地识别:(1) 学生应该获得的能力(学习目标);(2) 遵循的方法(制作法);(3) 将采用的评估方法。

学生运用他们可以获得的知识解决分配的任务,但是这些知识未必是课程设计者期望学生在学习过程中获得的。因此,很有必要清楚地识别并确定学习目标。例如,当我们设计出第一年计划——"设计一个可以在操场(足球场等)上自动画出白线的工具",我们团队就关于学习目标发生了激烈的讨论。机器人设计专家希望项目包括建立一个导航系统(如,在机器人中装入一个看不见线路的传感器),因为众所周知可移动机器人的精确度极差,没有定位仪就无法准确地迈出一步。然而,物理教授宣称无法接受这一方法,因为它所要求学生达到的能力是大学四年级之前的课程中无法获得的。他强烈地认为尽管学生们可以对其感兴趣,但项目应该仅仅有助于实现第一年的学习目标而不是达成其他目标。

一旦目标确定,团队就可以推进项目(或问题)陈述和学生活动的设计。我们认为学生应该学会反思和自我评价,这都是学习过程的一部分:由于他们过度地关注结果,因此设计者应该设计活动帮助学生反思自己的学习。

设计的另一重要要素是评价过程,这需要与项目(或问题)目标相符合。如果这些目标包括团队管理和团队沟通,那么评估也应用于目标评价(Duch 等,2001)。团队评估、同事评估、自我评估以及教师领导的个人评估都是有效的手段,可以让学生获得需要的工作反馈。

可以很公平地说,直到现在我们尚未成功地建立起完善的项目(或问题)设计者培训计划,主要是由于缺乏时间和资源。进一步说即使需要这样的计划,许多教师认为他们的学科是"不一样的",一般的设计原则行不通。

四、变革过程的管理

我们对新的自主学习课程的设计与实施投入了过多的精力,以至于几乎没有关注变革过程的管理。事实上,没有人曾经历过如此广泛的变革,我们应该付出时间与精力来管理变革而不是任其自由发展。

虽然管理上的忽视并没有阻止我们最后达到改革的(某些)目标,但成功却显得非常脆弱与不堪一击。的确,我们可以继续变革的进程,但反对的呼声从未停止过。他们抓住任何一个机会阻碍我们前进,以期翻转我们对改革的决定。

事后才知道,很显然,我们应该全力进行管理和巩固变革,就像想方设法实施自主学习一样。在这方面,我们做起来就像业余爱好者一样留下很多遗憾之处,并为此付出了惨重的代价。但这样的现状无法挽回,我们的新课程改革正面临着严峻的挑战甚至部分内容已经被终止,这都源于我们在改革进程初期未能很好地加以巩固。这也解释了为什么工程技术学院学士课程的前一年半的时间进行自主学习而剩余的一些课程被视为孤立的创新状态,没有如我们最初所期望的那样贯穿于五年的课程计划中。

五、鲁汶天主教大学的工程技术学院模式

我们更倾向组织积极的、自我导向的、自我评价的小团队,进行基于项目与问题的学习(project and problem - based learning,即英文缩写为 P^2BL)——这是实施小团队"做中学"原则的具体化形式。该模式非常符合我们所坚持的"社会建构主义"学习理论:问题和项目尽可能定位于现实专业领域,我们有计划地激励学生与其他学习者相配合,依赖已有知识获取新知识。

第一年的全新课程分两个阶段(学期),每阶段 14 周,学期结束时都有考试。每阶段都包括一个多学科项目和大约四到六门主要学科的 8~10 个问题。一个典型的学习周包括 15~18 小时的固定交流时间(包括 4 至 6 小时的讲授学习),以前的课程则需要 22~24 小时(包括 12~14 小时的讲授学习)。学生团队(由 6 名学生构成)在每学期(三个月一学期)随机组成。

我们确信所实施的项目与问题之间的结合是恰到好处的。很多教学机构要更明确地选择是采用基于问题学习还是基于项目学习的方式。我们认为这两种模式都将显示出各自的优势,它们的结合将会给工程技术课程带来更好的效果。

交叉学科的长期项目(11 或 12 周)具有很多利于学习的优点,比如:

- 提供关于基础专题的更全面的根本解读;
- 激发学生掌握全局观;
- 鼓励教授团队的内部合作;

- 由于学生只专注于较少的几个专题,因此会更容易控制时间。

短期的单一学科问题(一到两个星期)让学生深入钻研学科专题,这比起项目研究更具有可控性,由此确保一些必须掌握的学习概念不被忽略,避免了开放型项目的风险性。

单学科问题实例:目标导向学习计划简介

每个学生每星期(五天)花费在一个问题上的预计时间是8小时。这包括1小时讲课、小组会议(导师出席或者不出席)、个人学习与计划(分成2人一小组)。

学生小组第一次与导师的见面会定于星期二上午。期间学生们将被布置学习内容,以团队的形式完成任务(问题陈述、学习目标、有效资源、学科相关的系列问题及问题本身等)。通过第一次小组会,学生们了解了学习任务,每个人都确定知道该做什么;导师主要参与学生们该掌握的重要知识点的集中讨论。早晨,学生们参加了一场包括两部分内容的讲座。讲座的前半段时间用来重建已接触过的问题的核心概念,后半段时间鼓励学生的学习欲望,以期在接下来将接触到的问题中掌握知识。通过第一次小组会议,学生已经对问题陈述的某些术语有所熟悉。

第一次会议后,学生阅读了教材中的相关内容,查阅各种资源,试图学到新知识——这是研究过程中重要的"学习"阶段。在星期四下午的第二次小组会议中,导师随机挑选了一些问题(在任务中提出),以确定学生是否能够出色地提供满意的答案。如果情况不乐观,那就有必要让学生意识到需要加强深入学习。只有在第二次小组会议后,才允许学生继续项目工作,因为这次会议为他们提供了解决问题的学习动机。

交叉学科项目实例

我们试图在多学科活动(基于问题学习)中习得的知识和学期项目之间建立紧密联系,参见图8.1。

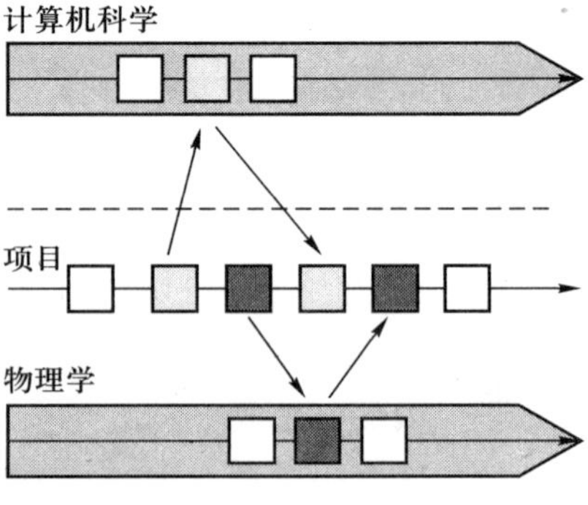

图8.1 学习导向的交叉学科项目

例如,第一学年实施新课程的第一阶段,项目任务是"设计一个可以在操场(足球场等)上自动画出白线的工具"。

项目操作的关键步骤总结如下:

- 澄清问题:学生必须选择操场(足球场、橄榄球场等)和机器人类型的程序(有多少操场不同,都是什么颜色的,等等)。

- 概念设计:学生提出方案,并以自由讨论的形式选择其中一个。
- 工具制作:学生设计解决方案——画出机器人的艺术模型并设计检测途径。
- 工具模拟:学生写出爪哇(Java)程序,根据前面设计的艺术模型模拟检测途径。
- 效度:学生用头脑风暴(乐高公司所属)要素开发了机器人操作模型。
- 试验:在项目尾声阶段,学生展示自己的机器人并加以陈述,提出用检测途径试验机器人。

六、变革过程评估

所谓的"效果团队"负责协调此次激进课程改革的评价。该团队有教职人员、课程研发人员、学生代表以及联合国教科文组织大学教与学席位内的教育研究者。该团队监督整个过程,但研究设计、工具开发、结果分析都由教育研究者来完成。

进行评估研究的主要目的是,捕捉学生学习观念的变化和知识技能的变化。

P^2BL 与学生的学术参与

研究的首要目的是检验能否通过学生对学习环境的理解来看出引入 P^2BL 课程前后的差异。第二个目的是,比较引入 P^2BL 课程前后学生的动机信任、自我约束与学习策略的使用以及满意度。第三个目的是,看看能否以学生对学习环境不同的理解来解释学生学习效果的差异。对学习环境中介作用的感知研究表明,课程变革是导致不同学习效果的原因,学生学术参与程度与实践要素相关联。本研究对工程技术学生实施问卷调查,调查他们从传统课程(基于课堂的学习)到全新的基于问题与项目的课程的变化。

作为更广泛研究的一部分(Galand 和 Frenay, 2005),2001 年 10 月对最后实施传统课程教学的 170 名学生进行调查。2002 年 10 月对最先实施 P^2BL 课程的 133 名学生进行调查。参与这一研究的学生全部是三年级学生。对这一阶段学生的研究,有助于评价长期(两年)采用 P^2BL 或传统方法教学对动机信任、自我约束和学习策略的影响。

调查问卷共 106 项内容(利克特五级量表),其中包括教学实践、动机信任、自律策略、学习策略、满意度及学习时间。调查问卷效度的详细信息请见 Galand 等(2002),Bourgeois 等(2003),和 Galand 与 Frenay(2005)所述。

参与者在常规课堂结束后填写调查问卷。研究组成员监督问卷的填写,以确保答案的保密性。学生年龄从 19～23 岁(平均年龄 20 岁),而且 85%为男性。组间的年龄和性别分布相似,参与率也相当(57%比 53%)。若想进入工程技术学院,所有学生必须通过数学入学考试。在课程改革阶段,入学选拔过程仍保持不变,而且这两组的入学考试成绩没有差别。这两组参与者在他们二、三年级结束时并未表现出很大的差异。

比较两组学生(分别基于课堂的学习和 P^2BL 课程)的答案后得出的多变量方差分析,结果表明学生理解学习环境的方式有很大差异。参加 P^2BL 课程的学生,拥有更良好的师生关系,有更丰富的理论应用于实践的经验。由此,应该修改教学实践,使之与 P^2BL 计划相一致(Evensen 和 Hmelo, 2000)。仍有结果指出,参加 P^2BL 计划的学生超负荷工作,评价中缺乏连贯性。这些结论体现出新 P^2BL 课程在实施中反映出了许多困难,或许是因为教师间的合作不充分(Nijhuis 等, 2005)。值得注意的是,教师反映的实践结果与学生对教学实践的理解相差无几(Galand 和 Frenay, 2005)。

分析结果表明这两组学生的动机信任(目标导向和自我效能)并无太大差异。或许如上提到的实施问题的过程能够平衡预期的 PBL 积极影响(Norman 和 Schmidt, 2000)。由于目标导向和自我效能更紧密地与年龄相关(Wigfield 和 Eccles, 2002),所以本科生的动机质量不如中学生,对环境因素更敏感(Midgley, 2002)。然而两组学生的其他差异也不能归咎于其动机信仰的不同。

关于认知参与(cognitive engagement,包括自律策略和学习策略),调查结果显示学习 P^2BL 课程的学生比学习 LBL 课程的学生有更好的成效:他们汇报使用了更多恰当的自律策略(尤其是信息查找和信息控制),更多深入的程序策略和较少的表面程序策略。学习时间的结果与两种课程时间分配的变化相一致:固定的学习时间减少,学生个人学习时间相应增加。而且,出勤结果显示固定时间的减少反而促使出勤率提高。除了满意度外,尚未发现 P^2BL 课程有何消极影响:P^2BL 学生对该计划的满意度低于基于课堂的学习学生。除了最后的影响,所有结果都与以前对医护专业教育的研究结果非常一致(Blumberg, 2000)。

除了动机信任，其他所有因变量都表现出差异性，将教学实践作为相关变量比较两组答案，然后检验 F 和 p 值的变化。分析结果显示，教学实践作为相关变量时 P^2BL 和基于课堂的学习课程对学生产生的差异不再显著。更准确地说，当学术支持被调控时，策略适应、深层程序策略及出勤等方面的差异就会消失。换句话说，这些差异可以通过与 P^2BL 指导原则相符的教学实践的变化来解释原因。另一方面，当组织结构被调控时，满意度的差异也不存在了。这些结果表明，实施 P^2BL 会影响学生对学习环境的理解和学术参与的程度(Nijhuis 等，2005)。由于积极性的影响主要与学习辅导及促进知识转化的程度相关，结论表明情境学习和指导是提高 P^2BL 效果的关键因素(Dolmans 等，2005)，学生超负荷工作与评价系统的一贯性是 P^2BL 实施中的困难所在(Neild，2004)。这些结论强调了在 P^2BL 实施过程中进行严格监督与持续创新的重要性(Hopkins，2002)。

然而，即使对感知教学实践加以调控，参与 P^2BL 模式的学生与参与基于课堂的学习模式的学生仍有差异。值得注意的是，我们的教学实践标准只涵盖了有限的几个实践形式，而像团队工作等增强 P^2BL 效果的重要实践形式则未包含在研究范围内，这才是调查研究的意义所在。

本研究的主要局限是，不应将学生随意分配到各组而且评价标准是跨部门的(同时评价所有变量)。即便我们控制了年级、性别和年龄等变量，仍无法排除选择和历史的倾向性。本文提到，工程技术教育的课堂评价从基于课堂的学习"自然"转变到基于问题和与项目的学习，是为了获得更好的知识，为了能显示出 PBL 在不同的背景和模式设计的不同影响的一步举措。显而易见，要了解 PBL 教学法如何及在何种情况下会影响学生的学习，我们就需要进行更多各种不同背景的研究。

P^2BL 与学生所学知识及应用

在引入新的基于问题与项目学习课程后，学生在知识和技能方面的变化也需要评估。创新团队制订了评估学生除所获得的实践知识外的其他几项技能的参考标准。LBL 课程或 P^2BL 课程结束后，用一系列的任务来比较学生的成绩，评价知识获得与知识应用。

因为没有法语版的工程技术专业学生标准化的成就测试，因此我们决定聚焦生态效度，与工程技术学院的教师共同开发一个效标参照测试(criterion - referenced test)。该测试涵盖了学生在两年的课程学习中应该熟练掌握的各种知识和技能。最终的测试版本由四项书面任务构成，评价学生成就的各个方面:第一项任务考查一般技能(用英语总结成科学文本),第二项任务考查事实性知识(界定科学概念并生成各种评价),第三项任务考查问题解决(解决与机电系统功能相关的情境化问题),第四项任务综合考查知识获得与知识应用(解决不同等式的数学问题)。

四年来,该测试在学生第三年培训伊始进行(如,完成两年的培训,评估课程长期招生的影响)。最初的两组参与者完成了传统的基于课堂的课程学习,后两组完成了新式 P^2BL 的课程学习。参与者是自愿的,而且是匿名的。研究之前,工程技术学院的主任就已告知学生研究的目的和程序。测试管理是集体性的,在常规授课时间进行,时长 2 小时。参与者接到一个又一个任务,每项任务都要在规定的时间内完成。总起来看,已经有 393 名学生完成了测试(平均年龄 20 岁,88%为男性),2000 年是 64 名学生,2001 年是 165 名学生,2002 年 78 名学生,2003 年 86 名学生。但这两组参与者在年龄、性别构成和年级等方面是一样的。

为了减小偏差,由与被试小组无关的校对者在四年管理结束时修订所有答案。工程技术学院外部的两名教师制订每项任务标准的详细清单,并以该标准为依据核定答案。对特定年级的学生实施内部信度测试,没发现显著区别。而且,为了提高统计考验力(statistical power)并减少样本误差的风险,需要将参与基于课堂的学习课程的两个测试组和参与 P^2BL 课程的两个测试组进行比较。

结果显示,参与 P^2BL 课程的学生存在差异而参与基于课堂的学习课程的学生则没有差异。同预期相反,我们发现 P^2BL 没有任何消极效果,甚至在事实性知识的评价任务(任务 2)中也无消极影响。反之,在要求应用数学公式的任务中发现了 P^2BL 小的积极效应。P^2BL 学生在考查一般技能的任务(任务 1,如撰写摘要)和不同等式的推理任务(任务 4)上有少许的标准差异,影响度超过.20。然而,在考查问题解决能力的任务中所有标准都显示了 P^2BL 较大的积极效果,影响度超出.70。最后的两个结果与我们在理论上的预见相一致,即使后者超出了我们的预期。

研究结果与 Dochy 等(2003)的结论相符合,确认了准实验研究中 PBL 对知识应用的影响甚于对知识获得的影响。与此同时,工程技术教育中 PBL 的效果看起来比在医学教育专业更有积极的影响(Colliver, 2000)。积极效果不仅反映在学生获得的技能上,也能体现在所学到的知识方面。很难说这种差异是源于 PBL 所应用的领域还是基于问题与项目学习这种特殊组合法在评估项目中的应用。尽管如此,这种差异性使我们必须谨慎总结 PBL 在医学教育中的效果(Newman, 2003)。

研究结果反驳了一些学者的断言，肯定了新课程提高了学生的知识与技能，而这是所选择的计划中的非理性期待（Albanese，2000；Norman 和 Schmidt，2000）。在比利时，工程技术教育至少像医学教育一样具有选择性；而且，课程转变成 PBL 后可以清楚地看到积极效果。此外，我们的结果并不支持“倾向—处理交互作用（aptitude - treatment interactions）”的假说，认为处于各种不同水平阶段学业成绩的学生都会获益于 PBL。

然而，研究限定于基于课堂教学与 P^2BL 教学的比较，这就限制结果的价值。这并未告诉我们其他课程改革是否花费较少的精力和时间，也可以出现类似或者更好的效果。最后，如前所述，本研究评价的 P^2BL 课程是由问题和项目组合而成的、独特的基于问题与项目学习（Raucent 等，2004）。与“纯粹的”基于问题学习相比，评价这种组合法是否对学生的学习有特别效果及如何影响学生学习，还需要进一步的研究。

尽管如此，当前研究的结果显示，引入 P^2BL 新课程教学对工程技术专业学生的知识与技能发展没有消极影响。相反，与以前基于课堂的学习模式相比，参加 P^2BL 课程学习的学生发展了新技能。研究还显示，在 P^2BL 原则指导下课程改革是可能实现的，能够促进学生技能的发展，而且对其他的学习形式没有任何不良的影响。

参考文献

Aguirre, A., Jacqmot, C., Milgrom, E., Raucent, B., Soucisse, A., and Vander Borght, C. (2001). Meeting the Needs of Our Stakeholders: Engineering a New Engineering Curriculum at UC Louvain, SEFI Conference, Copenhagen.

Albanese, M. A. (2000). Problem - Based Learning: Why Curricula are Likely to Show Little Effect on Knowledge and Clinical Skills. *Medical Education*, *34*, 729 - 738.

Blumberg, P. (2000). Evaluating the Evidence that Problem - Based Learners are Self - directed Learners: A Review of the Literature. In Evensen, D. H. and Hmelo, C. E. (Eds.). *Problem - Based Learning: A Research Perspective on Learning Interactions*. Mahwah, NJ: Lawrence Erlbaum, 199 - 226.

Bourgeois, E., Galand, B., and Frenay, M. (2003). Impact of Students' Perception of the Learning Environment on Self - Regulation in Higher Education. Paper Presented at the Annual Meeting of the American Educational Research Association, Chicago, USA.

Colliver, J. A. (2000). Effectiveness of Problem - Based Learning Curricula: Research and Theory, *Academic Medicine*, *75*, 259 - 266.

De Theux, M. N., Jacqmot, C., and Wouters, P. (2002). Se Former *à* Son Métier D'étudiant Dans un Contexte D'apprentissage Actif en Groupe. Proceedings of the 19th Conference of the l'AIPU, Association Internationale de Pédagogie Universitaire. Louvain-La - Neuve, Belgium.

Dochy, F., Segers, M., Van den Bossche, P., and Gijbels, D. (2003). Effects of Problem - Based Learning: A Meta - Analysis, *Learning and Instruction*, *13*, 533 - 568.

Dolmans, D. H., De Grave, W., Wolfhagen, I. H., and Van der Vleuten, C. P. (2005). Problem - Based Learning: Future Challenges for Educational Practice and Research. *Medical Education*, *39*, 732 - 741.

Duch, B. J., Groh, S. E, and Allen, D. E. (2001). *The Power of Problem - Based Learning*. Sterling, Virginia: Stylus.

Evensen, D. H. and Hmelo, C. E. (Eds.) (2000). *Problem - Based Learning: A Research Perspective on Learning Interactions*. Mahwah, NJ: Lawrence Erlbaum.

Galand, B. and Frenay, M. (Eds.) (2005). *L'approche par Problèmes et par Projets Dans L'enseignement Supérieur: Impact, Enjeux et Défis* (*Problem and Project Based Learning in Higher Education: Impact, Issues, and Challenges*). Louvain-la - Neuve: Presses Universitaires de Louvain.

Galand, B., Bourgeois, E., and Frenay, M. (2002). DéVeloppement et Validation D'un outil de Mesure Permettant D'évaluer L'effet D'un Dispositif Pédagogique (Development and Validation of a Tool to Assess the Impact of Instructional Designs). Proceedings of the 19th Conference of the Association Internationale de Pédagogie Universitaire, Louvain - La - Neuve, Belgium.

Hopkins, D. (2002). *The Evolution of Strategies for Educational Change: Implications for Higher Education*. York: LTSN Generic Centre.

Little, S. (1997). Preparing Tertiary Teachers for Problem - Based Learning. In Boud, D. and Feletti, G.. *The Challenge of Problem -Based Learning*. London: Kogan Page, 117 - 124.

Midgley, C. (Ed.)(2002). *Goals, Goal Structures, and Patterns of Adaptive Learning*. Mahwah, NJ: Lawrence Erlbaum.

Neild, T. (2004). Defining, Measuring and Maintaining the Quality of Problem - Based Learning. Proceedings of the Australian Universities Quality Forum 2004, Melbourne: Australian Universities Quality Agency.

Newman, M. (2003). *A Pilot Systematic Review and Meta-Analysis on the Effectiveness of Problem -Based Learning*. Newcastle: Learning and Teaching Support Network - 01, Medicine, Dentistery and Veterinary Medicine.

Nijhuis, J., Segers, M., and Gijselaers, W. (2005). Influence of Redesigning a Learning Environment on Student Perceptions and Learning Strategies. *Learning Environments Research*, *8*, 67 - 93.

Norman, G. R. and Schmidt, H. G. (2000). Effectiveness of Problem - Based Learning Curricula: Theory, Practice and Paper Darts. *Medical Education*, *34*, 721 - 728.

Raucen, T. B. (2004). What Kind of Project in the Basic Year of an Engineering Curriculum. *Journal of Engineering Design*, *15*, 107 - 121.

Raucent B., Braibant J. M., de Theux, M. N., Jacqmot, C., Milgrom, E., Vander Borgth, C., and Wouters P. (2004). Devenir Ingénieur par Apprentissage Actif, Compte Rendu D'innovation (Becoming Engineer by Active Learning: Report on an Innovation). *Didaskalia*, *24*, 81 - 101.

Stinson, J. E. and Milter, R. G. (1996). Problem - Based Learning in Business Education: Curriculum Design and Implementation Issues. In Wilkerson, L. and Gijselaers, W. H.. *Bring Problem Based Learning to Higher Education: Theory and Practice*. Jossey - Bass Publishers, *68*, 33 - 42.

Wigfield, A. and Eccles, J. S. (2002). *Development of Achievement Motivation*. San Diego: Academic Press.

第三部分
多样化的实践

第九章　合作探究中的对话式学习：基于问题的学习在数学教学中的应用

Helle Alrø，Ole Skovsmose[①]

传统的数学教学通常是以常规的方式进行：教师先向学生陈述教材中的内容，讲授运算法则，然后学生独自、结对或以小组为单位演练习题。在此过程中，教师负责答疑解惑，根据教案告诉学生计算的结果，而且每个数学问题都会有并且只有一个答案。这种模式的核心是：练习、解决问题及纠正错误。

传统教学模式下的课堂交流形式自然广为人知，即：教师提出问题，学生回答，最后教师评价学生的答案。由于教师事先已经知道答案，所以学生就不得不努力去猜测教师的想法。[②] 研究结果表明，传统课堂的交流方式已经产生严重后果。在这种模式下，学生的回应与参与度微乎其微：他们或者因不能确定而回答中带着疑虑；或者否定自己心中的答案，做出武断的判断；或者要求再解释一次问题；或者附和他人的答案，让他人的想法取代自己的想法；甚至保持沉默等。[③] 由此，学生主要是机械性地回答问题，而没有自主地学习。这种交流模式或许比较适合数学学习，因为从数学概念的角度而言，其对错分明，学生旨在学习正确方法。另外，该模式便于老师掌握学生是否已经学到应学的知识，而且这会让师生在课堂上都有安全感，因为这是他们熟悉和习惯的交流方式。从这个角度讲，课堂中的交流质量能够影响学习质量。

传统教学模式的最大弊端在于，课本、参考书及师生间的交流模式所体现出的权威性极大限制了学生的自主学习能力及学习过程中责任感和积极性的培养。因此，本文建议将“调查研究情境(landscape of investigation)”的理念

---

① Helle Alrø，丹麦奥尔堡大学教授；Ole Skovsmose，丹麦奥尔堡大学教育系教授。——译者注。

② 参见 Young(1992)、Sinclair 和 Coulthard(1975)。

③ 参见 Lemke(1990)和 Alrø(1995)。

框架引入数学课堂,并实践和应用探究合作及其他新的交流方式,从而改变传统的教学模式。[①] 为了更好地阐述这一内容,下文首先从"对话"这一概念谈起。

一、对话与学习

在日常生活中,"对话"一词有不同的含义。它可以指东西方国家间的政治性对话,也可以说指某一戏剧最后一幕中单调而冗长的对白。然而,本文中"对话"一词具有特殊的意义,它被定义为一种需要特定条件的交流形式,这种形式与承担风险、保持平等的探究过程密切相关。该定义也是笔者《数学教育中对话与学习》(Alrø 和 Skovsmose,2002)的研究基础。在此书中,笔者拓展了一些理论概念与观点,从而将"对话"与"学习"两个词汇联系起来。本文将在下文中对此做简单阐述。笔者对"对话"的定义没有以某一特定的理论框架为基础,而是从不同研究著作中获得灵感汇集而成。[②]

本文将"对话"作为探究过程的一部分来理解,探究目的是获得新的观点。对话过程中,包含了参与者的互动和对学科知识的好奇、质疑与反思。从这个角度理解,"对话"与"指导"、"命令"与"说服"不同。"对话"意味着参与者愿意质疑自己对某事的理解及先前的理解,并检验哪些是新知识,哪些是已经知道的知识。一旦进入"对话",就意味着参与者对这一调查研究过程的责任心。

关于"对话",人们无法对其进行事先预设,也无法预测"对话"的结论,因为这些结论要产生在已经了解的知识和将要了解的知识之间。这意味着人们不知道它将走向何方,也不能预知这个过程中会发生什么。因此对话将是一个具有冒险性的过程。在日常交流中,"冒险"通常包含积极的和消极的两种影响,就像"碰碰运气"一样,很难知道这种"机会"能带来什么。例如赌博时,碰碰运气就有可能赢;过马路时,碰碰运气却有可能被汽车撞到。所以,从"对话"的不可预知性的角度分析,我们可以说"对话"包含了冒险。当一段对话开

---

① "调查研究情境"的概念在 Alrø 和 Skovsmose(2002)中有详细讨论,也可参见 Skovsmose(2002)。

② 对话概念是逐渐发展形成的。如 Bohm(1996),Cissna 和 Andersson(1994),Freire(1972),Isaacs(1999),Kristiansen 和 Bloch - Poulsen(2002),Lindfors(1999),Rogers(1994),以及 Wells(1999)。

始，我们可能会触及一些棘手的或不可预知的问题；也有可能失去控制而使谈话进入死胡同而无法继续。但与此同时，人们也可以发现对话者的隐含知识或观察问题的新视角——这些都是有可能学到的新知识！

"对话"要保持平等是指它对多样性的尊重。这并不是指"对话"内容要以相似性或对称性为先决条件，而是指人与人之间的平等和尊重。对话中应该没有权力或武力，其目的不是说服他人，也不是输赢。对话的目的也不应该取决于权威人士，而应该是为了获得尽量多的信息，因此对话应该是对话者之间动态的、平等的交流。这一点不仅适用于一般情况下的"对话"，在教育情境下也不例外。虽然教师是教学过程中更有知识、更有能力的一方，但是课堂中的交流也可以是对话性的。因为角色的不同，能力之间存在差异是正常现象。以上论述将有助于理解"对话" 过程中所蕴含的"探究"、"冒险"与"平等"的意义。

下面要通过一个范例来阐明上述对话特征对数学课堂的影响和作用。该范例中，没有预先设定的练习题需要解答，老师只是大概介绍了情境及从何处入手会有何种潜在优势，学生可以自由选择方法来进行探究。

二、"通讯员项目"：一种调查研究情境

"通讯员项目"在十年级①学生的课堂中进行，参与该项目的学生年龄在16岁左右。② 应项目要求，学校调整了学生的时间表——学生每天10点到12点是数学课时间。教师将该项目的情境引入课堂后，教室就变成了一家以生产各种各样运动设备而著名的美国公司——"为生命而运动"的丹麦分公司。每天，这个分公司都会收到大量订单和咨询请求，不久，教室就变成了生产车间，堆满了各种原材料（纸、铅笔、胶水、图片等），奔忙的"工人"让车间有些喧闹，大家都在忙着解决自己的问题。例如，马上就要生产足球和手球了，这两种球分别由五边形和六边形组成，但是他们都是如何拼合而成的？足球比手

① 十年级是丹麦民众学校学习的最后一年，之后学生可以选择在职业学校中学习，也可以选择进入高级中学（Gymnasium）学习。高级中学是学术型中学，学习三年为升入大学做准备。许多学生在第九年时就已离开民众学校而直接进入高级中学学习。第十年用于帮助那些犹豫未决的学生作出最后决定，如何迈出人生的下一步。——译者注。

② 该项目参见 Alrø 和 Skovsmose（2002）的研究，以及 Alrø，Skovsmose 和 Skånstrøm 的研究（2000，2003）。

球大,是因为组成足球的五边形面积大,还是因为五边形的数量多?男人用的手球、女人用的手球和青少年用的手球在大小上有什么区别呢?女人用的手球周长应该是 56 厘米,如何做出正好是这个周长的球呢?

一天,总公司向丹麦分公司发函,表示打算大批购进乒乓球拍,但是丹麦分公司没有足够的库存,不得不进口。从瑞典进口可能最合适,因为瑞典一向有热爱乒乓球的传统,他们生产的乒乓球拍符合国际质量标准,而且瑞典公司每支球拍定价 70 瑞典克朗,这低于总公司所定的最高限额每支 89 丹麦克朗。

但是,还有很多因素需要考虑。如保险费和运费要占价格的 1.5%、丹麦克朗和瑞典克朗的汇率为 100∶82.14(也有消息说是 100∶81.29)、关税为 8%,丹麦分公司还希望得到 25%的利润,最后还要算上 25%的增值税等。因此这笔买卖并不像想象的那样容易。

玛丽和亚当坐到电脑前面,打开表格处理软件。他们的注意力逐渐集中到这个商业问题上,他们的世界逐渐变小,来自“生产车间”的喧闹声也逐渐减小。尽管他们正确建立的信息表可以使当前的情况明朗化,但是他们还没有想好应该怎样开始。

如果从 70 瑞典克朗这个数字入手,建立表单似乎是合理的,再加上 1.5% 的保险费和运费。经过一系列计算,玛丽和亚当得出公式:B4=B3×1.015,然后丹麦克朗与瑞典克朗的汇率还要计算进去。玛丽惊讶地发现原来汇率如此低。尽管有太多因素要考虑,但是他们还是一步步得出了如表 9.1 的公式。

表 9.1 玛丽和亚当所做的“有效”模型

单位:第 1~2 项为瑞典克朗;第 4~5、7~9 项为丹麦克朗

	可能涉及的因素	公式	数值
1	瑞典公司的售价	B3=70	B3=70
2	加 1.5%的保险费和运费	B4=B3×1.015	71.05
3	丹麦克朗对瑞典克朗的汇率	B5=81.29∶100	B5=81.29∶100
4	转化成丹麦克朗的价格	B6=B4×B5/100	57.756 545
5	加 8%的关税	B7=B6×1.08	62.377 069
6	利润	B8=25%	25%
7	共计	B9=B7+B7×B8	77.971 335 75
8	加 25%的增值税	B10=B9×0.25	19.492 833 94
9	最终价格	B11=B9+B10	97.464 169 69

计算结果显示，这笔买卖不能做。因为总公司最多以每支 89 丹麦克朗的价格买入乒乓球拍，但是计算结果显示丹麦分公司每支球拍的最低售价约为 97.50 丹麦克朗。

精确一点说，应该以 97.50 丹麦克朗的价格卖出呢，还是以 97.464 1 丹麦克朗的价格卖出呢？这是一笔大订单。当有一笔大订单时我们应该怎样制定价格，小数点之后取几位呢？玛丽和亚当并没有考虑到小数点之后的取值问题，但是当老师经过他们身边，看到他们就这样要完成表单时，提醒他们要考虑到这个问题。因此，他们开始关注如何解决这个问题，并准备为此做一些实验。他们已经考虑到了总公司能接受的最高价格——89 丹麦克朗，和瑞典供应商的开价——经过计算得出的 97.50 丹麦克朗之间的差别，应该怎样解决这个问题呢？还应该考虑些什么？玛丽和亚当感觉他们的思路被老师的问题打乱了，而且和老师讨论的结果是，老师也不知道在这种交易中应该怎么样取舍小数点后面的位数。

在表 9.1 的基础上，玛丽和亚当进行了一系列思考和尝试，如利润是否可以降低一点？瑞典供应商是否可以再降低价格？汇率也许可以改变，但是汇率怎样改变才能对结果产生明显的作用呢？显而易见的是，不能守株待兔地等待汇率发生显著变化，因为丹麦和瑞典都是欧盟成员国，汇率不可能发生大的变动；或许可以从其他国家寻找供应商，如巴西，这样有可能从汇率方面省一笔资金，但是运费就要提高……还有更多的可能性需要考虑。

老师给他们提供了一种不同的思路——可以尝试将这个表格“颠倒过来”，从球拍的售价——89 丹麦克朗入手，计算可以给瑞典供应商的开价。然后，就很容易根据不同的情况调整表格，并决定在瑞典、挪威、巴西等哪个国家可以找到合适的供应商。玛丽和亚当花费了一段时间来理解这个思路，但是经过思考和梳理，他们决定接受这个挑战，开始尝试逆向建立表单。

但是，这个过程并不容易。他们面临的一个最大的难题就是——如果将这个表单“颠倒过来”，第一步就是减去原表单最后一步加上的增值税。那么，按照逻辑应该怎样用公式表示减去增值税后的价格呢？是如 B2＝B1－0.25 这个公式吗？

但是这个公式并不准确，虽然需要减掉增值税，但是这个公式还应包含某种乘法？也可能是除法？玛丽建议，是不是可以用 1.25 去除，但是这个建议没有得到进一步检验。

虽然面临巨大的困难，但是玛丽和亚当决定设计一个包含以下计算因素的表单：B2＝B1－0.25B1；B3＝B2－0.25B2；B4＝B3－0.08B3

然而，老师路过时注意到，玛丽和亚当虽然已经把所有的公式都填进了表单,但是他们的公式仍然存在问题。虽然老师可以先让他们完成表单,用具体数据进行检验,然后很可能他们自己就能意识到存在的问题,并重新考虑如何组织表单,但是这个过程相当于从头开始建立表单,时间上并不允许,因为按照计划,还有其他的安排——这个班级要去远足,中午12点出发,这使老师必须快速将玛丽和亚当引入正途。

因此,教师决定修正他们的思路,但是玛丽和亚当好像不是特别愿意再一次被老师打断,因为情况已经相当复杂,最好防止由于老师的介入而生出更多的问题,因此当老师在他们身边坐下来时,玛丽就转身背对着老师。老师想让他们重新考虑一下增值税的问题——加上增值税的时候是按照原价25%计算的,但是减去的时候应该是按20%计算。老师给他们举例说明:如果一样东西价值40丹麦克朗,加上25%的增值税应是50丹麦克朗,但如果要从这50丹麦克朗中减去10丹麦克朗的增值税,实际是减去了50丹麦克朗的20%。经过解释,玛丽和亚当明白了这个道理,并受到启发,得出 $0.25\div(1+0.25)=25\div125=20\%$ 和 $0.08\div(1+0.08)=8\div1.08=0.074$ 两个公式。

事实上,他们可能已经准备好接受引入未知数 x,用 $x\div(1+x)$ 公式来计算"颠倒后的百分比"。

现在可以开始建立一个行之有效的"颠倒的表单"了。玛丽转过身,和亚当一起用新的公式开始计算。教师离开了,他们两个专心工作,最终得到了如表9.2的表单:

表9.2 玛丽和亚当"纯天才之作"的模式

单位:第1~7项为瑞典克朗;第9~11项为丹麦克朗

	纯天才之作	公式	数值
1	总公司的最高开价	B3=89	
2	增值税额	B4=B3×0.2	17.8
3	扣除增值税的总额	B5=B3−B4	71.2
4	所需利润额	B6=B5×0.2	14.24
5	扣除利润共计	B7=B5−B6	56.96
6	关税额	B8=B7×8/100	4.219 259
7	扣除关税的进口价	B9=B7−B8	52.740 74
8	丹麦克朗对瑞典克朗的汇率	B10=81.29∶100	81.29∶100
9	转换成瑞典克朗的价格	B11=B9÷B10	64.879 74
10	运费和保险费	B12=B11×1.5÷101.5	0.958 814
11	产品可付的瑞典克朗最高价格	B13=B11−B12	63.920 93

这个游戏到此结束，每个人都很开心。玛丽和亚当高兴地相互击掌，就像在排球比赛中打出了决定性的一击一样。在表单的第一行，他们写下了“纯天才”三个字。老师也笑了，认为玛丽和亚当出色地完成了任务。校车在外面等候了，他们要去远足了——如果有幸，将来有人会向瑞典供应商开价 63.92 瑞典克朗。

在这一案例中，学生们通过教师的引导进入调查研究情境，自己建立探究的方式，接受了挑战，并发挥出主动性，大部分时间他们可以通过互相探讨的方式共同前进。但是他们也曾一度陷入迷惘和困惑之中，幸好教师及时出现，并引导他们用另一种思路进行运算。这样，在设置探究情境的前提下，教育情境中也可以发生研究、冒险、维持平等的活动。而且通过观察课堂中的活动，我们可以发现还有很多行为在同时发生着。

三、探究合作模式

这种探究过程可以理解为通过动手操作和谈话进行学习。由于参与的各方要通过行动和反思进行合作，他们必须口头表达出他们所做、所想，而且必须明确、清晰地共同反思。

根据“言语行为理论”，“说话”本身就是行动。“使用语言”就是在不同情景下的行为方式。[①] 这样的观点为理解那些与“使用”相关的概念提供了新的视角，为语言哲学的研究开辟了新的道路，而且也为“话语理论”打下基础。本文认为，“言语行为理论”为“交流”和“学习”这两个过程搭建了桥梁，因为二者都可视为“行为”。[②] 而且我们可以将“对话”看作一种具有某些特征的、特殊的交流形式，这些特征让学习过程有了新的特点。为了以更清楚的形式阐述这个观点，下文将引入“对话式行为”这个概念。

本文把“对话式行为”作为语言行为的一种特殊形式，它是包含探究、冒险和维护平等的言语行为。从这个角度看，虽然说服、命令、指导、纠正和支配等行为都属于言语行为，而且都是教育过程中最常使用的行为，但是它们不是对话式的。所有言语行为都可以促使学习行为的产生，但是“对话式行为”可以赋予学习过程对话的特点。基于以上认识，下文再来讨论“对话式学习”。

---

① 参见 Austin(1962)和 Searle(1969)。

② 有关“行动学习”请参见 Alrø 和 Skovsmose(2002)。

“对话”由“对话行为”组建,但是一个“对话”并不是一连串“对话行为”的简单拼凑,而是由不同的行为组合在一起,建立、发展和维持而来。当然,“对话”也不仅仅是特定“对话行为”的累加。通过观察对话过程的细节,人们可以把这些行为作为分析要素,更好地来理解。

在先前的研究中,我们观察过教师和学生在教育情境中的探究合作和交流,现在我们已经可以确认,上述合作交流中,存在以下一系列对话行为:接触、定位、识别、畅所欲言、有声思维、重新阐释、挑战与评估。这些行为都体现在探究合作模式中(见图 9.1)。当 IC 模式的各要素出现时,对话也就产生了。[①]

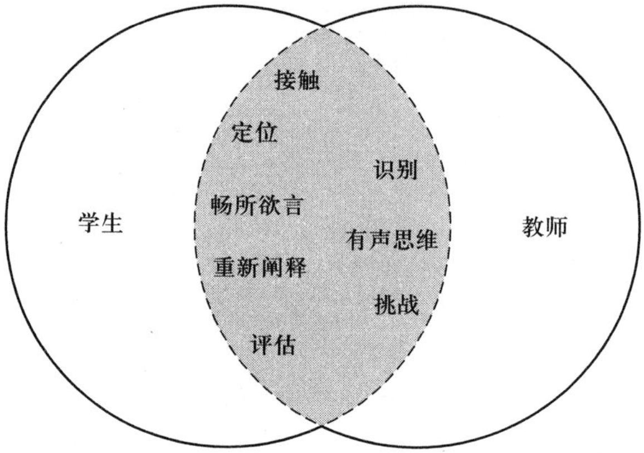

图 9.1　探究合作模式

玛丽和亚当在“通讯员项目”中的交流以及他们与教师之间的交流过程中,都发生了一系列对话式行为,为了完善“探究合作模式”,下文还将以“通讯员项目”为例来探讨“对话式学习”的概念。在《数学教育中的对话与学习》一书中,笔者已经通过详细分析文本记录下的对话,展示了对话如何以不同形式出现,下文主要运用其中的例子来讨论“对话式行为”和“对话式学习”。

接触

下列对话发生在老师建议玛丽和亚当将表单“颠倒”过来之后。虽然这个建议是作为一个“干涉”出现的,导致了“接触”的中断,但是不久,玛丽和亚当接受这个建议,“干涉”就变成了挑战,“接触”也重新建立。

① 参见 Alrø 和 Skovsmose(1996)。对话行为的顺序正如最初我们在探究合作模式中呈现的那样。显然,这并不是我们假定对话观察中的行为顺序,当然这也不是我们在“通讯员项目”探寻过程中观察到的对话行为顺序。因此,在下面的对话行为中,我们不会按照这个项目的时间顺序进行例举和解释。

亚当：那么我们做一个新的表单吧。

老师：你们想做吗？

玛丽：我们应该试一下……不是吗……难道我们不可以只是……为什么不试试改变这一项……？

亚当：是啊，我们可以改变汇率……

玛丽：这么说来……这个应该……等于……那个吗？

老师：试一下。

玛丽：好的，我们试一下吧？

"接触"意味着参与者进入彼此的世界，并展现自己的想法和行为，知道交流中正在发生什么、对方做过什么。"接触"意味着参与对话的双方要建立一种积极的关系，这是他们合作的基础。从玛丽和亚当的例子中可以观察到，他们在提出探究问题、相互延伸问题以及彼此确认的过程中，一直保持接触，并且不时伴有幽默的对话和开怀的大笑。

但是，他们也有暂时中断接触的情况，特别是其中一个人不理解某个建议，或使用电脑时出现了技术问题的时候，他们就开始争吵。当老师向他们提出小数点后位数的问题时，玛丽就经历了这样一个过程，她背对老师，拒绝和老师接触——这就是一个接触失败的例子。但是，教师设法重新建立接触，他的方法是告诉他们自己也不知道公司在做预算时应该如何处理这一点。

然后他建议他们把表单"颠倒"过来。虽然玛丽和亚当对此质疑，但是这次与小数点之后位数的问题不同，因此他们没有把它当成无关的"干扰"。不久，玛丽和亚当理解了老师的意思，他们决定接受这个挑战，尝试做出改变。这样，教师和学生之间的接触又重新建立起来。而且，玛丽和亚当已经准备把这个挑战作为他们探究的一部分，他们开始在这个过程中发挥主动性。因此也可以说，"接触"意味着建立一种能发挥主体作用的合作契约。当教师说："你们想那样做吗？"玛丽回答说："好的，我们试一下吧？"这就意味着双方在交流中开始接触了。

"接触"并不仅仅是探究的开始，它的作用是持续的。可以这样说，开始接触，保持和重新建立接触都是对话式行为，也更能体现探究过程的情感方面。"接触"标志着参与者有兴趣把探究变成一个分享的过程，它是愿意合作的信号，表达了探究过程的合作本质。

定位

玛丽：不，你写70（瑞典供应商开出的原始价格），然后加上汇率，不是吗？

亚当:假设有另一个汇率,或者开价不是70瑞典克朗呢?

玛丽:那得写70再加上汇率,我猜。

“定位”是为了找到新的或尚未意识到的信息。教师和学生可以用表示惊讶和疑惑的询问句表示他们对已经存在的或新的观点的定位。这种询问没有简单或直接的答案,只是为了通过合作,清晰地表达出在交流中的隐含观点。“定位”是为了探索和试验不同的可能性,是为了“放大”一个论题,而不是拒绝它。举例来讲,“定位”可以进一步探索运算法则或者提出解决问题的初步办法,尽管这些办法可能并不恰当,也没有明显作用,甚至根本就是“错误的”。

假设性问题的提出可以明确表明,参与者已经做好准备进行新的探索。通过提出假设性问题,教师可以将学生引入探究情境。这种例子常常可以观察到——教师通过假设性问题帮助学生进行探索,这些问题可以引起学生的好奇心,引领他们去探索、扩展和检验这些问题。通过这个相互提问的过程,他们可以定位新的观点,并深化对已有观点的理解。当学生们自己开始提出假设性问题时,表明他们已经开始发挥主动性。因此,我们可以说“定位”与主动性密切相关。

玛丽和亚当花费了很大力气才理解对方的观点。他们向对方提出了很多问题,这些问题可以初步解释对方的观点,也可以检验和确认自己的猜想。他们经常怀疑自己提出的建议,想方设法验证自己的建议,最后达成一致。例如,当他们讨论如何把70瑞典克朗转化成丹麦克朗时(见表9.1),这个汇率应该被加上吗?这是一种可能性。但是“假设”既不是70瑞典克朗,也不是这个汇率呢?虽然对于这个表单来讲,数字的改变不会产生影响,但是亚当提出的这个假设性问题却有重要作用。玛丽坚持写70,但是她补充说“我猜……”,这表明她可能也不确定,还有需要澄清的地方,因此,这个过程并没有结束,还有很多想法需要定位。

但是,假设性问题的作用不仅是激励参与者去探索,还可能带来一种负面的影响,对参与的另一方来讲,可能是一种讥讽或支配,成为参与者交流的障碍,或与要解决的问题毫无关系。假设性问题(作为一种言语行为)的作用取决于其应用的背景。为了在研究过程中发挥假设性问题的积极作用,它必须能清晰表达出提问者的疑惑,并具有开放性。

探究中的开放性也可能导致参与者专注于某个想法而忘记继续探索新的可能性。比如说,学生一般拒绝接受还未被正确定位、正确论证的开放性建议;当在课堂中进行小组讨论时,教师只能在每个小组中出现很短的时间;很可能教师不能捕捉到学生提出的、每个有趣的建议,这些都会导致某些观点由于没能及时定位而被忽略。

识别

亚当：应该写什么呢？应该写……但增值税是25%。

玛丽：是的，但那是实际上的总数额，对吗？还得减去25.89，减去0.25倍[听不清楚录音中的话]。

教师：总额的增值税是多少？

亚当：1/4。

玛丽：25%。

亚当：1/4。

通过定位某种观点，可以确定问题的学科性质，使参与者更容易接受。有时，参与者还可以通过这个方式提出并重新阐释某些建议，便于参与的各方更容易地理解特定的数学准则。

提出假设问题之后，往往还会提出原因问题。很多情况下"假设性问题"可以与定位过程相联系，"原因问题"可以与数学准则的证明过程相联系（当然，原因问题当中不一定要出现"为什么"这几个字）。在这个项目中，教师支持玛丽和亚当通过质疑增值税的百分比，去寻找逆向建构表格的原则——如果加上增值税时是加上25%，那么减去增值税的时候呢？为了帮助他们理解这个数学思想，应该提出什么问题呢？首先，教师问道："总额的增值税是多少？"玛丽和亚当都提出了自己的答案："25%"和"1/4"，在接下来的交流中，教师引导玛丽和亚当去理解从总额中减去20%和从进价中加上25%的关系。

与"假设问题"一样，"原因问题"也要有开放性。如果没有开放性，这个问题就很容易被理解为机械性的练习，就不容易发挥学生的主动性，但我们要注意的是"原因问题"如果使用不当，也能迷惑学生而使其好奇心下降。一般而言，不仅数学准则，对学习的重点其整体把握都可以被确认。

畅所欲言

玛丽在他们开始逆向建立表单时，做出了以下这番评论，当时他们正在为减去增值税努力想办法。看起来比较直截了当的办法是减去某些数据，但是玛丽却提出了以下建议：

玛丽：嗯，或者我们可以用1.25去除，对吗？……

不久玛丽又回到了这个想法，但立即被亚当否定了：

玛丽:然后……除以……

亚当:不对,再看看……

学习是为了增加现有知识,提高已有的能力。共同学习就是分享各自已经掌握的知识,在此基础上,要在主体之间产生一种互动关系。这包括对已存在的观点的了解,因此有必要创造宽松的气氛从而可以自由地表述观点,提出建议,及进一步探寻。这样,参与者有了灵感可以马上说出来,也可以经过斟酌再提出建议。而这就是畅所欲言的重点所在,参与者可以提出建议并为其辩论。但是,这并不意味着一定要让别人确信自己的观点或建议,其重点是为了检验在研究的过程中所提建议在何种程度上可以合理地得到支持。我们可以把畅所欲言看做是一个实验性或假设性争论。

玛丽提出了关于如何减去增值税的建议,她认为应该"用 1.25 去除"的办法。这似乎是一个可行的建议,但是亚当并不想接受这个建议,玛丽第一次提出的时候,他甚至都没有去听她在讲什么;第二次玛丽又提出这个建议的时候,亚当的答案只是:"不对,再看看……"

但是,玛丽没有能畅所欲言,她第二次提出来的时候只是想表明,或许这是一个值得考虑的好办法。如果亚当表示愿意接受新的提议,他就可能为玛丽提供一个机会来详细阐释她的想法。他本可以通过下列问题帮助玛丽进一步解释:"你为什么这样想?我们试一下吧?"然后他们可能一起试着找证据,证明"用 1.25 去除"是否合理。这样也许玛丽就有可能继续讲出自己的想法。

既然我们把对话看作一个探究的过程,那么在对话中提出有用的观点非常重要。畅所欲言是探究过程的助燃剂。如果玛丽坚持说出自己的建议,整个探究过程就会进入一个新的发展阶段。

亚当没有考虑玛丽的建议,这可以被认为是对话过程的中断。当亚当武断地认为自己有权利决定哪些是无关因素时,对话的平等被破坏了。但是,对他做出这样的判断也可能过于简单化,或许当时亚当正在全神贯注地思考其他办法,这也是为进行更好的探究做准备,这样看来,"对话"就不是一个连续发生的交流过程。也就是说,"对话",作为探究过程,也有不连贯性,这也是每个对话都含有风险的一个例证。由于开放性的存在,有些有用的观点和建议可能就不会被捕捉到。

"有声思维"

当玛丽和亚当制作原始表单(见表 9.1)时,他们按照他们的方式加上利润和增值税,做完这一步,表单就完成了。

亚当：然后你在那写，写什么呢……写利润用百分比表示是多少，对吗？

玛丽：那你就写 25%，对吗？

亚当：是的，那么你写[5 秒钟]总共……然后在那里写等号……

玛丽：那个，对吗？

亚当：这个。

玛丽：加上利润，对吗？

"有声思维"是指把研究过程中产生的想法、观点、情绪等，用语言表达出来，也就是把个人的内在因素表现出来，这样就会有更多的因素可以转化成探究的源泉。把灵光乍现的想法用清晰的话语表达出来，有助于使这个观点"可视化"，也可以使它在集体讨论中更加有用。有时假设问题都是"有声思维"的表现，是进一步研究的基础。"有声思维"可以体现为一些编码信息，就像上一段引文中提到的。当玛丽和亚当通过他们自己的方式建立表单时，虽然"有声思维"是编码型的只言片语，但是对于保证探究过程的合作性本质，以及保证探究过程沿着正确的方向发展具有非常重要的作用。

参与者可以采取不同的形式进行"有声思维"。一般而言口头表达是一种不错的方式，但是如果我们只是听玛丽和亚当说了什么，我们不能了解他们思想的全部。"有声思维"，特别是在数学探究领域，还可以用草图、图表、公式大纲等表示，在屏幕中演示验证过程也是一种好方法。有时，这些活动还有可能伴随着以下的提示词，如"这"或"看"，所以录音和文本不能完全记录"有声思维"的全过程。总之，"有声思维"可以理解为"公开思考"，使思考公开化有很多不同的方法，在玛丽和亚当之间发生的这种对话是其中一种。"有声思维"是一种重要的对话式行为。

重新阐释

亚当：好吧，我们可以，但我们是不是还要输入公式或其他什么啊？

玛丽：我们需要输入公式并修改它吗？

"重新阐释"是指重复已经说过的话，但是在语气上可能会有轻微的改变，或者增加一些词汇。"重新阐释"相当于用另一种表达方式表达相同的意思，也就是说可以通过对关键部分的重新阐述，求证刚才听到的话，求证也可以通过请求对方进一步解释而进行，这样对话的参与者可以加深相互的理解。但是，把参与者的话语用其他方式表达或通过改变语调来重新表达，都有可能偏离说话者的原意，从这个角度上讲，"重新阐释"时，往往用疑问句来表达。"重新阐释"是"积极倾听"的重要因素，"积极倾听"可以加深彼此的理解，从而使参与者保持密切的合作关系。①

当亚当和玛丽面对空白表格的时候，他们必须要做点什么。他们可以“输入公式或其他什么”。是的，他们可以“输入公式并修改它”。玛丽重新阐释了亚当的建议，并加入一些新的含义。这个过程是他们共同合作完成的。阐释和重新阐释都包含着不确定性和疑问，他们分担了这种不确定性。在探究过程中，分担不确定性与分享成果、发现以及得出结论是一样的，都是学习的一种重要潜力。

“重新阐释”可以从提出“验证一方是否正确理解他人观点”开始。与“重新阐释”密切相关的一个行为就是“完成对方的阐释”。这可以表明一方已经理解了另一方的观点，并且可以用这种观点进行思考和推论了。“完成彼此的阐释”说明双方在思想上已经取得一致。但是，这种对话成分也很容易事与愿违：在一些浅显的表达中，“重新阐述”往往伴随着怀疑，或者通过选择性地摘选来证明自己的理解和偏好。②

“重新阐释”包含着十分强烈的情感因素，因为它标志着听者认为有关的东西。“重新阐释”既包含对已有观点的接受，也是维持集体责任感的一种方式。因此，也可以说“重新阐释”是保持“接触”的一种十分重要的对话行为。正是由于玛丽和亚当之间发生了许多“重新阐述”的对话行为，他们才能在大部分时间里都保持接触。

挑战

“通讯员项目”中，教师建议玛丽和亚当逆向建立表单，无形中给学生提出了许多挑战。

教师：你们可以……你们可以从丹麦克朗入手考虑怎样制作表单……这是你们想支付的……我的意思是，你们是不是可以将表单中的计算方式“颠倒”过来？

亚当：您的意思是……我们想支付这个数？

“挑战”就是对已经建立的知识体系提出质疑，或者说对已经思考过的假

① Rogers 和 Farson(1969) 介绍了“积极倾听”。倾听的重要特点是，站在他人的立场上并表现出真诚的兴趣，而不是控制话语的工具。

② Kristiansen 和 Bloch－Poulsen(2000)、Kristiansen 和 Alrø(2002)用“自我参照”概念对“选择性摘选”进行解释。“自我参照”是人们交流的基本条件，我们习惯于把全新的、不熟悉的事情“翻译”成自己熟悉的理解模式和行为模式。另一方面，对话是关于“自我参照”的反思，试图将理解的焦点从一人转向另一人，甚至转向两者间发生的事情上。

设提出质疑。参与者可以通过“假设问题”，对大家都拥护的设想或猜想提出挑战。当老师提出可以将表单中的计算方式颠倒过来的建议时，从数学角度考虑，这个建议相当有影响力和支配性，但是他只是通过一种谨慎的方式来表达：“你们……嗯……你们可以用另一种……方式……制作表单……”

如果以一种过于直接的方式提出挑战，有可能导致探究的中断，也有可能导致参与者进入对峙状态，而且“挑战”也可能因为太权威而让参与者失去了选择的可能性。因此，必须要注意，“挑战”是对话的一部分，也就是连续过程的一部分，“挑战”的目的是为了提醒其他人还存在有待定位的问题。

另外，只有参与者接受了挑战，挑战才能起到应有的作用。从这个例子中可以看到，学生并不是马上就愿意接受教师的挑战。但是也能注意到当玛丽和亚当注意到逆向建立表格是一个很好的主意时，他们的态度发生了巨大转变，并开始发挥主动性，而这个挑战也变成了整个探究过程的转折点。而有些“挑战”因为没有被接受而被忽略了，例如，颠倒表单中的计算方式之后，为了减去增值税玛丽建议用除法，这就是一个被忽略的“挑战”。

评价

玛丽：那么我们应该不要这个表单了吗？

亚当：是的，噢不，我们还是将它保存起来吧？

玛丽：好的，其实很有趣，我们已经很聪明了，你不觉得吗？

评价有很多种方式，既包含否定的反馈，也包含肯定的反馈。比如说，纠正错误，或者对犯错误的人进行批评，也可以提供好的建议、无条件的帮助、赞扬和信任。从这个例子中我们可以看出，老师对学生们出色的工作提出了表扬，我们也看到学生的自我评价：“我们已经很聪明了，你不觉得吗？”这是他们在第二张表单写上“纯天才之作”后，玛丽对亚当说的。他们为自己的成果雀跃欢呼，并表示这一天他们确实学到了很多东西。

四、对话式学习

学习的产生很难被直接观察到，但是教育场景下交流行为的发生却可以被观察。这样，虽然很难知道玛丽和亚当实际上学到了什么，因为只听到了玛丽说她真的学到了很多,但是笔者可以通过分析师生间的互动来了解学生们的学习过程。

只有教学过程中存在大量不同的"对话行为"时,这种学习过程才能称为"对话学习"。探究合作模式中的"对话式行为"发生在教师和学生进行合作探究过程中的不同阶段,当这些行为的发生可以激励教师和学生共同产生新的观点。[①] 这样,探究合作模式就成为"对话式学习"的指标。但是,"探究合作模式"描述了基于调查、冒险和平等的学习过程是如何发生以及何时发生的,却并没有说明如何来支持对话式学习。

"探究合作模式"可以进一步发展吗?本文以"通讯员项目"的实施过程为例详细说明原始的探究合作模式所包含的因素。如前所述,"接触"可以用倾听、关注、表现、支持、确认、使用幽默、提出研究问题或衔接性问题等概念进行阐述。"定位"包含了探究的可能性,好奇、拓宽、检验和确认问题,同时还要探索、证明研究策略或想法,并提出假设问题。"确认"需要通过提出"原因问题",来解释和明确数学准则。"畅所欲言"要检验参与者提出的建议、观点,通过质疑固定的方案和观点并共同反思。"有声思维"可以通过假设问题、口头表达、当众说出想法等来表示。"重新阐释"可以理解成重复、换种方式表达、延续别人的发言和保持接触。"挑战"需要提出假设性问题,引导参与者用另一种方式思考,并建议转折点。"评价"建立在批评、建设性反馈意见、肯定、表扬和无条件的支持上。

探究合作模式是动态发展的。虽然人们很容易就可以想象出很多对话式行为,并通过观察验证它们的存在,也可以进一步深化这些对话式行为的内容。但是,关键是对"对话式行为"定义的研究,可以赋予"探究式合作交流"特殊的意义。

探究合作模式有多脆弱?当教师和学生或是学生之间进行探究型学习时,可以观察到构成探究合作模式的各种要素。虽然这些要素没有以特定的顺序发生,但是它们以不同的组合方式出现。还有一点需要注意的是,构成探究合作的行为发生时,只是一个短暂的过程,很少会发生在探究的全过程。对话式学习很容易就因为意见不合、固执己见、企图说服他人、缺乏挑战、盘问、质问等打断。这种对话的中断不仅表现在课堂上,还发生在日常对话当中。在"通讯员项目"中也有这种情况,特别是当教师打断学生探究过程时。所以对话式学习是一个脆弱的过程。

如何支持对话式学习过程呢?传统的课堂教学环境不支持对话式学习,

---

① 举例参见 Alrø 和 Skovsmose(2002)。

但是这不意味着传统课堂中没有学习产生,只是学习的质量不同。对话式学习容易发生在调查研究合作模式中,因为这种模式中学生可以自由选择和决定采用何种方式来推进学习过程。但是这也伴随着迷失的危险。我们可以将设置“探究情境”看作是建构这种学习过程的方式。

为什么要支持对话式学习?这个问题涉及教育和学习的基本概念。学习,不仅是数学学习,是基于一种假设——数学组成了一种对它本身有价值的知识。《数学教育的对话与学习》一书谈到了“批评的挑战”。这是由于笔者在观察中发现,任何形式的数学都不是“最终真理”,而是一种知识的形式,这种知识可以在很多情景下使用,并且需要反馈和批评。D’Ambrosio(1994)强调科学技术中的“质疑”和“惊恐”都离不开前沿的数学。这就要求数学教育不仅要培养学生具有掌握数学运算的能力,还要有反思能力来考虑数学还可以用来做什么。对数学的批判性反思是成为“批判性公民”的重要环节,而对话学习中的探究和互动,可以有效支持批判性数学学习。因此,对话式学习,特别是在数学领域中,对批判性思维的发展十分必要。必须强调的是,在学校背景下关于对话学习的研究尚未得到进一步发展,这是因为教师对学生负有责任,有时有必要起到引导和支配的作用,因此有时老师必须中断对话。试想,如果师生间的交流变成一个教师和某些学生关于某个特定问题的对话,那么这个交流只对一部分人有作用,但教师不得不同时照顾到所有学生的利益,这样他参与特定对话的时间就有限了。因此,本文并不认为引导学生进入探究情景或对话式学习可以作为解决所有教育问题的答案。然而在挑战传统的教学方式和推进合作调查研究方面,这种学习方式的价值仍值得关注。

五、感　谢

感谢玛丽和亚当(佚名)允许我们旁听他们的对话,感谢 Mikael Skånstrøm 邀请我们进入他的课堂。此项目是丹麦数学学习研究中心所做研究的一部分,所以我们要感谢我们的同事 Morten Blomhøj,Iben Maj Christiansen,Elin Emborg,Lena Lindenskov 和 Tine Wedege 对整个研究的关心。最后,我们还要感谢里昂·伯顿对改进论文和和措辞进行的有用的评论和建议。本章内容的一些粗浅观点曾发表在 2003 年在希腊沃洛斯(Volos)举行的“数学教育与教育中的信息”学术会议中。

参考文献

Alrø,H. (1995). I Forlanger for Lidt af Jer Selv. *Nordic Studies in Mathematics Education*, 3(2), 7 - 27.

Alrø,H. and Kristiansen,M. (1998). *Supervision som Dialogisk Læreproces*. Aalborg: Aalborg Universitetsforlag.

Alrø,H. and Skovsmose,O. (1996). The Students' Good Reasons. *For the Learning of Mathematics*, 16(3), 31 - 38.

Alrø,H. and Skovsmose,O. (2002). Dialogue and Learning in Mathematics Education: Intention, Reflection, Critique. Dordrecht: Kluwer.

Alrø,H., Skovsmose,O., and Skånstrøm,M. (2000). Mie og Asger: Om Samtalen i Matematik. *CRIT*, (2), 10 - 21. Copenhagen: Statens Pædagogiske Forsøgscenter.

Alrø,H., Skovsmose,O., and Skånstrøm,M. (2003). Lœring Gennem Samtale. In M. Blomhøj and O. Skovsmose (Eds.). *Kan Det Virkelig Passe?* Copenhagen: Lindhardt og Ringhof Uddannelse.

Austin,J. L. (1962). *How to Do Things with Words*. Oxford: Oxford University Press.

Bohm,D. (1996). *On Dialogue*. London: Routledge.

Cissna,K. N. and Anderson,R. (1994). Communication and the Ground of Dialogue. In R. Anderson, K. N. Cissna, and R. C. Arnett (Eds.). *The Reach of Dialogue: Confirmation, Voice and Community*. Cresskill: Hampton Press.

D'Ambrosio,U. (1994). Cultural Framing of Mathematics Teaching and Learning. In R. Biehler, R. W. Scholz, R. Strässer, and B. Winkelmann (Eds.), *Didactics of Mathematics as a Scientific Discipline*. Dordrecht: Kluwer.

Freire,P. (1972). *Pedagogy of the Oppressed*. New York: Herder and Herder.

Isaacs,W. (1999). *Dialogue and the Art of Thinking Together*. New York: Doubleday.

Kristiansen,M. and Bloch - Poulsen,J. (2000). *Kœrlig Rummelighed i Dia-*

loger: Om Interpersonel Organisationskommunikation. Aalborg: Aalborg Universitetsforlag.

Kristiansen, M. and Alrø, H. (2002). Kommunikation som Opbygning af Relationer og lœringsrum: Mellem Selvreferentialitet og Dialog. In O. Løw and E. Svejgaard(Eds.). *Psykologiske Grundtemaer*. Århus: Kvan.

Lemke, J. L. (1990). *Talking Science: Language, Learning and Values*. New Jersey: Ablex Publishing Corporation.

Lindfors, J. W. (1999). *Children's Inquiry: Using Language to Make Sense of the World*. New York: Teachers College, Columbia University.

Rogers, C. R. (1994). *Freedom to Learn* (3rd Edition). New York: Macmillan College Publishing Company.

Rogers, C. R. and Farson, R. E. (1969). Active Listening. In R. C. Huseman, C. M. Logue, and D. L. Freshley (Eds.). *Readings in Interpersonal and Organizational Communication*. Boston: Holbrook.

Searle, J. (1969). *Speech Acts*. Cambridge: Cambridge University Press.

Sinclair, J. M. and Coulthard, M. (1975). *Towards an Analysis of Discourse*. London: Oxford University Press.

Skovsmose, O. (2002). Landscapes of Investigation. In L. Haggarty (Ed.). *Teaching Mathematics in Secondary Schools: A Reader*. London: Routledge Falmer.

Wells, G. (1999). *Dialogic Inquiry: Towards a Sociocultural Practice and Theory of Education*. Cambridge: Cambridge University Press.

Young, R. (1992). *Critical Theory and Classroom Talk*. Clevedon: Longdun Press.

第十章　基于问题的学习在外语专业教学中的应用

Rita Cancino①

一、奥尔堡大学

奥尔堡大学与丹麦其他大学或其他国家的大学，存在本质上的差异，因为奥尔堡大学注重学生间的团体协作和项目报告的撰写，如采用“基于问题学习”能够充分激发学生学习的主动性。

因为“基于问题学习”教学法的核心是解决某个具体问题，所以学生可以根据问题，确定学习内容，选择合适的学习资源以实现学习目标。通过这种教学方式，学生可以学会规划自己的学习，以满足自己的需要和职业期望。正是由于奥尔堡大学的学生有机会在教师的帮助下承担相应的学习责任，他们也就更可能成为有效率的终身学习者。

目前，奥尔堡大学的三个学院——人文学院、社会科学学院、自然科学和工程及医科学院（理工医学院）都采用项目工作形式。自然科学和工程及医科学院比其他两个学院做得更好，因为该学院具有学科优势，可以与私人机构合作，承担具体的研发任务，并从中获得项目经费和其他资源，该学院也是三个学院中唯一能从校外获得赞助以进行“基于问题学习”的院系。

---

① Rita Cancino，丹麦奥尔堡大学语言与文化系副教授。——译者注。

二、人 文 学 院

人文学院和商业领域的合作很少。由于学科性质，人文学院不能解决企业的发展问题，也不能研发新的设备仪器，私人企业从没寄希望于人文学科的研究为企业效益和竞争力做出贡献，有些企业甚至认为没必要从人文学院的外语专业招聘高素质的外语专业毕业生，所以奥尔堡大学的人文学院与企业合作机会很少，基本没有与北日德兰半岛和丹麦其他地区的企业合作并共同开展项目的机会。

人文学院开设的众多专业中，虽然学科背景不同，但是所采用的教学模式都带有奥尔堡大学特色，如“基于问题学习”。这些专业差别很大，涉及各个领域，如外语、哲学、通信、信息技术、音乐、音乐疗法、心理学等学科，但是以学习小组为单位的“基于问题学习”或“基于项目学习”可以将它们联系起来。人文学院要求学生在大学学习的每个阶段都要设计和撰写学术计划和报告，在此过程中，学生要自觉、自主地学习，还要具有自由创造性，因为他们要面对一系列挑战性问题，如决定研究的方向，搜集材料、信息和数据，并制订计划报告的框架等。

在人文学院，不同的专业采用不同的项目工作方式，但是所有的项目都从第一学期开始进行。对大多数新生来讲，“基于项目学习”是新鲜事物，是以前没有接触过的、围绕一个主题进行学习的模式，也是一种获得知识的新方式。这种新方式可能导致学生产生深度的焦虑和挫败感，但也可以给学生带来愉悦和满足，并促进学生个人能力的发展。刚开始进行第一个项目时，大多数学生感到彷徨，不知从何下手，对项目的社会性和专业性也不清楚。但事实证明，不久之后大多数学生都能获得满足感，也能胜任项目报告的准备工作和团队合作。

本文因篇幅有限，难以将所有专业及其所有项目一一叙述，所以将关注比较有特色的专业——外语专业，并详细叙述“基于问题学习”在其中的应用。外语专业的各个项目之间最重要、最有特色的共性就是外语。在这些项目中，外语和其他专业性学科一起发挥了重要作用。由于已经有很多人研究过一般意义上“项目”的理论部分，本文将从另一个维度——语言学角度入手，描述两个不同专业采用的项目模式。

三、商务交流专业

语言和跨文化研究系

与其他学院相比,人文学院的特色就是有很多不同的语言专业,外语在这些项目中的作用非常重要。如果说奥尔堡大学的教学模式与众不同,那么人文学院的语言和跨文化研究系覆盖的学科数量也非同一般。与其他院系不同,这个系是真正意义上的跨学科院系,该系的教师、研究者和学生有不同的研究领域,不同的视角、目标和假设。在某种程度上,各种不同的学科如文学批评、语言学、社会历史、社会科学、商务交流,都有相似的要求。它们都需要学生表述和形成自己的观点,证实自己已经理解相关的话题,讨论不同的假设,批判性地工作,等等。

在“商业语言和国际商务交流专业”中,涉及四种语言:英语、法语、西班牙语和德语。这些语言的不同组合又构成了不同的专业,如英语、西班牙语或者其他语种与信息通信技术的组合,或者法语与信息技术工具(通信)的组合,等等。这些项目都注重语言的一个维度,即语言的特定目的,它使这一专业与其他类型的语言专业如外语专业有所不同,奥尔堡大学的这些专业既注重传统的语言学习,也注重国际性的语言学习。传统的语言学习比较注重英语和德语,而国际性的语言学习则注重英语和西班牙语。

项目准备

在“商务交流专业”的最初阶段,新生要理解项目的模式和评估方式。开学的最初几周,学院会开设专门课程介绍项目工作和方法,帮助新生为开展项目学习做准备。一般来讲,第一学期有 10～12 周的时间,学生要学习不同的课程,很多课程的考查方式是以小组为单位,但是也有针对个人进行的考试。

第一学期期末,学生要登陆院系网站,查看分组情况。因为学生在入学初期互不了解,所以最初的分组是由系教务处决定,把语言背景相同的 4 到 6 个学生分为一组,在项目准备阶段接受相同的教育。但是在以后的学习中,学生可以根据自己的兴趣自由组合。

在有关"项目工作"的课程中，学生会了解进行项目学习必须做到的几点要求，其中，他们必须首先弄清楚项目的框架。在第一个学习项目中，框架的主题是：语言、文化和方法。在这个框架下，学生不仅可以选择与丹麦社会相关的问题，也可以选择他们所学语言国家的问题。

然后，每个学生要上交一份最多20页的项目方案（一般一页纸包含2 800个字符、附带的材料不计入其中）。另外，在课堂上学生还要了解项目报告以及对其他小组项目报告的评论文章上交的截止时间。口试一般在学期末进行。

在"国际商务交流专业"的网站（http://www.spng.anc.dk/uv.html）上，有奥尔堡大学的教师和研究员撰写的项目手册，其中对项目过程、结果——即项目报告等实际问题都提出了具体要求。除此之外，网站上还可以找到有关项目设计、团队实践、项目报告（如注脚或引用规则）和考试评估等方面的具体信息。该手册的核心也是对学生最主要的要求就是：每一个项目都必须基于问题，并对问题进行分析。这本手册可以下载，作为学生在校期间学习的"指南"。

对第一次接触项目工作的学生来讲，他们在实践中会面临很多问题。比如，如何寻找合适的导师。他们可以通过院系的网站寻求帮助，因为网站上公布了各系对小组工作室的分配情况。

在项目课程的初期，学生必须设计一个临时问题，并且严格遵循手册的要求。当学生在选择问题时，比如怎样取舍同一论题的不同方面或如何形成问题，他们就更可能得到不同的灵感。他们不仅可以从大众媒体中得到启发，还可以从课堂上获得灵感。新生入学后的第一学期，不仅要学语言知识，还要从商业通讯、社会、政治、文化研究等学科中寻找兴趣点。同时，他们还要参加一些基础课程，如通讯理论，文本、话语和类型分析，媒体分析，文本类型和话语的作用，以及修辞学，等等。另外，学生们也可以参加一些讲座，既可以是面向所有学生、与语言学习无关的讲座，也有来自其他国家伙伴大学的访学教师用外语所做的报告。

不同形式的项目评价

小组项目评价的基础是小组合作完成的项目报告。考核形式是口试，既可以是丹麦语，也可以是其他语种。参评的教师一般有两位，一名是学生的导师，另一名是来自校内或校外的考官。第一学期，不管学生所学的语种是什么，所有答辩都使用丹麦语。因为在学习的最初阶段，学生们还不能用外语参与专业性很强的讨论。

有些项目是内部评价，这意味着“外聘”的考官是本学期没有担任学生导师的奥尔堡大学教授。还有些项目只有外部评价，说明“外聘”考官是受教育部任命的，而非奥尔堡大学的老师。外聘考官可以来自其他教育机构、公司或组织。

“国际商务交流专业”的考核形式有两种：

1. 包含“项目组”与“反方辩论组”的项目考试；

2. 只包含“项目组”的考试。

“项目组”和“反方辩论组”的评价模式

“项目组”和“反方辩论组”的评价程序如下：首先，“项目组”成员对项目报告和项目涉及的内容进行补充性陈述；然后，每个小组成员必须在五分钟之内，陈述该项目的各个方面。由于每个人包括校内和“外聘”考官都比较熟悉该项目，所以每个成员的陈述不能仅仅是该项目的总结或简单重复，更要提出一些与论题相关的新观点。在陈述时，成员们不能像考试那样死记硬背，而要从项目报告中提取关键词，根据这些关键词来组织要展示的内容，这样才能提升陈述和评论的质量。

学生要独自为陈述负责。当学生把项目报告交给导师，导师的角色就变成了考官。在考试之前，“项目组”可以向导师请教跟考评有关的关键问题和程序性问题，但是导师绝对不能提前评价学生的项目报告，也不能评价学生准备的陈述内容。

小组的陈述内容要保持整体性，要总结该项目和问题中提出的要点，使学生能更加深入细致地进行讨论。学生可以在一个更广阔的背景下研究自己的问题，也可以通过指出后续研究中可能产生的新问题提出新的观点。在陈述中，学生们可以运用投影机、录像、演示文档、电脑等设备。当一个“项目组”的所有成员都陈述完毕后，他们就要针对“反方辩论组”的批评进行辩驳。在考试前几天，“项目”组就会收到“反方辩论组”对他们的评价报告，并利用剩余的时间为答辩做准备。

在准备批评意见时，反方辩论组要为每个组员都分配一部分任务。他们需要意识到，小组的每个成员都需要有机会陈述自己的批评意见。另外反方辩论组也要准备更多的与批评意见有关的评论，以应对项目组的反驳。

反方辩论组主要从以下几个方面对“项目组”的报告进行评价：问题阐述是否与项目主题、结论相关；报告框架的结构是否优良，是否符合逻辑；材料是否能够经得起批判性分析；学生是否独立完成各自的任务，是否能够独立分析而不是简单引用。尤为重要的是，报告中语言表达的清晰度和综合性相当重要，因为他们是外语专业的学生。

“反方辩论组”的评论既要包含对“项目组”报告的肯定，也要用委婉的方式提出中肯的批评建议。面对“项目组”的反驳，“反方辩论组”要保持开放性和积极性。与之对应，“项目组”也要用一种建设性的角度看待“反方辩论组”的肯定和批评建议，不能过度防卫。无论怎样，“项目组”与“反方辩论组”之间的论辩都不能演变成激烈的争论，双方必须以一种安静、有序的方式进行讨论，必须相互尊重，耐心倾听对方的意见。

在整个过程中导师和“外聘”考官只能旁观，并记录双方的论辩，而不能随便打断他们的讨论。只有讨论偏离主题，或当有学生忘记分工滔滔不绝，抢占了其他同学评论的时间时，考官才需要打断他，给其他同学发言的机会。

在这种考试模式中，学生要同时扮演两种角色——在一项考试中是“项目组”的参与者，在另一项考试中是“反方辩论组”的成员。虽然成绩单上，只有一项成绩，但那是他们在这两次考试中所得分数的总和，反映了学生在评价过程每个环节的表现情况。在对项目组的评价中，项目报告和答辩都是评价的一部分。

评价方式

前面提到的评价方式只用及格或不及格进行评定。根据课程大纲，两项考试需要分别通过才能算考试合格，也就是说学生既要作为“项目组”成员通过考试，也要作为“反方辩论组”成员通过考试，才能算考试合格。

项目考评的内容既包含由小组成员集体完成的项目报告，也包含口试。对书面作业的考评，主要包括学生对语言的熟练程度，也就是准确、严密、条理清晰并合乎习惯地进行表达，不管是用丹麦语还是外语。下列标准也属于考试范围。

1. 语言能力；

2. 如何从专业角度总体上把握和理解报告内容，而不是仅仅理解自己的任务；

3. 报告清晰的逻辑性和连贯性；

4. 问题表述要与报告内容、结论一致；

5. 项目阐述、论证和展示过程中的独立性；

6. 专业术语。

评价“反方辩论组”成员的表现时应注重以下几点标准：

1. 对项目报告的批判性观点(包括对整个报告的专业性的总览和理解)；
2. 语言能力；
3. 专业术语。

在不同的教室,对“项目组”和“反方辩论组”分别进行口头评价的交流。对“项目组”的评分是由考官沟通后决定的,而给“反方辩论组”的评分则由“外聘”考官负责。如果参加考试的小组人数很多,将会有两名“外聘”考官,其中之一将作为“观察者”出现,以确保评价的公平性。

只包含“项目组”的评价程序

采用这种评价方式的项目,每个小组的成员比较少,大约 3～5 名。这种考试形式中没有“反对组”,“项目组”在考试之前不会收到前面提到的由“反方辩论组”提供的评论报告,也就不能针对答辩中遇到的批评建议或讨论的话题提前准备。

这种评价方式也是先由“项目组”成员对项目报告以及涉及的内容进行补充陈述。当所有的成员都汇报完毕后,考官或“外聘”考官会根据项目报告提出问题。在提问之前,“项目组”成员不知道他们会提出什么问题,也许是关于图示和表格的问题。通常,这些问题是由考官对报告文本的误解或报告存在自相矛盾之处引起的,也可能是因为考官想进一步讨论报告中不清楚的部分。

因为通过报告的目录,考官可以看出每个学生在这个项目中都做了什么,所以考官的提问通常只针对“项目组”的某个成员。但是,所有的成员都要对这个项目负责,都应该熟知报告每一部分的内容,例如清楚其他成员在项目中的贡献,这样才能更好地回答考官的问题。这种考试每个同学要进行大约 20 分钟,包括考官与“外聘”考官的讨论。

语言的精通程度

正如前文提到,语言的精通程度也是评价的内容之一,指能够用丹麦语准确、周全、严谨、符合习惯地进行交流表达。评价标准随着对学生要求的提高而提高。而且,外语专业学生的外语精通程度也在考评之列,既包括写作能力,也包括口语表达能力。

只有“项目组”的大多数考试要考查学生的外语能力和精通程度——项目报告要用外语撰写,项目陈述要用外语表达,项目答辩以及与考官和“外聘”考官交流时也要用外语。当然，对学生来说，要求他们同时用外语和专业术语（考查措辞能力）参加考试无疑是一种双重挑战。

在所有的语言专业中，都要考查学生的外语写作能力，考查的重点与丹麦语写作考查的重点一致，即语法的准确使用、符合习惯的表达、专业术语的运用、语言学能力等。学生的外语语言水平和项目的其他因素都是考评的内容。

有些项目评价要单独考查学生的外语口语能力，重点考查发音的正确性、语言的流利程度、语法的正确性、是否使用习惯用语和相关领域的专业术语等。

不专门考查语言熟练程度的口试中，即使出现大量语法错误和发音错误也不会影响考官对学生掌握这门课程的程度的评价。但是，清晰、准确的表达能力却对考官的评价有很大的影响，因为它影响了学生们交流学术问题的能力。

在项目答辩的评价中，项目报告（包括外语熟练程度）和学生个人在项目中的贡献都是考查内容。考查采用的是丹麦 13 等级制。

在大学第一学期，除了项目考试之外还有个人考试。在以后的学期中，项目考试和个人考试往往不会在同一学期进行。第三学期有一个项目考试；第四学期有两个外语项目。在第六学期，有一个所谓“本科学位项目”，既可以独立完成，也可以小组合作完成。因为这些项目常常涉及很多科目，学生要花很多时间工作和教学，这样他们就能完成规定的学分（即欧洲通用学分）。每个项目中欧洲通用学分的平均数量是 12～15 个。

四、外语专业

传统研究和现代研究

正如前文所述，外语专业既包括传统科目如英语、德语的学习，也就是所谓的通识学习，还包括英语学习项目、语言和国际研究。学生也可以从更国际化的视角出发，学习西班牙语和英语。在硕士专业（如“文化、交流与全球化”专业）中，设有法语、英语、西班牙语和德语科目。

外语专业的学期要比国际商务交流专业短。开始计划之前,学生要用8周的时间上课和听讲座,为项目的开展做准备。每门课每周有两节左右,通常以地区命名,方便学生寻找这个学期或下个学期的项目主题。外语专业从第一学期就开始做项目,第一个学期项目的框架是:欧洲文化和社会条件。

项目方法

基于项目学习是奥尔堡大学以及人文学院探索科学学习方式的初步成果,从某种意义上讲,对学生参与项目的要求应该像审核学术文章一样严格。也就是说,学生对"外面真实世界"的研究(经验调查)必须依据一定的原则,必须清楚选择某种研究方法可能产生的结果。学校还会出版一些关于研究方法的书籍,以供学生依据自身的兴趣或选择的方法进行实证研究。

在新生入学后的第一个学期,学校会为外语专业的学生开设一门有关"项目学习"的入门课程,向新生介绍"项目学习"的结构以及对项目结果的要求。同时还会介绍如何学习的相关知识,如怎样开展学术工作,以及"项目学习法"在奥尔堡大学不同专业中的应用。

小组的划分主要依据学生的个人兴趣,小组成员向大家展示自己的兴趣和掌握的知识。大家要讨论决定小组项目的选题,举例来说,选题可以涉及伊拉克战争中的政治观点、从文化角度看拉美印第安人的生活视角等。

项目工作

外语专业小组的组织形式与国际商务交流专业不太相同,学生刚入学时的分组是随机确定的,因为这样最简单。在正式进入到项目之后以及之后的项目中,学生可以自行选择志同道合的合作伙伴。

学校规定第一学期每个小组最多有8名成员,最后一学期最多有6名成员。通常,第一学期每个小组有4～6名成员,以后每组的成员一般为3～5名。如果学生想增加和减少小组的人数,必须向学校申请。但是不管怎样,学生在校期间都是以小组为单位进行项目学习,其实小组合作的学习方式对学生来说是一项艰苦的挑战,每个领域对学生们的要求都很高。

另外,院系通过网站发布提交项目报告的日期,学生要在规定日期当天中午12点之前提交3份报告。如果未经允许就推迟提交报告,就不能参加本次考评,只能等到下一次。

合作协议

为了协调导师和项目小组成员的关系，他们有时会签订一份合作协议。

导师和小组成员第一次见面，就要一起填好这份协议，然后各自保留一份副本。每个学期项目小组接受导师辅导的时间都要达到协议要求。各个项目组的导师都安排好后，就可以计算各个小组得到指导的时间。从这个协议中可以看出导师辅导小组的时间，导师与小组开会的时间，以及导师阅读小组项目报告的时间。

合作协议还规定了小组应该提前几个工作日上交工作计划和进展报告。而在第一学期和第二学期，学生还需要预约会议。而在以后的学期中，是否开会就要看学生的选择了。另外合作协议还包括暂停指导和缺席会议等相关协定，以及导师的电话号码、电子邮箱和办公时间，当然也包括小组成员的信息，以方便大家保持联系。

对外语专业的评价

口试通常以小组为单位，所有成员要同时参加考核。面试部分通常有“外聘”考官参与，形式是小组讨论。在第一学期晚些时候，虽然有些“外聘”考官会积极参与到小组讨论中，但是他们的作用会逐渐减小，当然也有从不参与讨论的“外聘”考官。“外聘”考官的主要作用是确保每个同学都能得到公正和平等的对待，保证讨论按照要求进行。他们确保学生能得到公正的评价，其成绩的依据只能是项目报告和口试，虽然学生都害怕“外聘”考官，但是他们也应该感到庆幸，因为这样就有两个考官评分，避免只有熟知小组情况的导师评分。

外语专业的评价方式与商务交流专业相差无几，但有一个重要区别就是外语专业不设“反对组”。仅仅包含项目组的考试，考官还是由导师和一名“外聘”考官担任。口试用丹麦语或外语进行。但在第一学期，不论学生学习什么语种，都用丹麦语进行考试。

根据考试规则和课程大纲，考官要对每个学生进行单独评价。为了评价每个学生在项目中的个人贡献，项目报告中还要包含介绍每个成员分工的汇报。每一部分的负责人只有一名，不允许出现多个组员负责一部分的情况，当然报告的某一章可以由几个成员合作完成（例如由多个部分组成的章节、导言和结论），也可以把某一章分成由多个人负责的段落。如果项目报告中没有列出成员的任务清单，导师可以要求他们做详细叙述，因为对每个学生的考评都包含两部分,一个是个人在项目中的贡献,一个是在口试中的表现。

在前几个学期,评价的结果往往是每个组员的得分相同,因为项目是小组成员共同学习的一个过程,撰写项目报告和在考场上的陈述对所有的组员来说是平等的合作。但是,在之后的学期里,各组的得分会不同,每个组员的得分也不同。

项目报告和口试构成了项目终期考核的一部分。小组及其内部的成员要创设平等公正的讨论氛围,使每个人都有机会参与。从学术上讲,评价中要重点考查学生联系理论的能力,开展实证研究的能力,以及认识到应用某一种理论方法所带来的局限性的能力。另外,考官还要考查学生是否理解基本的理论概念,能否将这些概念灵活应用于讨论当中。

五、外语专业中的项目类别

学位项目

我们不可能一一描述所有的外语项目,接下来就以西班牙语和英语学习为例,叙述外语专业中的项目工作。

在西班牙语学习中,学生们第一学期就要学习基于项目的学习模式。在这个阶段,学生用丹麦语进行答辩,但是在以后的学期中,也就是在第二、第四、第六学期,他们做其他项目的时候,必须用西班牙语撰写报告并进行答辩。学生要阅读大量的西班牙语文献,才能使用正确的术语撰写项目报告。

课程大纲要求,项目的选题应该从以下几个方面入手:

1. 语言(研究领域 2);
2. 历史和社会分析(研究领域 3);
3. 国际社会分析(研究领域 4);
4. 文化分析和跨文化交流(研究领域 5)。

英语学习的选题背景与西班牙语在第二学期至第六学期涉及的四个附加领域相似,即:

1. 历史和社会(研究领域 2);
2. 语言学(研究领域 3);

3. 国际社会分析(研究领域 4)；
4. 跨文化交流(研究领域 5)。

硕士专业

硕士专业——文化、交流和全球化等专业中，也继续采用“基于问题的学习”和项目工作的模式。第七学期的项目，既可以是跨文化研究，也可以是国际社会研究。第八学期的项目框架也是这两个，这意味着在这两个学期内，学生要用这两个主题做两个项目。

在第九学期末，学生要根据本学期在国际组织实习过程中发现的问题，撰写实习报告。报告撰写的方式有两种，一种是根据实习期个人所做的工作撰写，另一种是根据与实习单位相关的某个问题进行分析，可以分析市场背景、竞争力、文化差异、政治条件等。实习报告是研究生毕业项目的一部分，而不是给实习单位的建议书，项目报告的作用就是让学生将理论与实践相结合，这也是奥尔堡大学的教学方法，在实习报告中，学生必须要使用一定的理论框架来解决问题。

以下这些题目是某个硕士专业第七学期正在(2003 年 12 月)进行的项目：

1. 组织的领导力；
2. 美国和联合国的关系；
3. 旅游业中的消费行为，文化，交流；
4. 现代化与文化；
5. 西班牙的视角：移民，媒体和文化；
6. 拉丁裔美国人；
7. 德国在欧洲大陆的角色；
8. 当代法国的政治生活。

六、结　论

外语专业的学生所参与的项目跨越幅度较广，从社会历史、文学研究、跨文化交流到语言学(如话语、正式语言学、社会语言学、心理语言学和应用语言学)等诸多领域。作为外语专业的学生,他们要用外语研究理论问题,用外语撰写项目报告,用外语答辩,用不同方式进行答辩。项目学习是一种促使学生"学习如何学习"的方法,这种方法可以培养学生批判性思考和分析问题的能力。在这个过程中,学生可以学习如何找到并有效利用合理的学习资源,学习从事项目工作的每个过程。在从不同角度讨论问题时,由于基于项目工作的方式使他们有更多的时间用外语进行讨论,因此他们也就会学到更多。换句话说,"基于问题学习"模式可以使学生学到更多的知识。

参考文献

Bennett, Andrew et al. (1994). *Languages and Cultural Studies—An Introduction to Study Skills and Methodology*. Publication of the Department of Languages and Intercultural Studies, Aalborg University.

Curricula:

BA - Erhvervssprog og International Erhvervskommunikation.

http://www.auc.dk/fak-hum/studordn.htm.

BA - SIS - Spansk ved Aalborg Universitet.

http://www.auc.dk/fak-hum/studordn.htm.

BA SIS - Engelsk ved Aalborg Universitet.

http://www.auc.dk/fak-hum/studordn.htm.

Kandidatud i Kultur, Kommunikation og Globalisering ved Aalborg Universitet.

http://www.auc.dk/fak-hum/studordn.htm.

Other Web-Addresses:

Guidelines for Exam Complaints and Appeals-June 2003.

http://www.auc.dk/fak-hum/uk/eksklage.htm.

Internship Guidelines(Internship):

http://www.sprog.auc.dk/is/praktik/infoguide1.htm.

Oral examinations(Oral):

http://www.sprog.auc.dk/is/diverse/lanprof.htm.

Pages on Courses and Projects(Courses):

http://www.sprog.auc.dk/is/diverse/lanprof.htm.
Project Handbook for Foreign Language Studies – Study Board of Foreign Language.
http://www.sprog.auc.dk/is/sup.htm.
Project Handbook for International Business Communication.
http://www.sprog.auc.dk/ciek/uv.html.

第十一章　新的社会现实和基于问题的学习模式内涵：工商管理专业的应用

Olav Jull Sørensen[①]

一、简　介

奥尔堡大学“基于问题学习模式”已经有三十年的历史。基本理念的形成和该模式的试行始于1972年，在哥本哈根商学院的支持下，奥尔堡大学制订了三年制工商管理专业的理科学士培养计划。虽然当时没有对试行的情况进行过多的文字阐述，但是两年的试行经验对后来奥尔堡大学决定在整个大学内推广“基于问题的学习模式”起到至关重要的作用。该模式的创始人和同事们成立了一个专门小组，[②]负责“基于问题的学习模式”的试行，并确保参加实验计划的60名学生在接受新教学模式的教育后，能够顺利毕业并找到工作。

30年过去了，“基于问题的学习模式”已经成为大学中普遍采用的一种著名的教育方式，虽然基本理念保持不变，但是该模式已经过改进，产生了不同的实践方式。现在“基于问题的学习模式”依然保持旺盛的生命力，很多学者一直不断地将其臻于完善。现在该模式已发展成科学研究的对象之一，其标志就是奥尔堡大学成立了独立的学习系。

本文旨在讨论“基于问题的学习模式”当今要面临的新的现实情况，以及

---

① Olav Jull Sørensen，丹麦奥尔堡大学工商管理系教授。

② 该专门小组成员有奥尔堡大学现任校长 Sven Caspersen，Preben Sander Kristensen，和 Svend Petersen；之后又有 Bengt Åke Lundwall，Jørgen G. Rasmussen，Ruth Emerek，Lennart Nørreklit，Poul Israelsen 和 Flemming Larsen 加入。

它要做出怎样的调整。与30年前“基于问题的学习模式”产生时相比，今天的社会背景发生了巨大的变化，全球化、本土化、个性化的社会现实无不冲击着“基于问题的学习模式”的基本理念，关键问题是该模式是否能够作出适当调整并吸收这些变化。这个调整的过程将面临重重困难，如在奥尔堡大学全球化的过程中，“基于问题的学习模式”是否能够适用于不同的文化背景；面对日益恶劣的环境状况，“基于问题的学习模式”的教育方案是否能够切实解决这些问题；在学习逐渐成为一种终身过程的趋势下，“基于问题的学习模式”是否能够让已经毕业的学生参与进来。本文将结合“基于问题的学习模式”讨论当今新的社会现实情况。

本文共六节，第二节的内容是1972年到1974年工商管理专业理科学士培养计划的教学实践；第三节将引入现在大学教学必须面对的新的社会现实情况；第四节以“第二代‘基于问题的学习模式’”为题，阐明该模式要成为有效的学习方式和知识发展的工具，就需要更深层次的发展；最后，第六节将对以上观点进行总结。

二、20世纪70年代初的试行计划

1972年，也就是奥尔堡大学成立的前两年，奥尔堡在筹建大学的同时，决定在哥本哈根商学院的支持下，开设工商管理专业的学士培养计划，并为此招聘了一批新教师，本文作者也在其中。这些新招聘的教师大部分是30岁左右的年轻人，有些来自丹麦的两所商学院，另一些来自瑞典。他们致力于不同的学术领域，这些领域涵盖了工商管理专业课程的基本内容。还有更重要的一点是，这些新教师都不同程度地支持或参加过20世纪60年代发生的学生抗议和学校改革运动，所以从政治角度看情况有点复杂，但总体而言，左派占优势。

新教师之间的争论往往要持续很久，有时还会对课程内容和教学方法之外的话题越讨论越激烈。但是时间有限，①哥本哈根商学院必须要为新的教育计划选择一个教学方案，而年轻的教师们则希望利用这个机会创建一种新

① 这些新教师的第一次官方会议在1972年5月召开，距第一批学生到校上课的时间只有3个半月。

的教育模式。最终教师们取得了一致，这种新的教学模式就在1972年9月正式开始应用，第一批学生有60人。

查看该模式创始人的个人文档，可以发现起草新教学模式时的关键词：学科间和多学科研究、批判性研究、问题提出和定义、小组和项目学习、工商业合作、工商业中的非传统观点、与基于问题项目相关的方法论等。这些词在今天依然在“基于问题的学习模式”中占主导地位，但是在当时还不能确定其具体含义。

新教师们对新教学法应用背景的讨论并不是盲目的。显而易见，资本主义的阶级斗争是理解工商业运作最重要的构架，使我们的关注点集中于雇佣工人、工作组织和劳工与管理部门以及资本家的关系上。从全球来看，这些内容体现了资本主义和共产主义、社会主义各自的特点，也反映了这三种“主义”在美国、苏联、中国、南斯拉夫等国家的具体应用。“中心—外围”理论是理解全球化社会现实的核心。工商管理专业课程的内容没有发生实质性的改变，这些关键词只是在深入思考传统工商业智慧后提出的。

新教师们在讨论这种新教学模式时，假设学生们都与自己一样，也就是说相信学生都带着批判性的观点，渴望更多地参与到各种组织中去，并主导自己的学习。

虽然该模式试行的最初阶段，我们并没有要工商界对它提出意见，但是一些企业还是对新的教学模式表示怀疑。当地一份报纸以《他们给我们带来什么?》为题，刊登文章对新教学法提出批评。但是在试行的第二年，我们面向工商界做出了重大调整，将“公司全貌”理念作为合作框架应用到与工商界的合作中。这个理念的基本做法就是让每组学生与一家公司进行一学期的紧密合作，为该公司的发展寻找问题，并通过项目学习提出解决方案。从我个人保存的信件可以看出，我们为此做了十分充分的准备，而且第一年就联系到九个公司，这是一件很困难的事。但是，我们成功了，工商界逐渐愿意与我们合作。直到现在，这种合作也是工商业学习计划中的重要组成部分，而且合作模式几乎没有改变，这说明我们对“基于问题学习模式”所做的创新得到了当地社会文化等背景因素的肯定。

总之，从早期试验中可以看出“基于问题学习模式”应具有如下主要特征：

1. 学生上课和进行项目学习的时间各占一半；
2. 以小组(5～8人)为单位的项目学习；
3. 通过主题引导项目学习；
4. 注重问题的表述和解决问题所采用的方法论；
5. 从现实生活中寻找问题，如工商业活动中的或与工商业活动相关的问题；

6. 导师对学生的项目学习进行指导；

7. 理论与实践相结合；

8. 考试次数少，主要基于项目进行考查，而不是基于课程。

由于这项试验计划与奥尔堡大学筹建计划同时进行，从试验计划中得到的相关结果正好应用于筹建计划，并为这所未来大学所采用的新教学方法提供了有力的证明。[①]

三、三种新的社会现实情况

从1972年开始试验到进入21世纪，"基于问题的学习模式"的理论基础受到了新的社会现实的挑战，必须要作出调整。这些新的社会现实情况主要包括新的全球化趋势、新的工商业发展模式、新的个人发展观。

新的全球化趋势[②]

当今社会，全球化趋势在经济自由化和科技创新的推动下势不可当，而经济自由化和科技创新又与政治、文化等因素的变化紧密相连。全球化趋势的发展轨迹、发展方向以及存在的问题既复杂又充满了不确定性，也深刻影响着教育计划的内容和所采用的教学法。在谈及这些影响之前，有必要对全球化这个大背景进行详细的阐述。

自由主义的蔓延和经济发展的全球化始于20世纪80年代，当时越来越多的发展中国家接受了世界银行"国家重建项目"的资金援助。20世纪90年代，关贸总协定更名为世界贸易组织，苏联解体，东欧各国选择了市场经济和开放型经济发展模式，这些都加速了自由主义的蔓延和经济发展的全球化。

---

① 1976年创始人离开奥尔堡大学，在加纳待了两年半，并将他的经历写成了工作论文(O. J. Sørensen，1977)：《教育中的理论和实践——以工商管理专业教育为例》发表在加纳大学管理学院《工作论文集》第77卷上。这篇论文对该学院类似的教学改革并没有起到"铺路"作用；另外1975年Kristensen也对1972年至1974年的经验进行了总结，Civiløkonomen在《奥尔堡大学教育计划》将奥尔堡商科的教学模式作为一个特例进行了展示和讨论。

② 见Dicken(2003)对全球化趋势的探讨。

自由主义的蔓延,让商品、服务和货币的流通更加自由,但是由于涉及政治因素,人口的自由流动却困难重重,面临很多问题,如劳动力的自由流动,难民、偷渡,以及“绿卡”的申办程序等。人口自由流动过程中产生的这些问题对教育活动也有影响。首先,一定程度上阻碍了全球教育市场的形成;其次,为建立全球学生交流计划设置了障碍。

全球化趋势的第二个主要表现是新科技的层出不穷和迅猛发展。科技的发展主要依靠信息和通讯技术,但是还有一些我们想象不到、具有巨大潜力的科学技术也在不断发展,如材料技术、纳米技术和生物工艺学等技术。每天媒体都会报道一种或一种以上我们从未想到过的新技术。

与相对稳定时期相比,经济全球化和科技革命给世界发展带来的复杂性和不确定性使我们很难找到一种发展模式来描述当今时代的发展,基于旧模式进行预测和规划也越来越难,因为世界每天都在变,虽然我们可以把已经发生的事情记录下来,但是这些不能作为预测和规划的依据。

上述情况对科学研究和教学内容的影响也很大。当科学研究发现了新的“宇宙定律”,教学内容必须根据这些新发现做出调整;信息通信技术的发展,使人们可以通过网络获得更多的信息和知识,网络中涉及的知识已经涵盖了我们已知知识的一大半。信息通信技术在空间和时间上都为我们提供了真实的交流和互动机会,也为革新提供了新的工具。面对这种新的现实情况,“基于问题的学习模式”如何调整呢?

在新科技层出不穷的情况下,两个专有名词产生了,即“知识社会”和“知识经济”。这两个专有名词的产生说明科技不仅仅是技术问题,新的科技还应该包括组织经济生活和社会的新方式,也就是说只有把一般意义上的社会团体和具有实体意义的公司转变成学习和产生知识的机构,新科技才会得到发展。当然,简单的学习并不能促进科技的发展,我们必须学会如何学习。

政治和文化也是审视全球化发展趋势的一个重要维度。自由主义的蔓延虽然促进了经济的高速发展,但是并没有促进与高速发展的经济相匹配的政治文化制度的建立,而相应的政治文化制度的建立才是保证全球化市场经济具有民族性和稳定性的前提。当然,这种制度的建立需要漫长的过程,虽然跨国公司没有国界,但是国界对于一个国家来说相当重要,象征着当权者对国家的控制力。因此,某些非政府组织也许比政府机构或政治制度更适合经济自由化的发展,如绿色和平和人权组织,这些非政府组织引领了全球化的发展方向,也改变着各个国家普通民众的思想意识。

新的全球化趋势使道德和伦理、审美观和价值观等成为优先考虑的重要因素,贯穿全球化趋势的各个方面。许多新的科学技术都是对人类传统价值观的挑战；经济全球化要对抗不同的文化和价值体系；自然资源要求建立一套"天人合一"的价值观，而自由主义的高速发展也为经营者和投资者提供了一套与工商界的伦理性和稳定性相关的价值观。

综上所述，新的全球化发展趋势不仅需要科学技术最大限度地参与到创新过程和知识经济中，还暗含着复杂性和不确定性，同时，这些新的发展又必须符合人类的伦理和道德规范。那么我们基于某个特定问题进行教学的"基于问题学习模式"是否能培养出这样的毕业生或是"人"呢？

新的工商业发展模式

新的全球化发展趋势如何转变成新的工商业发展模式呢？简单说来，在当今工商业的发展中包含以下四部分：

思维和行为的全球化或国际化；创新和发展；合法性；环境的稳定性。

这四部分分别对应着四种工商业推崇的品质，即：效率、效力、竞争力和效益。

思维和行为的全球化或国际化。显然，工商业界的发展需要毕业生具备与上述四部分相关的品质，如技能、竞争力、正确的价值观和发展取向等，那么就需要讨论当今的工商业发展如何从细节上为教育计划搭建平台，以及"基于问题学习模式" 的适用范围。

尽管大部分公司在很多年前就开始对产品进行国际化定位，但是近年来这种国际化进程逐渐转变成全球化进程。也就是说工商业的所有功能和活动(不仅是买卖活动)都已经国际化，包括海外生产、外部采办、资金筹措、员工雇佣，以及与国外合作者结成战略性创新联盟等。可以说，全球化进程的每一步都将公司和企业带入一种全新的环境之中，因此全球化是对"不确定性"的探险旅程。

创新和发展是公司和企业在竞争中求生存的必要保障。一个创新型的企业需要具备以下几点：具有核心技术的竞争力；建立学习型的企业家组织；在动态的市场中创建全球性网络和布局以获取他人掌握的资源。

尽管科技领域和管理学领域中的基本知识和大学的传统优势非常重要，但是对于企业的创新来讲，这些远远不够。要提高创新速度就要将理论知识与学习实践相结合，就要将企业家的优秀品质与公司和企业文化密切结合。而且时至今日，创新已经不是实验室里进行的秘密活动，要进行高速度、高质量的创新首先就要形成一个资源共享的网络。

合法性对公司和企业的发展日益重要。以前，只要市场接受，企业就具有存在的合理性,但是现在不同,有许多利益相关者密切关注着公司和企业的行为:股东关注企业的利润;消费者关注产品的质量,"绿色消费者"关注产品和生产过程是否环保;工人关注工作环境,如是否致癌、企业形象如何等;"绿色组织"监督企业是否保证环境的可持续发展;人权组织则监督企业是否存在侵犯人权等现象,如雇佣童工、工作条件差等。价值观念的作用也日益凸显,企业要不断通过"正面事迹"、"品牌效应"来彰显企业理念,还要准备各种各样的账户,①如"绿色账户",以获得各种社会团体的支持。企业奉行的道德与伦理标准、忠诚度标准、以及员工对合作文化的理解对企业的发展至关重要。

最后,环境管理也已经成为企业战略发展计划的重要组成部分,这不仅来自政府部门的硬性要求和市场压力,还因为"绿化"企业可以消费闲置资金。保证员工身体健康,生产新产品等。环保对企业来说,不仅是一种强制行为,更是评价现代企业是否具有竞争力的重要参数。

从当今工商业发展过程这四个特点中可以看出,符合企业需要的毕业生应具备的素质,也就是教育计划教给学生的应该是扎实的基础知识、创新能力、企业家的基本素质、社会资本以及交流技巧、团队精神等一系列与企业文化相关的品质。"基于问题学习模式"能让学生具备这些学术特点、个性品质吗?

新的个人发展观

三个新的社会现实情况中,最后一个与个人特性和行为的变化相关。与"基于问题的学习模式"产生时的时代背景,以及当时人们普遍奉行的世界观相比,现在年轻人的群体文化和学生的特色文化是不是已经大不相同了呢?

在奥尔堡大学最近对学生是否想成为"企业家"或"内企业家"(entrepreneurs or intrapreneurs)所做的调查中,我们发现,学生有强烈的创新欲望,可以说他们追求"与众不同",希望以所学知识为平台,展现自己的能力。而且,这些学生的父母基本上是 20 世纪 60 年代生人,深受当时哲学观影响的家长从孩子们很小时就告诉他们要独立做决定,在很多问题中坚持自己的立场,虽然与 20 世纪 60 年代相比,这些问题的数量成倍增长,已经远远超过当时创立这种独立哲学观的人的想象。② 今天的学生越来越渴望在内容、时间和空间方面安排和主导自己的生活和学习。

---

① 此处的账户指的是慈善账户。——译者注。

② 这一部分引自 Andersen 的《青年文化研究》(2001)。

与“基于问题学习模式”形成之初20世纪60年代的年轻人相比，人们普遍认为当今的年轻人更具有个人主义的特点，甚至以自我为中心。然而，在观察中可以发现，虽然现在的年轻人比几十年前更渴望表现自己，做自己的主人，安排自己的生活，但是并不能因此就给他们贴上“个人主义”的标签。另一方面，与“基于问题的学习模式”诞生时对学生所下的定义相比，今天的年轻人发生了很大的变化，他们不再是小组或集体的“生物”，而更像是队员，他们知道团队的优点，也清楚团队的缺点。或许，我们可以说他们试图将小组的力量（多样性、协同性、多产性等）与个体的力量（行动力、企业家的素质等）结合起来。对学生来说，小组是一个论坛，而他们就是不同论坛的成员。同时，新的社会现实既为学生创造了许多机遇，也带来了许多威胁，小组中的个体不同，情况也不同，小组无法决定个体的命运。

学生的最后两个特点与学习模式有关。上文提到，现在每个学生都趋向于自己决定学习的内容、学习的时间和空间。另外要补充的是，现在在学生中有一种趋势，就是他们基本不会从头到尾完整地读完一本书，更不会反思书中的内容和对现实的理解。现在的学生都是在互联网上“搜寻和浏览”，因为互联网包含无数的网页，几乎包括了人类已经知道的所有知识。“到谷歌（Google）搜索一下”这个短语已经成为一个常用词汇，也是学生的学习方式。

最后要说明的是，“基于问题学习模式”创立之时，大学当中经常采用的“加油站模式”已经过时，被“反思模式”所取代。“基于问题的学习模式”不是单纯地向学生传授理论，让他们在工作之后将这些理论作为工作的一部分来应用，而是教给学生如何在工作中将理论与实际相结合。“基于问题的学习模式”的创始人专门撰写了一篇文章阐述“基于问题的学习模式”中的实践教学对大学毕业生的重要性。然而，“基于问题的学习模式”创立时所没有预见的是继续学习和终身学习的需要。正如上文在描述新的全球化发展趋势时提到的，新知识正以迅猛的速度不断产生，学生不仅要具备扎实的基础知识，更重要的是学会学习。现如今，越来越多的人重返大学为自己“充电”，但这只是最简单的终身学习方法。我们可以设想一些更为综合化的终身学习模式，将理论与实践结合，将大学和先前信息通信技术学习模式下的学生，以及相互之间、与在校生和大学研究员进行过更深入对话的学生结合起来。事实上，这种预想的对话经常促使新知识的产生。

此外，现在还有一个趋势就是学生毕业后，不仅把参加各种课程、讨论会和培训项目，作为终身学习的一部分，还将这种学习看作职业发展的一部分，通过这些学习他们可以获得各种证书、文凭、学位等，就可以从事他们感兴趣的、热爱的工作。

四、第二代基于问题的学习模式

本文一开始就阐明“基于问题的学习模式”需要特定的背景,本文的写作目的就在于验证该模式是否适用于上述三个新的社会现实情况。在最后一部分,我将尝试对此做出回答。

答案基本是肯定的,可以说不接受“基于问题的学习理念”的大学终将被淘汰。也许某些大学对“基于问题的学习模式”有不同的理解,但是他们还是接受该模式的基本理论。

但是,“基于问题的学习模式”发展到今天,三个新的社会现实已经渗入到正在实施的教育计划和教学法当中,同时也对教学与研究的关系产生了影响。

与工商业的密切接触和互动

“问题”是“基于问题的学习模式”的起点,不同的组织机构对它的理解各不相同,甚至在奥尔堡大学内部对它的解释都不同。在工程类学科和工商业类学科中,“问题”是指现实工商业活动中的问题,对“问题”的研究就是为了找到解决问题的途径。有一些专业不把“基于问题学习”看作是“工商业活动的行动研究”①,而是用现实问题反射实际生活,表达对实际生活的理解。在这种情况下学生可能没有机会直接接触现实生活中的人们,但是可以通过文学作品、研究报告等来了解。另外,还有专业认为“问题”是围绕理论问题进行的,比如说将两种理论结合使其综合化,更具体一点的实例如将研究消费者行为的心理学与不同的文化理论相结合。

上文提到的新的社会现实使“基于问题的学习模式”要与现实中的企业、组织、机构之间进行更加直接、更加密切的互动。现实情况如此复杂又充满了不确定性,没有通用的模式可以依据,而且企业、组织和研究机构本身就是构成新的社会现实的一部分,因此学生与现实生活保持密切联系就格外重要。

---

① 20世纪六七十年代,许多研究都对跨国企业提出批评。笔者也写过两篇批判性论文:《商业研究:公司的行动研究》(与 Jørgen G. Rasmussen 合写,1980),这篇文章发表在“社会主义经济学家会议”上。在另一篇论文——《消费者的行动参数模式》中,作者利用他的企业经济学知识为消费者创建了一个平台(见 O. J. Sørensen,1977)。

进一步说，学生通过接触现实生活，可以了解现实的复杂性和不确定性，还可以直接参与新的社会情况的发展。这种与现实生活的密切联系不仅是为了让学生在他们实习的企业和各种组织机构中从事技术性工作，更重要的是学会学习，学会反思，以现实生活中的问题为基础，产生新的知识。

在研究领域也需要密切联系实际生活。当今社会现实的发展如此迅猛（记者的描述），如此难以确定（企业管理者的描述），如此复杂（科学家的描述），很难找到一种通用的模式、程序或其他明显的描述来形容其发展趋向，唯一能做的就是深入参与到这种发展中去，努力寻求这些社会现实背后的共性，尝试建立理论体系。因此学生和研究者们都需要与现实生活中的企业、各种组织机构保持密切的合作，这样"基于问题的学习模式"就具备了与社会现实进一步互动和合作的基本条件。

学生希望创造、表现和主导自己的学习

"基于问题的学习模式"的特点就是尽量减小教师的控制作用，让教师成为监督者或者担任顾问的角色，让学生在学习中发挥主动性，在教师的指导下独立完成任务。在这种教育活动中学生的独立活动通常要占到50%以上，但是不同的教育计划存在差异。

但有时，由于不同的教育活动之间有密切的联系，如某一学期，"基于问题的学习模式"是要以"打包"模式完成一个任务，这种任务是不能拆分完成的。

因此，为了适应新的个人发展观，"基于问题的学习模式"必须在以下方面做出调整：

从小组作业到团队作业，在小组人数、考试形式和项目形式等方面的安排要更加灵活。"小组"可以是一个网络，也可以说是一个论坛，"项目"可以是许多学生围绕同一主题提交的个人论文，都由学生个体构成。为了给学生检验自己表现能力的机会（这样他们也能知道自己为小组做出了多少贡献），有些考试也是对个人进行的，即使这个项目是小组作业。另外，项目的内容应该尽量贴近生活，并具有行动导向性，比如建立一个新公司。另外，还可以调整项目的大小。

至于如何应对学生主导自己学习计划这一趋势，显然要调整教师的指导作用。基本上，每个学生都要有一个"全球化"导师，可以与学生一起探讨教育计划的制订。教师作用的新变化包括以下几点内容：在工作和职业生涯中学习、到国外学习、实习期，将理论与实践相结合、培养其他素质的进修期、个人发展和交际能力。

多文化背景

尽管现在还没有形成全球化的教育市场，但是许多大学开设的教育计划都是面向全球招生。从教育全球化的趋势来看，“基于问题的学习模式”是不受背景限制和约束的。

一般来讲，来自固守旧传统大学的外国学生起初对“基于问题的学习模式”很感兴趣，因为在这种模式中第一次有人倾听他们表达自己的想法。但是当他们认识到这种学习方法不仅是读课文、做陈述时，这种对“基于问题的学习模式”的“一见钟情”就变成了挫败感的根源。这种围绕问题进行阐释、方法讨论和理论反思的学习文化非常复杂，有时不仅与他们先前的学习文化相反，还与他们国家的文化相悖。让这些习惯了守旧大学“听课并模仿”教学模式的学生，在民主、自由的新模式下独立进行反思性、批判性和建设性的思考，确实是难度不小的挑战，当发生语言障碍、丢“面子”或合作不愉快等情况发生时，这种学习就更加困难。显然，这些学生需要特殊关照，而且能克服这些困难的唯一原因是这些学生的学习动机强，同时又十分刻苦。虽然每个学生都是独一无二的，但是每个民族都具有共性，还是可以根据不同的区域，归纳出亚洲、非洲、前苏联和拉丁美洲学生的特点，以此对学生进行针对性的辅导。

终身学习

如前所述，在知识经济发展模式下，学习是终身的投资，但是终身学习并不是近年来提出的，它的提出比我们认为的要早许多。以前，人们都是先在大学里学习知识，然后用所学的知识指导现实工作。大学的学习是对科学知识的正规学习，然后才亲自动手参与到实践学习中去。比如工商业，如果把在工作中获得的经验归纳表达出来，就会变成对公司非常有帮助的知识。

当代人在理解“终身教育”时不会明显区分正规的知识学习和经验性的知识学习。事实上，如果不把这两种学习类型结合在一起就不能发展真正的知识经济。

正规的知识学习如何与经验性的知识学习相结合，要具体问题具体分析。给没有实践经验的学生上课和给实践经历丰富的学生上课有很大差异。前者需要通过列举现实生活中的实例，理解理论概念的现实意义；而后者应该通过学习新的词汇和理论概念，将实践活动、观察和讨论中得到的各种经验整合成一套合理的体系。

“终身学习”最简单的形式是给已经毕业的学生补充最新的科学知识，这其中包括如何看待社会现实，以及一些新理论、新方法。“基于问题的学习模式”并不适合这种形式。但是“终身学习”还有一种比较高级的形式就是教授、在校生和已经毕业的学生组成一个网络，不断地在“基于问题学习模式”中发挥作用。

下面将对这种高级形式进行举例说明。某公司与某大学签订一份合同，合同规定该大学要承担该公司员工在某个领域的培训任务，比如说与国际活动相关的领域。该大学采用了“基于问题学习模式”开展培训，员工个人的水平不同，可以承担不同的项目任务。而且合同中还规定该大学的在校生也要参与到学习计划中来，共同研究问题的解决方法，这样就比只有公司员工参与的计划更加丰富和深刻。在这种学习计划中，学生和员工一起学习、探讨，大学的负责教师起到监督、指导作用，有时教师也会根据合同要求承担研究计划的一部分，独自或与员工一起创造新知识、新理论。

五、案例——国际贸易专业

1984 年奥尔堡大学设立的国际贸易专业理科硕士学位课程的发展，可以作为一个例证，向我们说明社会现实的变化，以及如何应对这些变化，以及还要做出怎样的改善等。

1981 年奥尔堡大学计划开始筹建“国际研究中心”。第一步就是抽出某个学期专门进行“发展研究”。不久之后，在 1984 年，国际贸易专业的理科硕士学位课程正式开设。① 正如第二部分提到的，这两个基于问题学习的教育计划除了主修课程之外，还包括与公司或其他组织机构的合作。

与工商业活动密切接触，逐步融合：工商管理专业的本科生有整整一学期在当地公司实习的时间，可以让他们有更多的时间把书本上学到的理论知识与实践活动相结合。国际贸易专业的学生需要到丹麦其他地区或其他国家的公司实习，不必整日待在学校里进行小组作业，定时到公司进行调研、整理材料等，每个学生都可以在一家外企中得到一个实习职位。按照实习手册的规

---

① 几年之后，继致力于发展中国家过渡期研究的“国际技术转让”工程计划之后，“欧洲研究计划”开始实施。所有的计划都基于相同的理念，即面向国际招生，同时将培训项目作为教育计划的一部分。

定，[①]实习目的主要有以下几点：培养实际工作经验、理解文化差异、理论与实践相结合，以及提升语言能力。

这四个目标主要通过学生提交的两份报告来考核，一份是实习报告，主要描述学生实习期间担任的工作、所在公司的企业文化；另一份是项目报告，是学生针对实习公司在日常运营中存在的现实问题进行调查研究而成。

设定多样性的文化背景：在 20 世纪 80 年代末期，为了参与“欧盟计划”中的交流学生项目，奥尔堡大学的理科硕士学位课程计划逐步向国际化发展。起初，从第二学期开始，改为英语授课，并向欧盟的合作伙伴开设。随后，四个学期的课程都转为英语授课，这样不仅可以参与欧盟的交流学生计划，还可以面向全世界招生，同时为参与全球化的教育市场做准备。

海外实习对学生的吸引力很大，也是教育计划的“卖点”。但是大概在 2000 年左右，我们发现需要重新审视“基于问题的学习模式”。

虽然如何让外国学生融入校园生活不是一个新鲜问题，但随着外国留学生数量的增多，当他们的数量占到 50％左右，就要对该问题进行特别关注以免种族隔离或分裂等现象的产生。要处理好这个问题，重要的是在班级里建立一种潜在的不同文化的协作关系，而不能将文化看作一种障碍。比如，在一个关于“年轻人文化和购买行为”的项目中，如果一个小组由来自不同国家的成员组成，他们就可以将这些国家中与主题相关的文化进行相互比较。

主导自己学习计划的愿望：除了文化差异的问题，还要考虑到学生学习要求的灵活性。有些学生想在第一学期或第二学期进行海外实习；有些学生希望研究一些比较有深度的问题，不断展示自己的能力；有些学生希望在校期间就创办自己的公司，为将来的发展寻找机会。为了更好地处理学生的各种要求，学校重新调整了每个学期的课程安排，根据不同的“主题模块”来组织学生的学习活动，这些模块一般涉及两到三个领域，学生以不同的形式（案例、微型项目或讨论会等）独立学习，学生的个人表现和小组表现或者说集体努力构成了一个团队。某些项目要针对学生个人进行考核，某些项目是对小组的集体考查。以模块为单位的课程设置比较容易满足不同学生的特殊学习需求，帮助他们改变旧的学习习惯。模块涉及的各个领域也使课程富有灵活性，可以根据工商业界的最新发展及时做出调整。

终身学习：终身教育计划也在筹划中，但一直没有得到重视。但其实 1985 年奥尔堡大学就与北日德兰半岛出口商协会合作进行了一个试验计划。该计划采用“基于问题的学习模式”的基本理念，目的是促进公司企业的国际

① 见 www.business.auc.dk/ivo.

化。该计划的10名学生都是负责公司国际化的出口部经理。除了上课和集体讨论，还成立了联合公司来研究每个成员公司今后的发展战略。每个小组都配备一到两名大学教师，负责组织协调，并对各公司的各种表现进行深入分析。该计划取得了不错的效果，不仅分析讨论了各个公司的发展战略和工商业活动，每一位参加的经理还有机会训练自己分析问题和提供建议的能力。(O. J. Sørensen，1985)

六、总结与结论

20世纪70年代初，"基于问题的学习模式"作为工商管理专业本科学位课程的一部分产生了，并成为奥尔堡大学1974年建立后采用的主要教学方法。与当时相比，今天的社会发生了巨大变化，这也是作者创作本文的原因所在。由于教学模式都基于一定的社会背景，"基于问题的学习模式"面临的最大挑战就是新的社会发展情况。

这些新情况可以从三个层面来看：全球化新趋势、工商业界发展新动向和新的个人发展观，也可以说是学生的个人发展观。

全球化新趋势的主要推动力量是经济自由主义，包括更加自由的商品、货币和人口流通，但是人口的流动在政治方面依然是一个非常敏感的问题，涉及雇工、养老、难民和学生等政治问题，因此全球化的教育市场尚未形成。全球化新趋势的推动力量还包括科技创新的层出不穷。科技创新不仅促进了全球化的进一步发展，还给未来世界带来了无数的可能性、复杂性和不确定性。除了具体技术的发展，"知识社会(经济)"概念的提出也说明科学技术发展的同时伴随着组织机构的深化改革，说明不仅要利用科学技术创造的各种可能性，也要应对它带来的各种挑战。单纯的"学习"不足以迎接这些挑战，我们必须不断学会如何学习，并最终建立学习型企业，乃至学习型社会，才能适应全球化发展的新趋势。

从企业角度来看，第二个新情况——工商业界发展新动向也反映了新的全球化趋势。

国际化和创新是每个企业求生存、谋发展的两个关键因素。除此之外，企业还要考虑到自身的合理性和利益相关者的处理。信息通讯技术的发展使一些看似微不足道的小事可以通过互联网迅速传播，并对企业造成严重后果，由于自由主义的迅速蔓延和管理这种蔓延的制度的缺失，合理性问题已经变得十分重要,它涉及伦理问题,并关系到市场经济的可持续发展。

个人也发生了变化,比如学生。现在的年轻人被普遍认为崇尚个人主义,甚至以自我为中心。其实,把他们看作是将个人表现与集体协作、责任感集合起来的队员更加合适,因为当今的年轻人渴望创新、渴望表现,渴望在各个方面做自己的主人。联合作业就是他们期望的形式之一。

把"基于问题的学习模式"的理论基础置于这三种新的社会情况中考察,我们可以发现这种模式依然适用。事实上,也许这是唯一能够应对三种新挑战的模式。但是,必须对其做出相应的调整,必须更加灵活地使用这种模式。

概括起来,"基于问题的学习模式"必须做出以下调整:

1. 不断提高实践活动的参与程度;

2. 使项目内容、人员配备、考试形式等方面更加灵活,以满足学生自我创新、自我展示、主导自己学习计划的愿望;

3. 由于某些国家仍然固守传统的教育文化和国家文化,来自这些国家的留学生缺少独立能力、没有主见,对待这些学生要采用特殊的教学方法;

4. 为了发展终身学习计划,要开发不同的正式学习与实践学习结合的方式,要深化与公司、组织、机构的合作。

最后,还有一个新的现实情况在本文中只是被简单提了一下,那就是全球教育市场的逐步形成。如果它真的形成,"基于问题的学习模式"还会发生改变吗?这种模式还会有卖点吗?尽管上文已经提到过这个原始模式已经没有独特的卖点了,因为许多大学都采用了该模式的原理,但是必须承认,如果将传统的模式与基于问题的模式相结合,在新的社会现实下就会产生比以往更好的效果,原因在于本文提到的"基于问题学习模式"可以在培养学生的同时产生新的知识。然而,必须强调的一点是"基于问题的学习模式"的特点还应该更加鲜明。

参考文献

Andersen, J. (2001). *Mellem Hoved og Krop. Om Ungdomskulturer* (Between Mind and Body: On the Cultures of the Youth). Viborg: Systime.

Dicken, P. (2003). *Global Shift. Reshaping the Global Economic Map in the 21st Century*. 4th edition, London: Sage.

Kristensen, P. S. (1975). *Problemorienteret Erhvervsøkonomi (Problem-Based Teaching in Business Administration). Erhvervsøkonomisk Tidsskrift*, Vol. 39, No. 1.

Rasmussen, J. G. and Sørensen O. J. (1980). *Erhversøkonomi-Kapitalens Aktionsforskning. En Karakteristik, Kritik og Nogle Muligheder* (Business Economics-the Action Research of Business). Paper Presented at Workshop on "Business Administration, Sector Analysis and Business Accounting". Association of Socialist Economists, Copenhagen, February 23 - 24.

Sørensen, O. J. (1985). *Erfaringsbaseret og Handlingsorienteret Undervisning. Ny Formel for Efterog Videreuddannelse* (Experience Based and Action Oriented Teaching. New Formula for Post - Educational Training). *Erhvervsøkonomisk Tidsskrift*, No. 2, 1985.

Sørensen, O. J. (1977). *On Theory and Practice in Education with Special Emphasis on Education in Business Administration*. Working Paper Series, Vol. 77 - 1, School of Administration, University of Ghana.

Sørensen, O. J. (1977). Efterlyst: En Forbrugernes Forbrugeradfærdsteori (Towards an Action Parameter Model for Consumers). In H. R. Rask and F. Ölander. Forbrugerproblemer og Forbrugerpolitik Det Danske Forlag: Albertslund.

Sørensen, O. J. and Ivang, R. (2002). *Mod en Innovations & Iværksætterkultur på Aalborg Universitet. Jeg vil gerne... Tør jeg...?* (Towards an Innovation and Entrepreneurial Culture at Aalborg University. I want ... but do I have the Courage...?). Part Ⅰ. International Business Research Group, Department for Business Studies, Aalborg University.

Sørensen, O. J. and Ivang, R. (2003). *Mod en Innovations & Iværksætterkultur På Aalborg Universitet. Jeg vil gerne... Tør jeg...?*. (Towards an Innovation and Entrepreneurial Culture at Aalborg University. I want... but do I have the Courage...?). Part Ⅱ. International Business Research Group, Department for Business Studies, Aalborg University.

Uddannelsen ved AUC (*Educational Programmes at AUC*). *Civiløkonomen*, Vol. 24, No. 10.

In Addition, Materials from the Author's Archives 1972 - 1975 and 1983 Were Used.

第十二章　基于问题与参与式的学习在建筑设计专业的应用

Hans Kiib[①]

一、建筑设计——工程学领域的新兴学科

2002年夏天，奥尔堡大学建筑设计专业第一批学生毕业了。这些年轻的毕业生将在工业研发部门或大都市的建筑工程行业开始他们的职业生涯，有些还能从事与信息服务相关的行业，甚至还有些将信心十足地创办自己的公司，这都源于奥尔堡大学所实施的教学模式有效地培养了学生的领导力、合作能力和准确表达能力。

综合设计

这批刚毕业的学生来自三个专业：建筑学、城市规划与工业设计，但所有的学生都在"技术与艺术设计"方面得到了广泛而深入的教育。我们力图将学生培养成为各自核心专业领域中具备高素质、高能力的专业人士；力图让他们既会设计，也懂建筑工程，还要让他们与奥尔堡大学其他毕业生一样，具备跨学科团队工作的能力。

因此，我们从"综合设计"这个概念出发来制订培养计划。我们认为，无论设计的标准是什么，所制订的教育计划都要培养学生能够将功能、审美、技术、

① Hans Kiib，丹麦奥尔堡大学建筑、设计与媒体技术系教授。——译者注。

生产以及环境等要素的综合要求转化成完美的设计方案。建筑物就要具备优良的建筑品质，城市规划要充满刺激，让人兴奋，但建筑物和城市都要具有功能性与灵活性，这样才能满足不断变化着的需求。产品、信息和虚拟“空间”的设计对人们的生活质量和身份有十分重要的意义。因此，设计应该具有持久性、美观性及功能性等特点，但同时也要有意义，这就需要设计者同时具备创造能力、分析能力、审美能力及纯熟的设计技巧。

建筑设计专业的课程结构

在第一学年，学生只接受设计方面的专业教育；第三至第五学期，学生要参加建筑学、城市设计与产品设计方面的教育项目。通过这些项目将着重培养学生的造型技巧、绘图和数据表达能力。同时，这些项目所需的理论基础由一些相关课程来提供支持，例如建筑设计史、设计方法、通信、计算机辅助教学、构造、材料和室内气候等。学习形式主要以小组为主，同时穿插一些小型或个人的设计项目及学习旅行等活动。

城市规划专业的学生要积极、广泛地涉猎城镇规划与建筑学方面的知识。这样他们就能在对建筑学概念知识结构的掌握，城市建设过程中审美与功能的协调，街道与公共广场的设计及地下结构建设与街道布置等方面达到专业水准。除了包含大量的信息技术内容，该专业的教育计划有一部分直接把大型设计工作室的招聘要求作为教育目标，还有一部分直接面向大都市的城乡规划与发展项目、咨询公司及设计研发企业。

建筑学专业的学生主要学习建筑设计师与工程师要掌握的传统知识。需要掌握的其他内容包括建筑学的概念化、细节设计与产品的研发以及项目领导力的培养等。以一些项目为例，如“城市中的生态住宅”、“某个大型机构或商业大厦”、“复杂建筑项目中的领导力”等都属于这个专业的研究项目。

工业设计是一种包含理念设计、构造与产品研发的综合过程。该专业的毕业生都能掌握工业设计的专业知识和技巧，能将审美能力与产品构造、产品研发、生态工程学、环境学、领导力和经济等方面的知识相结合。该专业所有学生的研究项目都与校外机构的产品设计和研发密切结合。

教学法基础

每年，学校都会公布18条学习指南，提出建筑设计专业的教育目标。在这些不断提出的学习指南背后，起指导作用的是以下几项教学法工具与目标：

- 让学生围绕该领域中的各种主题进行以问题为导向、以项目为组织方式的学习。
- 为了充分提高学生的个人能力,要采用奥尔堡大学通用的教学模式,特别是与设计专业相关的教学法。采用工作坊和“迷你项目”[①]等教学模式,作为奥尔堡大学项目教学法的补充。
- 培养学生信息技术应用能力。鼓励学生利用网络中的学习材料,通过网络获得指导信息、与他人交流,在设计过程和项目展示中充分利用IT 技术等。
- 加强学生在学期规划和组织自己学习任务上的能力和参与能力。这需要学生参与每学期、每个小组项目和学生管理委员会工作的学习规划。

这些学习指南是学习委员会制订课程内容最重要的管理依据,对所有教育计划的教学路线、基本教学理念的选择起到了更加重要的作用。它是教师和学生对话、交流的工具,也是学习环境的质量保证。

二、奥尔堡大学基于问题的学习模式与其他教学模式

奥尔堡大学在制订教育计划(学习指南)、进行项目组织、整合 IT 技术、应用“迷你项目”及培养学生自主学习能力等方面都最大限度地达到了 PBL 模式的目标。然而,一些像建筑专业院校(以师徒学习模式为主)及传统大学(以教授课程模式为主)等实施的其他教学模式为 PBL 教学法带来了挑战。

自 1974 年奥尔堡大学成立以来,基于问题与项目学习就是该大学教学的基本模式。该模式是在批判大学传统教学模式的基础上形成的,并将“实践”视为重要的组成部分。这种基于问题与项目学习模式需要满足双重条件:

- 专业化基础上的跨学科性;
- 实践能力的培养,包括学习能力、合作能力和态度的培养。

奥尔堡大学在应用以上教学原则的过程中注重小组作业的形式、背景知识的引入、跨学科的理论和方法、创新和实践的紧密结合。与传统课程相比,需要单独考试的讲授课和内容固定的学科课程减少,但是与项目学习模式相

---

① “迷你项目”指学生在学期初进行的为期 2～4 周的个人短期项目。

关的学科课程依然十分重要。以教师的促进作用与"对话行为"为特征的教学模式是奥尔堡大学采用 PBL 的重要方法。

奥尔堡大学保留了传统建筑专业院校中的项目学习模式，取消了内容固定的"练习"形式，更加注重学生自己的问题分析和表述。也就是说以学生自主学习为主的学习形式取代了传统的"师徒"学习模式。"促进者"（指导教师和团队成员）取代了"师傅"，小组合作成为了基本的学习形式。这样，可以形成一种集体学习的环境，学生、促进者与课程的设置者可以共同参与新知识的产生、理论的发展、分析和解决问题的过程。基于问题与项目学习将研究、教学和实践相结合，每学期围绕一个主题，整个小组要对项目的进程负责，考试时还要考察每个小组成员的个人表现。

两种国际传统教学模式中的"第三途径"

奥尔堡大学在设立建筑专业时，从丹麦教育部申请了 200 万丹麦克朗的拨款，用于教学法的研究与发展。在研发过程中，我们分析了丹麦建筑学和设计学领域的多种教学模式和实践形式，并考虑如何将这些模式的优点与奥尔堡大学的基于问题与项目学习模式相结合。该教育项目的设立总计花费了 100 万丹麦克朗，但没有全部用于教学法的开发。与此同时，丹麦和国外的其他大学也正在进行相关的研究和分析。

在教学法的研发过程中，我们十分清楚建筑设计专业的教学途径应该以下面两点为基础：

- 在既定主题的结构下进行以小组为单位的基于问题与项目学习；
- 开设与主题结构相关的课程，帮助学生进行项目学习，培养学生的各种基本能力。

但是，我们也清楚这种模式存在一些问题，采取其他教学模式可能会处理得很好。

按照丹麦的传统，建筑师和设计师都由艺术院校培养。丹麦皇家美术学院下属的建筑学院已经有 300 多年的历史，包含美术、雕塑和建筑三大派系的法国美术传统，教学则以"师徒学习模式"为主。建筑学院下设不同的系别，每个系都有专属教授。学院最重要的教学模式是在工作室进行项目练习，主要教学工具是画板，教师对学生进行指导并对学生提出批评和建议。该学院的练习模式只注重项目的复杂性，忽略了"美感问题"，比如说如何从功能和技术相结合的角度看待理想的布局或空间。在这种教学模式中，讲座很少，教学设备也有限。但是实际上，实践才是艺术发展的中心因素。

与法国的传统院校相比,我们发现了大学教学中另一个在国际上普遍存在的教学传统,这种传统教学模式以讲座、固定内容的课程以及围绕课程进行的练习为主。在这种模式中,学生通常没有工作室,只是在大型图书馆查阅评论文章和复习考试内容。这是世界范围内技术性大学中建筑设计专业普遍采取的教学模式。

在分析中我们发现,虽然有些院校对这两种模式进行了一些吸收和改变,产生了许多不同的教学方法,但是没有一个教育机构在建筑设计这个极具创造力的专业中系统地采用基于问题与项目的学习(如表 12.1 的比较)。

表 12.1 建筑设计专业在不同教育模式中的教学法

比较项目 \ 采用不同教育模式的学校	传统的大学	艺术/建筑院校	以项目为教学导向的大学
教学法的理念	固定的课程、讲座和练习	师徒学习模式,固定的练习和实践	基于问题的项目学习,课程
对专业和个人发展的帮助	学术能力,科学的训练	实践能力和艺术素养的训练	问题解决和分析能力,背景理解;跨学科小组作业和交流
缺点和不足	缺乏实践能力和集体协作能力	缺乏学术素养、理论知识以及集体协作能力	缺乏学术素养和个人的艺术素养训练

在此背景下,很少有学校采用 PBL 作为建筑设计教育的主要方法。但是澳大利亚纽卡斯尔大学却是比较成功的案例之一。该校在 20 世纪 80 年代中期开始引入 PBL 模式,通过最初几年对 PBL 的探索,现在他们已经成功地克服了两种传统模式的分歧。

纽卡斯尔大学的项目学习都采用单独的 PBL 模式,但是在项目开始之初,很大程度上是团队工作的形式。每学期学校都会安排"年度协调员"、讲座的老师及促进者或者说导师。学生每周都要参加讲座,接受监督,共计 15~20 小时,还要花 40 个小时在各自的项目上。这样学生就处于一个知识和技巧快速传递的学习环境中。例如,高年级学生"雇佣"低年级学生制作模型或者绘图,低年级学生就有可能得到高年级学生的指导。这种"工作室文化"保证了项目学习的质量,同时也能使教师有更多的时间进行研究。

纽卡斯尔大学 PBL 模式的成功之处在于它没有受到该模式双重条件的

限制，既培养了学生个人的创造力，又教会了学生掌握很多方法的技能。而取得这种成功的原因就在于，他们将个人项目、小组学习、跨年级的开放性学习以及由 10～12 名学生组成“导师团”密切结合，形成一种互动。

主要项目——迷你项目/学习圈、工作坊/艺术和行为项目

在已有经验和上述分析的基础上，我们选择用一些“教学法干涉”对奥尔堡大学的“基于问题学习模式”进行补充，这些补充“干涉”有一部分取材于艺术院校工作室教学法，另一部分则源于对纽卡斯尔大学教育经验的分析。

从表 12.1 中，我们看出 PBL 的一个不足之处在于忽视了学生个人艺术素养的培养，理论知识积累方面也很薄弱。此外，奥尔堡大学还存在“强队”和“弱队”之间缺乏经验交流的问题，“老生”和“新生”之间也缺乏经验传递的长效机制。

因此，项目教学法在实施之初还需要其他机制的补充：

- 在 6～10 个小组之间形成一种公开、透明的项目学习环境。
- 开展“迷你项目”，从本质上加强学生个人直观的（艺术的）工作过程，迅速提高学生对概念知识的积累。
- 工作坊和学习圈可以锻炼学生在大量理论材料或跨学科学习中的自我组织能力。
- 学习旅行可以促进学生的个人发展，让学生在旅行的过程中搜集素材，激发灵感，在不断的设计过程和背景分析中提升能力。
- 每学期都要给学生提供相互批评的机会，让他们在接受批评和提出批评的过程中加强小组协作能力。

在以上几项中，本文特别强调“迷你项目”和工作坊形式，因为这两种方式注重增强学生学习各种概念的能力，也注重利用直观的方法和培养艺术素养。

此外，为了更好地完成每个学习项目，我们还引入了“评论员”角色作为重要的补充形式。他们可以增添项目的多样性。在项目的早期阶段，他们可以为小组的协作带来灵感。

基于问题与参与式的学习模式——一种发展中的模式

在技术科学领域，以现代派的思维方式看 PBL 对生产工艺能力的培养，常常与批判性思维和理性的方法论相连，正如我们所知道的，这些因素都不可

能独立存在。PBL需要学生在持续对话中的直觉知识、参与和行动,这其中伴随着反思和理性解决问题的能力。虽然对所有的教育计划而言,这个要求都是必要的,但是对于那些强调创新、艺术发展与技术能力相结合的教育计划来说,似乎更为必要。就此而论,本文建议相关读者去查阅Kolb(1984)和Schön(1983;1987)的理论,他们分别用各自的方式阐述了实验的、直观的方法作为工作准则在实践和学习中的应用。

在上述基础之上,本文提出了一种新型基于问题学习模式(见图12.1),既强调目标导向性,又强调直观性和创新性,这个模式的右半部分是大学教育中PBL通常强调的内容。而本文的观点主要体现在这个模式左边,这也是PBL在未来几年应该着重关注的现象,不仅传统的“具有创造性”的教育应该关注,那些本身就需要改革、更新和跨学科发展的教育也应该关注。所以,本文擅自将“基于问题的学习”(英文缩写为PBL)更名为“基于问题与参与式学习”(英文缩写为PPBL),因为新模式强调大学教学法中直观性与目标导向的相互影响。建筑设计专业将来的发展及其相关教育必须加强首创精神,而这种精神也已经受到重视,主要体现在所实施的“迷你项目”与学期项目中,这些项目包含着直观反思的工具、艺术的尺度与批判性表述等等。本文希望这个新模式能通过教育研究机构在理论层面和学科专业化方面得到深层发展。

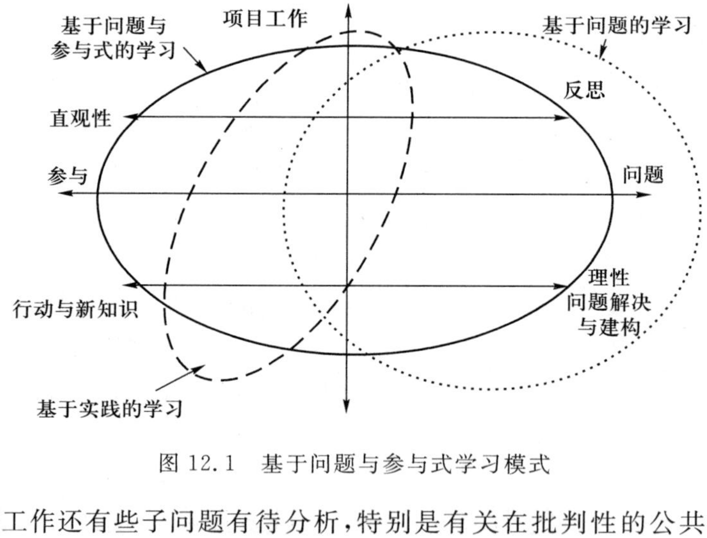

图12.1 基于问题与参与式学习模式

该项工作还有些子问题有待分析,特别是有关在批判性的公共论坛中评价艺术作品、在与其他人针对正在展示的设计进行对话时,会对创造过程和创造性的产品产生何种积极的影响。另一个问题是有关工具的应用与信息技术,将来这些工具和技术会成为整合多种能力的媒介。

三、“空间”——第四个教学维度

“基于问题与参与式学习模式”的实验更加注重“空间”意义。因此，我们把“空间”视为除了专业学科教学法、基于项目教学法和基于问题教学法之外的第四个教学法维度。

“空间”包括真实学习环境和虚拟学习环境，虚拟学习环境主要是指由电子技术所构成的学习环境。这一章暂不谈虚拟学习环境，而主要概述建筑设计专业中的“基于问题与参与式学习模式”如何与真实学习环境相互补充。

不同的教学传统

在教育环境的组织方面，不同的教学传统有不同的空间布置特点（见表 12.2）。在传统的大学中，报告厅和图书馆是主要学习“空间”。艺术学校把工作室和工作坊作为主要学习“空间”，辅之以咖啡厅和评论室。在奥尔堡大学“基于问题学习”的传统教学环境中，小组工作室和讨论室是主要教育“空间”，此外还有实验室和食堂。

表 12.2　不同教学传统中的学习环境

学习环境 / 比较项目	传统大学	艺术院校 建筑院校	项目型大学
教学法理念	固定课程 讲座	师徒模式 固定练习和实践	基于问题与项目的学习 课程
主要学习空间	报告厅 图书馆	工作室 评论室 车间	小组室 讨论室 实验室
次要学习空间	食堂 咖啡厅	报告厅 咖啡厅	报告厅 计算机房
师生间的交流	报告厅 考场	工作室 评论室	小组室讨论室
考评方式	考场	教师批评指正， 促进学生发展	小组间的相互 促进和考试

而纽卡斯尔大学学习环境的开放以及学生之间相互学习的密切关系令人惊讶。纽卡斯尔大学建筑学院的300名学生在一个综合的、开放的空间中学习,不分年级。这种环境促进了学生间的交流以及相互间的项目学习,而且环境的高度透明易于不同年级的学生相互学习。评论会在工作室的中间进行,从教学楼的不同角度都可以看到。这样,二年级学生就可以看到、听到三年级学生的评论或批评。讲座在报告厅进行,报告厅为所有的学生配有写字板,还有白板以及所有必需的音频和视频设备。实验室设备只是简单地配备了一些,但是制作模型需要的设备很先进。更令人惊讶的是该校并没有把大量的资金投在车间大型设备的购置上,而主要用于工作室要用到的计算机模型和纸板、塑料模型。

"基于问题与参与式的学习"的环境

在建筑设计学院,我们尝试利用各种传统教学模式的优点,创建"基于问题与参与式学习"的全新环境。我们用类似工作室的学习环境取代了为项目小组设置的小组工作室,辅之以美术院校的评论室、迷你图书馆和网络图书馆;正计划建立类似咖啡厅的"厨房空间",用于非正式会议。艺术院校的工作室都是学生单独学习的场所,而建筑设计学院计划将其变成集体型学习环境,每个学生必须不断在这里展示自己的作品和作品系列,它与办公室相似,中间是成排的电脑。这样,虽然学习还是以小组为单位进行,但是可以加强小组间经验与知识的交流,也可以促进不同年级学生间的交流。而且,学生还可以经常在非正式的场合向指导老师请教、交流。

毫无疑问,"基于问题与参与式学习"在环境的组织方面还要考虑到其他要求。三年后,建筑设计学院将要迁往新的教学大楼,与奥尔堡市的音乐厅相邻。这对学院来讲是一个重要发展计划,可以参与教育项目和城市本身相结合的基础建设,并为城市和文化活动的发展提供战略性建议。而且,从更广阔的视角来看,这将使全新的教育计划直接面向文化和媒体领域。可以预见,具有创造力的教育项目与音乐活动的结合,将会为教育策略的新方法奠定基础。

因此,建筑设计学院十分重视关于最新的教学法与教学空间组织关系的实践,因为这种关系将应用于新教学楼的设计,是为创新型教育实践量身定做的。

不久的将来,这些理想将变成一座有形的大楼,新的学习项目一方面将促进新教育模式的发展,另一方面将使学习和生产环境在设计中最大限度地结合。我们希望新的教学楼能够满足"基于问题与参与式学习"的教学实践和教学目标；希望能够环绕大楼设置一个大型的、光线充足的中心空间（一个多层的内部通道），并在其中设置画廊和阳台；还可以设置一些非正式的会议场所，可以上网的咖啡厅和信息中心与之相连；在底层，还可以办一些内部展览，张贴一些项目企划，在音乐大厅进行教育项目相关的音乐和媒体艺术展示。

总之，空间要大，要灵活，要足以满足不同的需求。另外，还有以下几项要求：

- 所有学生应该在一个大的工作室中拥有一个私人“工作空间”，光线（穿透性的灯光或从两面射来的光线）和声学效果都要好。这个大的工作室可以拆分为一个个小的工作间。
- 建立大型的和中型的空间，这样“空间”可以双倍扩大，光线（穿透性的灯光或从两面射来的光线）和声学效果也要很好。
- 尽量减小走廊的空间，尽可能将走廊合并到房间中。
- 尽量减少专用房间的数量，多建立多功能“空间”，这样就可以根据不同需求灵活调整。
- 将空间分成不同的区域，配备不同设备，建成“技术岛”和小型的座位区域，这样学生可以在一天中的任何时间利用这些学习环境。
- 方便学生利用图书馆和虚拟学习论坛。
- 加强跨年级、跨学科学生的交流和互动。
- 加强学生、教师和研究者的非正式交流。
- 加强建筑设计学院师生与其他教育计划师生、校外客户的交流。

四、结　　论

要成功利用以上教学理念和观点创建富有创造性的学习环境，实验是必不可少的。没有实验和科学的评价，“基于问题与参与式学习”就不能充分发展。该模式的发展既包括在小范围进行可控制的尝试，也包括在学科范围内研发新的教学法。我们的实验必须借鉴世界各国在该领域的实践经验。在此过程中，我们要对不同大学、不同教学传统保持开放性，吸取它们的成功经验。最后，也要采纳虚拟学习环境的实践经验。总而言之，“基于问题与参与式学习”如果要取得成功，必须尊重并肯定奥尔堡大学“基于问题学习模式”应用25年来取得的积极成果。

参考文献

Kolb, D. A. (1984). *Experimental Learning: Experience as a Source of Learning and Development*. New Jersey: Prentice - Hall Inc..

Schön, D. (1983). *The Reflective Practitioner - How Professionals Think in Action*. Basic Books.

Schön, D. (1987). *Educating the Reflective Practitioner - Towards a Design for Teaching and Learning in the Professions*. San Francisco: Jossey - Bass Publishers.

第十三章　基于问题的学习的评价
——以建筑学教育为例

Michael Mullins[①]

一、引言:学习领域

奥尔堡大学的建筑与设计系被归入到工程、科学与医学院。该学院始建于1998年,其培养目标明确定位于土木工程与建筑学教育。教学与学习的实施都是在奥尔堡教学模式的大背景下进行的;项目设计中把学生分为5~7人组成的小组,并伴之以与项目有关的学科课程。基于问题学习的原则也鼓励学生对自我学习负责。

尽管有很多有趣的可能性,但对历史上曾经被分开的土木工程和建筑学学科进行整合也包含了悖论和矛盾。大多数学生在毕业后可能会从事实践性专业工作,而不是进行纯理论研究或教学,所以他们将会处理和改善与实际建筑环境相关的问题。在这种意义上,要使教育与专业工作有关,我们必须考虑用适合专业工作的方式开展教育。"基于项目的学习"就是其中一例。另一方面,对这些专业来说至关重要的创造性设计和形成性培训对教学条件提出了其他要求。看起来这将会在基于"问题"学习模式与基于"项目"学习模式之间的差异中得到反映。后者,即基于项目的课程,主要与特有的学习熟练程度有关,而并非与每个学习者本身经历的学习过程有关;对学习者来说,问题可以是外在的。同样,在基于项目学习模式的评估中,对学习者已经实现的学习的

---

① Michael Mullins,丹麦奥尔堡大学建筑、设计与媒体技术系主任。——译者注。

评价费时较少，但是却通过预先指定专业知识学习结果的形式进行评价。考官对“设计才能”或能力进行评价时更倾向于审美判断；它很主观，它是学生进行自我评价的最后一个例子。从这方面来讲，奥尔堡大学的项目导向式教育模式——与基于问题学习模式紧密联系，确实为这个领域提供了适宜的环境。人们期望，对教学与表达而言，通过使学习者个人的发现和探索合法化，使得该模式的转变比传统艺术设计学院的转变更加容易，并构建起在土木工程和建筑学专业中出现的新学科。

二、基于问题的过程，基于项目的结果

建筑学教育主要与该专业学生中个人设计的创造性有关。创造性是人类很难在演讲厅清楚表达的概念，在一定程度上，创造性需要在工作室中进行“做中学”，以及在奥尔堡大学模式中由项目组开展的设计工作。设计的创造性既包括学生承担的风险，也包括在基于问题学习过程中的风险。基于问题学习的本质是探索性的，而且由于缺乏清晰的指导经常变得难以理解。杜威的思想是关于反思和复杂性的，但它能被很好地应用于创造过程中：“……反思性思维，有别于我们应用的思维名称，它包括：(1) 思维的源头：怀疑状态，犹豫不决，混乱，精神困惑；(2) 查找行为，猎获，咨询，寻找解决疑虑和处理复杂性的材料。”很多计算机辅助设计(CAD)教育的研究者支持这种结论，认为复杂难懂的状态是促生创造性的先决条件。他们指出了使机遇、直觉、失稳和歧义合法化的益处，尤其指出了在新设计方法呈现情况下生成设计的益处(Asanowicz，1999；Yakeley，1999；Strojan 和 Mullins，2002)。在基于问题学习中，问题是为了指出学习者学习的窘境并激发他们的创造性。比如，他们支持下面这种教学意图：鼓励个人的设计才能、技能的发展以及相应评估方法的开发。

尽管如此，我们必须认识到评估手段对学习过程的广泛影响。上述风险因素在传统的评估模式中是没有的，所以我们需要重新考虑学生们在探索对他们自身甚至对教师来说都是未知领域的时候，有没有感受到支持。拉姆斯登(Ramsden)概括了三种学习方法，“深层学习方法旨在理解，它要把输入的信息与已有的知识经验联系起来，并升华为对个人的意义。表层学习方法仅仅是完成任务要求，记诵教师讲授而且要求记住的知识。策略性学习也关注评估要求，它通过系统地分配时间和精力来获得最高的分数”(Ramsden，

1988)。深层学习对于忙碌的学习者而言是完美的形式,但是一旦要对学生作业进行等级评定,就会给学生带来挑战。聪明的学习者在考试之前需要了解评估标准,并调整自己的学习状态。在这种建筑设计系大学环境中,这是不可避免的。因此,评估标准应当清楚、透明,并且人们认为许多学生(如果不是大多数)都要调整他们在学习方面的付出。

我们也许确实已经能够在各学期的课程描述和学习项目中找出这些评估标准。尽管如此,我们还发现人们并未提及诸如"创造力水平"、"学习深度"、自主选择学习领域的风险程度,或者团队参与等标准。很难对这些标准进行客观评估,甚至在处理学生之间的关系方面也极其困难。正因为如此,我们认为学生如果满足了课程描述中的要求和学习"结果",只能把他们评为中级(即丹麦"13 级"体系①中的第 8 级),我们仍旧需要考虑以上提及的那些更加无法确定的因素。因此,我们建议学习者把专业目标作为开始工作的基础。但在知识方面,任何自己设计的学习目标,即使它不能成功(因为它存在风险),也是合法的。不论学习结果如何,学生都将得到奖励。任何建筑学学习的评价或评估都要考虑到这个因素。

工程学和建筑学的演化过程和它们各自对自然科学的强调方面截然不同。二者代表性的区别是,建筑学遵循的是科学命题中通过分析获得的准确性路径;而建筑学追求的是环境中共生的目标,以满足真实世界的需求。正如拉姆斯登所述:"我们期望专业、科学和人文学科的学生在学习风格方面有明显差异。"(Ramsden,1988)同样,我们也期待传统工程学与建筑学学生的学习风格有明显差异。这些都代表了不同学习风格中问题解决的不同形式,这也就促使了下列问题的产生:如何对采纳不同学习策略、获得不同学习结果的学生进行评估?

在本质上,"成功"的学习是由评估的标准决定的。评价标准出现于大学和学院中,以及应该出现的时间和地点中。然而,只要教师控制背景变量,就有可能创建一定的学习环境,即学生的反应与教师的目的保持一致(Ramsden,1988)。目前,建筑学教育(包括建筑设计系)中评估的主要手段是评审团评审,或者评论——学生将作业交给由经验丰富的学术专家和实践专家组成的评审教师小组。虽然评审方法在国际范围内通用,但它包括的某些与基于问题学习相关的要素却不能让人满意。目前,对学生进行评估的方法可能差异很大,在某种程度上它是以学校的课程为基础的,但是我们不能说这种评估方法是科学的。尽管有经验数据,但最终的判断是主观的。大多数情况下,评审员之间很难在观点上达成一致,这反映出他们对工作的价值观的不同。建

① 奥尔堡大学的 13 级评价体系已于 2009 年再次修改,现在为 13 级评价体系。——译者注。

筑学教育的专业性质更是加剧了评估方法的“不科学”。建筑学教育评价的对象常常是设计对象,比如建筑物或产品;在评价的时候,都会有意或无意地把它们和与之对应的“现实世界”相比较,然后做出相应的评估。这种情况对校外考官来说是常事,他们常常依据自己的专业知识和经验进行评估,并且常常担任专业殿堂守门人的角色。

提到语言的局限性,路德维格·威特简斯顿(Ludwig Wittgenstein)认为,“不能言说的,我们就保持安静”(Wittgenstein,1922)。关于设计的创造性也是同样的道理。在审美判断方面,主观性和文化的影响迫使一个人去反思:什么才是好的设计。因此,在评估标准中存在冲突,它们试图同时评价“学习－设计”以及专业和技术的熟练程度①。关于这种区别可以举例说明。在这方面,当我们侧重于表现和展示时(面向观众或者某些实用的目的),评论能起到很好的效果。评论可能生成新的知识——通过使评估变得对学习者更有意义,学习者将制造更多的信息或者进行学习。

三、新工具,新策略

建筑学教育需要寻找新的教育方法。现在,信息与计算机工具在现代社会、建筑环境的设计和建设中的应用十分普遍。这些工具通过推动教学模式的变革,对教育产生直接影响。布鲁姆的教育目标分类学体系从提出到现在已经接近半个世纪,它是在完全不同的技术环境中发展而来的,目前它的“保质期”已经结束了。作为一种评价工具,胜任力和表现出来的技能与教育领域中经常出现的问题的抽象度之间的关系证明新的背景环境具有很好的弹性;这尤其与建筑设计教育的技术与科学思路有关。然而由于认识论衍生的影响,它作为建筑学唯一评价工具的作用却受到了制约。在这里,我们将不再深入探讨此争论,只是仅仅承认不少后来甚至包括近期的模型都是从布鲁姆分类体系发展而来,而它们在建筑设计系的应用大部分都未经过检验。

从教育的国际变化趋势来看,很明显,只有当旧的“讲授式”的教学模式转化为现代的建构式学习模式时,信息通信技术与课程设计、教学实践的整合才

---

① 举例来说,这种尝试很可能发生在工程学和建筑学的整合之中,并且可能通过项目工作和奥尔堡模式中固有课程的整合加重。

是有效的(Jones,Valdez 等,1995)。有效性并非新技术唯一的功能,但在一定程度上是通过使学习环境适应不断改变的环境实现的。例如,虚拟设计工作室[1]提供完整但有限的建筑学教育小团体,在这些小团体中,一个人可以学习新的、高度依赖背景的知识领域。对他们自己来说,虚拟设计工作室产生于特定空间,并且有利于开展调研,形成新的学习环境(地点),因为建筑学院理解那个难懂的概念(Strojan 和 Mullins,2002)。

四、表现指标

为了将教育理论与计算机技术相结合,1995 年,北部中心地区教育实验室的琼斯、瓦尔德斯、诺瓦科维斯基和拉斯马森(Jones,Valdez,Nowakowski 和 Rasmussen)等人[2]拓展并重组了米恩斯(Means)开发出来的框架。表 13.1 呈现了这个框架的变量和指标。该表体现了综合的目标模式,评估标准可由该模式得出。

表 13.1　参与式学习的指标(摘自琼斯等人的研究)

变量	参与式学习的指标	定　义
学习视野	学习的责任感	学习者参与目标的设定、任务的选择,以及评估的开发
	策略	学习者积极发展思维或学习策略
	受学习的激励	学习者不依赖外部奖励;具备学习的热情
	合作	学习者在对话中发展新的观点和理解方式;与他人合作

① 自从 1992 年开始,分散式、合作式设计环境已经成为大学中讨论的话题和实验的对象。Jerzy Wojtowicz 认为,术语“虚拟设计工作室”于 1993 年由威廉姆·米切尔(William Mitchell)首次使用。虚拟设计工作室拓展了传统设计工作室的环境,使其涵盖信息时代的工具(文件传输、电子邮件、网络出版、远程电信会议和视频会议等等),这些工具代表着可以远距离互相影响的学生所在的地点或建筑。对此内容感兴趣的读者可以参阅作者刊登在《建筑学教育杂志》上的一篇文章(Strojan 和 Mullins,2002)。

② 北部中心地区教育实验室(North Central Regional Educational Laboratory,简称 NCREL),教育发展与研究委员会,橡溪镇(Oak Brook),美国。参见网址 http://www.ncrel.org/sdrs/edtalk/toc.htm.

续表

变量	参与式学习的指标	定　义
任务	真实	与真实世界有关,与个人兴趣有关
	挑战	有趣且难度合适,但不令人沮丧,通常可以实现
	多学科	包括为解决、处理问题而设的整合性学科
评估	基于表现	包括表现或展示,通常面对真实的观众和服务于有益目的
	生成性	评估对学习者来说有意义,评估可能产生信息、产品、服务
	合乎逻辑且持续进行	评估是授课的一部分,反之亦然;学生在评估的过程中学习
	公正合理	评估没有文化偏见
指导模式	交互式	教师或技术项目考虑学生的需要和请求
	生成式	教学以建构意义为导向;提供有意义的活动或经验
学习背景	合作	教学将学生作为学习共同体的一部分;活动是合作式的
	知识建构	创建学习经验是为了带来解决问题的多种观点,这样,每一种观点都有利于集体的分享理解;超越头脑风暴
	明确强调	学习环境和学习经验的创建有利于评价多样性、多种观点、优势的产生
分组	混杂	小组成员的能力和背景都不同
	合理	小组要以这样的方式形成:经过一段时间,所有的学生都能获得挑战性的学习任务和经验
	灵活	按照不同的教学目的分组,这样每个人都是一个小组中的成员;和不同的人一起工作
教师角色	促进者	参与协商,激励并监督讨论和项目工作,但不进行控制
	指导者	在学生需要的时候,通过模仿、调解、解释、改变关注方向、提供不同选择以帮助他们建构自己的意义
	合作学习者;共同研究者	教师将自己视为学习者;愿意冒风险探索自己专长之外的知识领域;与其他教师合作并在专业方面进行实践

续表

变量	参与式学习的指标	定　义
学生角色	探究者	学生具有探索新观点和新工具的机会；超越现有的观念和研究
	认知学徒	学习就像是与导师的关系，他们教导学生发展那些模仿专业人员角色的观点和技能
	教师	鼓励学生在正式与非正式环境下教导他人
	生产者	学生为自己及他人开发真正有用的产品

这个变量和指标的表格描述了“参与式”学习的组成部分。这就为评估建筑学学习提供了一种令人感兴趣的模式。然而，当这种模式承认了为新环境探索新方法的必要性时，它确实忽略了空间环境的某一方面，而这恰恰是我们这些建筑学教育者所关注的。与“地点”和“空间”相关的其他因素还包括：进行空间建构的记忆活动（有助于记忆具体的位置）；获取知识的寻路法；[①]把空间、光、颜色、几何、细节和材料的当作实验连续体来感知的能力和感觉敏感度；冒险——设计不是再造静态的现象，它在个体意识和集体意识方面是不断变化的，就像它所处的社会背景一样；主人翁感和责任感——通过学习者设定目标、选择任务、发展评估并评价自己表现等方式得到激励。这些因素交织在建筑学评估的结构中。

基于特鲁迪·库珀（Trudi Cooper）[②]的工作，项目审查中考官进行评估的五步法有助于这种努力（Cooper，2000）：

第一步，确定学习领域。包括：设计概念的架构；设计中“适当目的”之发展；技术知识的整合；视觉、书面和口头交流。

第二步，确定学习结果。学习应该与个人、团体目标以及课程需求直接相关。

第三步，确定应用的学习策略。依据拉姆斯登的定义，推动学生从事“深层学习”或“策略性学习”或“表层学习”。

第四步，确定学生已经达成学习结果的表现指标。指标包括：学习责任感、合作、真实性、创新性、与社会和专业的相互影响、灵活性、探索性和产品。

① 如段义孚（Yi-Fu Tuan）在其迷宫实验中所言：在不熟悉的环境中，只有当“空间”变为一系列熟悉的标记和轨迹，“空间”才能转变为“位置”（Tuan，1977）。寻路是获取知识和在自由空间中找到立足点的手段，它在教学设计与学习设计中同样必不可少。

② 这份材料以与特伦斯·洛夫（Terence Love）博士通信的电子邮件为基础。特伦斯·洛夫是一起做研究的同事，是科庭大学（佩斯，澳大利亚）的博士。

第五步，收集表现指标达到的证据。在审查中此过程要求项目档案袋与材料以视觉、口头和文本的方式紧密结合。对于进行评估的考官来说，它们既容易获得，也容易掌握。

五、结　语

关于建筑学学习中评估标准的回顾，我们已经举了一个例子。对这些标准的发展来说，实用的策略就是运用基于问题和基于项目的教学结构。在某种程度上，我们可以说这种教学结构来源于奥尔堡大学模式和传统建筑学学院的建筑与设计系。并且，这种教学结构试图在信息通信技术迅速变革的背景下，最大限度地开发它的潜能。就此而言，当人们把这种回顾视为基于表现的评价方法时，它就能很好地为专业、学生和教师服务。这种表现或展示面向实际观众和有益目的，展示设计敏锐度和技术熟练度，这有利于专业互助会的学生成员。通过开展对学习者来说有意义的评估，评审团影响着知识的生成，学生可以自己生成信息或进行学习。最后，对这种特性（知识生成）的回顾可能为创造过程和产品成果的评估（前者植根于基于问题的学习，后者来源于基于项目的学习）提供发展空间，但它包含互相矛盾且不可调和的推力。

然而，评估的开展不应该基于考官的主观偏好，而应该以和参与式学习的激励相关的具体标准为基础。这些标准可能包括确定学习领域，确定学习结果，确定学生个体应用的学习策略；确定表现指标。因此，这一回顾对收集表现指标已经实现的证据方面是有效的。

参考文献

Asanowicz, A. (1999). *Evolution of Computer Aided Design: Three Generations of Cad*. In eCAADe 17. Architectural Computing from Turing to 2000. Liverpool: The University of Liverpool.

Bloom, B. S. (Ed.)(1956). *Taxonomy of Educational Objectives: The Classi-*

fication of Educational Goals. In Handbook I, Cognitive Domain. Longmans.

Cooper, T. (2000). *Portfolio Assessment: A Guide for Lecturers, Teachers and Course Designers. Perth: Praxis Education.*

Dewey, J. (1933). *How We Think: A Restatement of the Relation of Reflective Thinking to the Educative Process*. Boston: D. C. Heath & Company.

Jones, B. F., G. Valdez, et al. (1995). *Plugging in, Choosing and Using Educational Technology*. In EdTalk (Online Journal). Council for Educational Development and Research. Available from http://www.ncrel.org/sdrs/edtalk/toc.htm [cited 13 June 2001].

Ramsden, P. (1988). *Context and Strategy*. In Schmeck, R. R. Learning Strategies and Learning Styles. New York: Plenum Press.

Strojan, T. Z. and M. Mullins (2002). *The Identity of Place in Virtual Design Studios*. In Journal of Architectural Education, 56(1): 15 - 21.

Tuan, Y. - F. (1977). *Space and Place: The Perspective of Experience*. Minneapolis: Minnesota Press.

Wittgenstein L. (1922). *Tractatus Logico - Philosophicus*. London: Routledge.

Wojtowicz, J. (Ed.) (1994). *Virtual Design Studios*. Hong Kong: Hong Kong University Press.

Yakeley, M. (1999). *Simultaneous Translation in Design: The Role of Computer Programming in Architectural Education*. In eCAADe 17. Architectural Computing from Turing to 2000. Liverpool: The University of Liverpool.

第十四章 基于问题导向项目教学法的虚拟学习环境设计

Lone Dirckinck - Holmfeld[①]

一、引　言

丹麦奥尔堡大学和洛斯基勒大学分别成立于1974年和1972年，它们的教育理念是"问题导向项目教学法"，(problem oriented project pedagogy，英文缩写为POPP)，这一方法代表了当时教学和学习方法的激进变革。教学的重心开始由"传递信息和知识"向"批判性的经验教学法"转移，后者将"学习"视为"通过真实合作进行的知识建构"。在20世纪80年代末，POPP的方式也为"虚拟学习环境"中远程教育的教学和研究所采用。

POPP方法给"虚拟学习环境"的设计和实施带来巨大的发展潜力。通过这一方法，学生之间能够进行"真正的合作"、接触到"真正生活中的问题"，培养自身的"经验"同理论和方法论反思相结合的能力。但是，这一方法在实施中遇到各种阻力，出现了许多问题。因此，本章的主要目标在于介绍和探讨"基于POPP的虚拟学习环境"，并且分析这一方法的相关经验。

首先，POPP是在"计算机辅助合作学习"(computer supported collaborative learning，英文缩写为CSCL)这一背景下提出的。其次，本文将介绍POPP的教学原理、学习理论传统，并对几个核心概念进行探讨。第三，本文将对基于POPP的虚拟学习环境的组织原型进行描述。最后，本文还将探讨

---

① Lone Dirckinck-Holmfeld，丹麦奥尔堡大学教授。——译者注。

通过信息通信技术来改善虚拟学习环境的可能性。

二、计算机辅助合作学习

关于CSCL的学术研究出现于20世纪90年代中期。第一个“科研工作坊”成立于意大利的马拉泰亚，研究成果体现在学术著作《计算机辅助的合作学习》(*Computer Supported Collaborative Learning*)中(O'Malley，1995)。随后开始了每两年一次的国际学术研究大会(CSCL，1995，1997，1999)。在欧洲，对CSCL的研究也出现了重大进展：欧洲科学基金会内部的一个研究团体进行了四年的合作学习(1994—1998)研究(见Dillenbourg，1999和Dillenbourg，Baker，Blaye和O'Malley，1996)。2001年3月，欧洲第一个CSCL在马斯特里赫特成立。

这一学术研究领域的关注点是“合作学习中的信息通信技术”。CSCL的总体目标在于：分析并设计合作学习的情境以促进“积极的知识建构”(Koshmann，1994)。一种对CSCL的普遍理解认为，CSCL抛弃了“教与学就是知识的传递”这一观念，将学习的过程看作“人与人之间通过工具进行社会建构和协商的过程”。因此，CSCL学者们开始关注并采纳强调社会建构、历史文化和“共享的认知方式”的理论。对在学习过程中学生之间、师生之间合作的重要性的认识给课程设计的观念带来了变化：由只重视“师生之间的知识传递”到“设计支持社会建构和合作的学习环境”。

三、计算机辅助合作学习的方法

CSCL主要有两种方法，它们对POPP的实施具有重要意义。第一种方法的基础是远程教育，另一种方法的基础是“基于机构的合作学习情境”。第一种方法主要在远程教育中使用，其重心在于协调远距离的师生交流，以及学习者之间的交流过程(Mason和Kaye，1989；Harasim，1990；Kaye，1992)。远程教育的核心概念是“学习的时间和地点具有灵活性”，以及这一灵活性带来的“民主理念”,如人们接受高等教育、发展个人能力的权利和机会等。“灵活性”使学生能够选择接受教育的地点(如在家或者在办公地点)和时间。这一“灵活性”也从根本上支持非同步和文本通讯,如电子会议系统、电子公告系统,或者新近的网络服务,如万维网和电子邮件等。

支持在学习过程中使用信息通信技术的理论同“基于文本的交流”和“写作的学习效果”相关。维果茨基(1978)认为:书面表达需要“语义”才能进行“意群”的建构。这一观点对“虚拟学习环境”的设计产生了重要影响(Sorensen,1997;Mason,1992)。它对远程教育的影响体现在:在学生对知识的“外化”和“内化”这些方面,基于文本的交流相对于面对面的语言交流具有一定的优势——学生可以阅读、反思、写作,在回答问题之前还可以修改自己的意见,以及共享学习内容等(Harasim,1990)。

CSCL 的第二种方法是从“校园中合作学习的情境”发展而来的。在这一情境中,电脑系统的作用不仅仅是交流,而是通过设计人机互动的活动和学生合作解决问题的系统(如“微观世界”),来控制学生的学习过程(Schank,1995)。

理论上讲,这一方法的部分基础是“文化—历史传统”,其根源是维果茨基的社会文化理论(1978),特别是他关于“最近发展区”的概念。“最近发展区”指的是儿童可能达到的发展水平,它指的是“独立地解决问题所能达到的发展水平,独立地解决问题而带来的潜在发展水平,以及在成人辅导和集体活动中通过问题解决而形成的潜在发展水平三者之间的距离”(Vygotsky,1978:86)。这一方法还强调了通过媒介和语言学习的“协调性”及这一性质能产生的学习效果,因为它有助于学生进行知识加工,积累科学研究的经验。对于孩子们和年轻人“正规的教育过程”(如学校教育)来说,这一方法有其独特的创新之处(Rochelle 和 Teasley,1989;O'Malley,1989)。

基于信息通信技术的 POPP 在以上两种方式中都能找到自己的根源。它既有远程教育的“灵活性”和“分布式学习环境”的特征,也有校园学习“注重合作”、“强调通过技术进行学习的益处”的特征。因此,Fjuk 和 Dirckinck - Holmfeld 将基于信息通信技术的 POPP 命名为“计算机支持的分布式合作学习”,强调了合作学习中的“分布式”特征。

另外,基于信息通信技术的 POPP 还具有“斯堪的纳维亚的 CSCL”的特征(Heeren,1996)。将 POPP 同斯堪的纳维亚国家的“计算机支持合作工作”对比就能够凸现出这一特征。POPP 和斯堪的纳维亚参与式设计都强调了学习的“解放性”和“参与性”的特性。

四、问题导向项目教学法

鉴于在丹麦教学领域的相关文献中,研究者们已经对POPP进行了详细的描述,(Illeris,1984;Adolfsen,1985;Direkinck - Holmfeld,1990;Christiansen 和 Dirckinck - Holmfeld,1995;Olesen 和 Jensen,1999)所以下面只对 POPP 做一番简短介绍。

在丹麦,这种教学法的使用可以追溯到 20 世纪 70 年代奥尔堡大学和洛斯基勒大学的成立。当时,社会处于激烈变革之中,大学教育被视为一种实现社会公平的途径。另外,人们还提出了要增强私人部门、公共部门和大学之间的互动。当时的学生运动也提倡“大学是开展种族、社会和科学问题辩论的平台,是联合来自处境不利阶层和群体(如工人阶级和受歧视群体)共同开展行动研究的突破口”。在教育领域对这些激进的观点和其反对意见加以折中,推出了“问题导向项目教学法”(POPP)。其教育原则最初受启发于德国哲学家 Oscar Negt 的著作。1977 年,在为德国商会撰写的著作中,他提出学校教育的准则应该是发展“社会想象力和范例学习”。

现在,POPP 在某种程度上可以同国际上广泛应用的“基于问题学习”和“基于案例学习”相提并论。在某种程度上,这两种教学法同 POPP 一样,都是建立在建构主义的学习理念之上的。但是,它们在学习过程的起点上存在着根本区别。基于问题学习的起点是“完成一个预先设定好的任务”或者“一个由教师或课本提出的问题”(Pettersen,1997)。因此,基于问题学习的过程受到更多的“管制”,而 POPP 一直强调的观点就是“学习在原则上是不可管制的”。我们能够设计出最佳的学习环境,但不能控制“学习何时发生”。

受教育哲学家杜威的启发,Siggaard(2000)将学习过程描述为一个“发生在跳跃和跨越中的、充满活力的转化过程”。在这一转化过程中,学习者由“已知”向“无知”运动,而这一运动过程将无知、充满困惑和疑惑的情境转化为较为清晰的情境。换句话说,我们无法预先设计学习,但我们能够创设一个最佳的学习环境,促使“真正的学习”发生。因此,POPP 包含了一系列经过整合的教学原则,它们构成了学习环境的基础:问题的形成、对示例问题的探究、对学生参与的控制、合作项目、跨学科的学习方法和行动学习等。

五、教学原则

最重要的原则是阐明问题和探究示例问题。换句话说,就是引发学生的兴趣,使他们有愿望去寻找答案。整个教育过程都是建立在学生对科学和社会学问题的探究之上,这也是学生在学习过程中投入程度的核心。为了理解问题并寻求其解决方案,学生必须经历"系统性研究"的不同阶段:最初的探究、问题的形成、理论和方法论的思考和探究、实验,以及反思。

根据 Illeris(1981)的研究,"探究"本身并不能构成一个积极地通过批判性反思获取知识的过程的基础:"如果一个人没有把一件事当成'问题'来经历,那么在心理学的意义上,这件事就不能称之为'问题'"(Fjuk 和 Dirckinck - Holmfeld,1999)。因此,"对参与的控制"基于"相互关联"原则。当一个学生自己确定并形成自己的探究过程时,就会下意识地对这一问题产生积极并有责任心的"把握感",并将它作为一个"问题"来体验。这无形中会激发学生的学习动力和投入程度。因此,"对参与的控制"和"对问题的把握感"是学生积极投入学习过程的基础原则。

"对参与的控制"就意味着学校或教师不能完全引导和控制学习过程。通常情况下,"阐明和分析问题"会对整个学习过程起到大力推动的作用。随后的理论和经验探究展示了合作学习的结果。而教师能通过对问题进行协商、对话和探究从而提升对范例问题的整体性评价(如认知,心理和科学)。在大学中,评价时要关注什么是主要的,什么是有趣的,什么可以作为范例,这些需要与学习的主题相关,并且要考虑历史、现实和未来的平衡,以及不同理论和方法的平衡。课程设置应该基于这种师生之间的探究和协商。

POPP 的成功在很大程度上取决于最初的协商过程。如果人们没有给予这一阶段充分的关注,学生就可能会只关注一些跟本领域没有太多关系的"肤浅问题"。因此,最初阶段的"阐明和分析问题"具有极其重要的意义,也需要各种来源的支持:学习材料、教师、初步的探究、综述先前成果——以使学生们将注意力放在示例性和主要问题上。POPP 已得到公认的成效体现在它不仅能促进学生综合能力的发展,培养学生以交叉学科思维思考问题的素质和解决问题的技巧,同时更重要的是,它能提高学生确认核心问题和用新的方式来看待问题的能力。

六、合作项目和行动学习

POPP另一核心教学原则是“在合作项目中的合作”。项目的组织建立在社会建构主义的视角之上，这一视角强调个人的知识建构和学生在创建和实施“合作项目”中要承担的“共同责任”之间的整合。根据建构主义对学习的理解，学习者通过“把经验同化到先前的知识中”或者“根据新的经验调整现有知识结构”的方式来建构知识（Piaget，1969；Kolb，1984）。学生们之间的“共同理解”来自于他们不同视角和不同观念之间的冲突和协商。这一“协商”的视角体现了这样的观点：内在矛盾是新的学习发生的前提条件。

我们的经验显示出，在这些合作项目中，当智力水平相当的学生们在共同参与和投入到该问题所涉及的领域及对其探寻的过程中时，他们通过相互学习、围绕问题进行协商和在团队中达成共识等活动能达到最佳的学习效果（Dirckinck－Holmfeld，1990）[①]。另外，合作项目也保证了学习过程不仅仅是认知过程。大部分的团队都会通过非正规或非系统的方式，用大量的时间和经历来讨论一些与学习过程相关的、更广泛的诸如心理活力和社会特征等方面的话题。

在开放教育中，学生们通常要设计同自己的实际学习相关的项目，他们还必须将自己的所学应用到项目的组织安排中。在这一基础之上，项目工作就能够划归为一种“行动学习”——将大学里讲授的理论和方法论知识和实践经验融合为一体。

七、合作、灵活性和学生对学习的共同责任

在教育文献和探讨中，诸如“合作”（O'Malley，1995）、“灵活性”（Andreas-

① 在一个对基于POPP的虚拟学习环境中学生实践的研究中（Dirckinck－Holmfeld，1990），我们探讨了两种不同的集体工作模式。在“真实合作”中，学习者一起工作、共同阐释问题、共同承担项目与结果的责任。在“雨伞”项目中，学生分散于一个问题领域中，无法共同阐释问题，也无法为项目共同承担责任。调查证明，在问题领域中合作团队比“雨伞”团队有更多的互动和协商，而“雨伞”团队主要使用网络进行社会互动。

en,1999)和“学生自己对学习的责任”(Bjorgen,1995)之类的词汇属于核心概念。本文将简略介绍这些概念在POPP中的应用和体现。

合作

POPP是一种合作式教学法[①]。根据教学原则,这一教学法要求并且支持学习情境中学习者之间的互助性,这要求:

- 优等生和教师帮助偏差学生(维果茨基关于“最近发展区”的原则);
- 智力水平相似的学生在由于看问题视角和观念差异而引起的冲突及协商过程中学习(皮亚杰关于知识建构的原则,1969);
- 整个团队成员在学习过程中达成共识,以使参与者在学习和能力方面比学生个体学习发展得更好(Perkins,1993;Salomon,1993)。

灵活性

POPP是一种灵活的教学法,其灵活性同课程设置相关。范例学习中的探究过程需要学生同教师一起决定课程所采用的理论和方法。然而,由于POPP是一种合作式的教学法,参与者之间都相互联系并必须进行合作,因此,组织POPP需要一定的时间、空间,以及参与者之间达成一定的共识。传统上认为灵活学习的优势在于即时学习和条件(空间、时间和学习模块)更为灵活,POPP对“灵活性”进行了全新的阐释。在这里,“灵活性”指的是学生对所要探究的问题的深度参与、学生对探寻过程的理解和定义,以及学生参与课程设计等方面。

共同责任

在POPP中,学习过程中存在着学习者之间、学习者和教师(指导者)之间的“共同责任”。知识不能转移给学习者,因此,学习者个人对自己的学习负有责任。同时,学习过程是通过“合作项目”的形式组织进行的,每个学习者都必须认识到,他们彼此之间负有“共同责任”。他们必须保证团队中的每一个成员都能通过参与活动来实现知识建构。然而,并不是只有学生承担责任。教师和辅导者也有责任“建构一个鼓励性的学习环境”和“促使学

① “真实合作”的概念作为“智慧之池”出现于Salomon(CSCL1995)的著作中。

生参与社会性活动”。总的来说，教师和辅导者的责任是在学生的学习过程（无论是团队的项目还是学生个人的学习）中起到挑战、促使和鼓励的作用。在这里，我们没有使用在斯堪的纳维亚国家非常流行的说法“自己为自己的学习负责”（Bjorgen，1995），而更倾向于使用“在个人和合作式学习中的共同责任”。

POPP中“合作学习的原则”，这里本文采用“真正的合作”这一说法，可以概括为：参与学习活动者有一个“合作项目”，共同的任务；他们互相支持，共同参与探究学习的过程，并对学习负有共同的责任；他们之间的合作是一个长期的过程。

八、设计计算机支持的分布式合作学习

POPP的合作性是其在适应“虚拟学习环境”中面临的最大的挑战。尽管信息和通信技术的发展给学习在空间和时间上的灵活性带来了巨大的潜力，然而，这一发展在合作的核心，即“协调”这一方面尚未展示出同样大的潜力。

从技术方面看，第一代“虚拟学习环境”的基础是“电脑会议”——以文本、书面的形式进行异步交流和学习；第二代的基础是“基于网络技术的交流”——尽管仍然是异步的通信，但出现了多模态和超文本；关于第三代，我们只能看到大致的轮廓，但其将会在更大程度上融合到“同步通信”中；第四代目前还处于研究阶段，将会融合“虚拟现实技术”。

下面本文将描述如何在第一代和第二代的“虚拟学习环境”中应用POPP。而后对“如何使用第三代工具（如网络会议、多模态和超文本工具）来改进虚拟学习环境”这一问题提出一些看法。

在奥尔堡大学，“虚拟学习环境”是专门为开放教育活动设计的，学校提供了超过15种的虚拟学习专业①。一部分专业的核心是信息技术，如保健信息、神学信息、信息通信技术和学习。但在其他领域如“技术语言硕士专业”中，信息和交流技术只是学习者们用来交流和合作的工具。

参与“开放教育”（用丹麦语开设）的学生来自丹麦全国各地，也有少数来自国外（在国外工作的丹麦人），以及一部分来自斯堪的纳维亚国家的学生。

① 参见 http://www.auc.dk/aaben.

学生基本上都是专业人员,他们在学习的同时还有自己的全职工作、家庭和业余生活等。由于虚拟学习环境具有灵活性,学生们可以不用考虑与大学的地理距离,并且在兼顾工作和生活的情况下参与大学教育。开放教育是以兼职学习的形式组织的(每周 20 小时)。

九、基于项目的学习的环境

每个学期的学习都围绕一个“主题”进行组织,这些“主题”能够保证学习在宽度和深度上覆盖相应学科的内容。通常,“主题”是通过开放的方式形成的,但是在一段时间之后,通过实践会确定“哪些问题是核心问题,哪些问题没有深入探究的价值”。

一个学期的学习主要包括两种形式:课程学习(50%)和项目学习(50%)。在分布式学习环境中,课程学习和项目学习都是通过“会议系统”或者“网络系统”进行的。此外,每个学年举办四到五次在大学举行的“面对面”的研讨会。

课程同项目工作紧密相关。课程从总体上对某个学科进行概览,或者对某一主题下的主要题目进行介绍;项目工作则为学生探究“范例问题”提供了可能性。课程同“主题”相关,是所有学生的必修内容。通过课程学习,学生们建构起共同的知识结构和研究工具,这是学生参加项目工作的基础。课程在为学生建立共同的知识、理论和方法方面具有奠基作用。换句话说,课程使学生们置身于一个共同的“知识背景”之中,以便于学生之间、师生之间能够交流和互动。

每个合作项目平均有四到五名学生参与,在这些项目中,学生对某一问题进行深入研究。他们深入地理解和应用同问题相关的理论和方法,这些理论和方法他们曾在课程中接触过。另外,学生还能够通过独立探寻来获得新的理论、方法和发现。图 14.1 是关于学习环境的整体组织状况:

只要 POPP 存在,课程任务和项目之间就有平衡与逻辑的问题。教师看起来更喜欢课程—任务,因为这便于他们控制;而学生则喜欢做项目,那样可以在他们的控制中进行。有时,提供给学生的课程过于滞后,学生无法在项目中应用课程中的内容。有时,由于学生缺乏经验,故而不知道如何将课程与问题联系在一起。

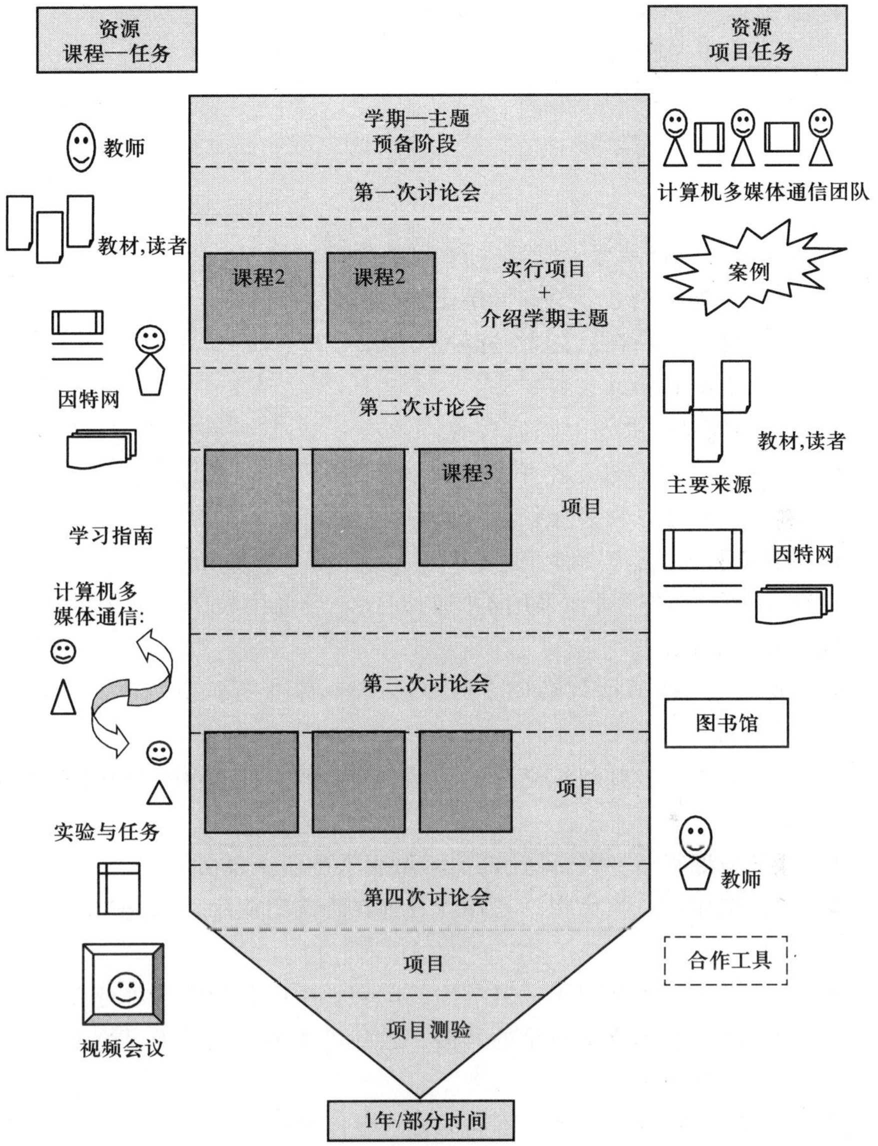

图 14.1　信息通信技术与问题导向项目教学法

现在这一困难已被解决,如图 14.1 所示。在初期阶段,课程任务占据主导地位,随着学期的推进,项目的比重逐渐增加。换句话说,相对于项目而言,课程任务更具有介绍性和指导性,而项日中进行的则是现实任务。图 14.1 列出了各种资源,这些都是现在的虚拟环境中所具备的。列表区分了课程任务与项目任务的资源来源。

十、课程的内容来源

典型的课程内容来源于以下方面(以优先顺序排列)：

- 教师作为组织者——通常是传统的“讲授者”；
- 教学材料：教科书、读者、资料来源、百科全书、文章；
- 学习指南和辅助材料；
- 练习：实地调查、作业、实验等；
- 会议工具——与会者可以讨论、提问并提交作业；
- 客座教师通过视频会议参与其中；
- 因特网——搜索更多信息。

组织“课程—任务”可以采用不同的方式。当采用校园教学中的比喻，便会发现有如下形式：

- 讲座——教师拟订会议中的陈述内容，学生提问并就某一主题撰写书面报告；
- 讨论会——教师组织学生的活动和实验；会议系统中书面讨论的主动促进者；
- 任务型课程——教师进行陈述，组织学生解决任务；
- 案例工作——将虚拟学习环境设置在真实案例中，或许就在世界的某一地区；
- 学习圈——教师组织一群学生或单个学生向其他学生进行理论陈述。学生或者教师推动讨论的开展。教师可能参与到学术讨论中，并激发学生对学习进行反思。

在虚拟学习环境中，有很多不同的方法可以组织课程或任务，就好像在传统的校园教学中一样。意识到这一点是很重要的。有许多机会可以抛弃传统意义上的灌输和控制方法，而强调建构和参与。然而，尽管在虚拟学习环境中我们尽力追寻新的可能，但看起来教师们还是搬用他们传统的行为方式。偏好讲授的教师们在虚拟环境中进行讲授，如一个书面讲演；而偏好讨论的教师们则倾向于沿用既有的行为。我曾使用过一些传统教学领域的隐喻。然而，随着我们在虚拟环境中获得越来越多的经验，新的实践方式也会不断出现，而且上面提到的比喻也变得越来越有限。

十一、项目工作的来源

项目工作通常是以试行项目阶段开始，以便使学生获得合适的方法。试行项目阶段之后就是真正的项目工作。项目工作的典型组织方式分为以下几个阶段：(1) 问题阐释和问题分析；(2) 研究、调查、实证调研和田野考察；(3) 撰写报告，陈述，比较，讨论理论和实证发现，并进行分析和总结；(4) 评价和检验。这些阶段以面对面的讨论会形式进行组织。讨论会标志着这些活动将进入下一个新的阶段。

虽然项目工作的资源与课程的资源是一样的，但它们的优先顺序排列却不相同。

典型的项目任务资源是：

- 会议系统(与其他学生的交流与合作)；
- 实证工作的案例；
- 教科书、文章、读者、百科全书、方法论和理论书籍、因特网资源等；
- 图书馆；
- 朋友、同事、其他人力资源和信息提供者；
- 合作工具——现在很少使用，但随着这些工具的广泛传播，以后它们会越来越受关注。

与课程相比，教师居于优先顺序的底层。这并非说教师一点也不重要，相反，教师的辅导功能非常重要——尤其在确定核心问题，选择研究案例，选用理论与方法，探讨如何阐释研究结果，激发学生对探究和学习过程进行反思等方面。如维果茨基(1978)所言，他们有丰富的科研经验。然而，学生组织学习过程，不仅使用教师提供的信息和材料，同时还使用其他各种资源，这有助于他们的探究过程顺利进行。

在项目中[①]，会议系统的作用比在课程中更加至关重要。因为学生必须通过会议系统进行互动，协调彼此的工作，可以沟通他们对项目工作的理解，

---

① 这可以通过以下途径加以记录：对团体会议和课程会议的信息进行比较，并记录信息转换的数量。即使在虚拟学习环境中，课程任务的基础也是研讨会。在项目任务中，我们会发现相同的趋势，项目团体会议囊括的信息和互动程度都比课程任务高。参见 Dirckinck - Holmfeld(1990)和 http://www.hum.auc.dk/mil (需要密码)。

对项目结构的阐释,并交流工作过程中的迷茫感,从而共同完成这个项目。异步进行的关于特定阶段和特定任务的书面交流常常给师生带来额外工作。另外,协调和阐释对问题的理解也需要很多额外工作(Fjuk 和 Dirckinck-Holmfeld,1999;Bygholm,2001;Rattlef 和 Mathiesen,2001)。为了克服异步交流的弊端,需要使用更多的同步交流工具(参见图 14.1)。迄今为止,由于这些工具尚未广泛应用,关于它们对学生学习过程影响作用的研究依然很少。但是,我们对“网上会面”(net meeting)一类的工具如共享的白色书写板、共享的音响和电视、共享的应用软件以及共享桌面等的需求不断增加,以支持合作项目工作中的多种合作方式(Georgsen 和 Raudaskoski,2001)。因此,我们必须更加重视第三代工具。

因特网与书籍都是颇受人们欢迎的资源,尽管这一现象很快会发生变化,因为学生终究要回归课本寻求深度阅读和学习。然而作为迅速而直接获取信息和文本资源的媒介,因特网资源发挥着越来越重要的作用。此外,学生和教师可以从浏览网页中受益,尤其是在全面了解某个问题域的阶段。在这里,他们可以直接获得大量信息和资源库,多数情况下还可以直接下载资料,这样他们可以“及时”评价文本信息并即刻与他人分享[①](Jensen,2000)。

十二、通过信息通信技术提高计算机支持的分布式合作学习

毫无疑问,信息通信技术提供了大量的资源,推动远程学习中 POPP 方法的发展。没有这些工具,很难在地理上分散的人群中实施合作学习。因此,信息通信技术开拓出正规教育和终身学习的新的组织方式。

从终身学习的视角来看,信息通信技术对“地域”的相对独立性意义深远。不管地理距离有多远,它都可以推动科学知识与现场工作经验的整合。通过信息通信技术,来自世界不同国家与地区的学习者聚集在一起,在高度组织化

---

① 对网络资源的批评意见认为,学生会在大量的信息面前迷失。如果学生不会合理利用网络资源,这或许是真实的。然而,如果学生找到正确的学术网站,就可以比以前更全面更丰富地了解问题,之前学生只是使用传统的图书馆资源。依赖于图书馆资源,学生通常只看到重要的书籍和期刊中提到的问题或其他图书馆图书资源中涉及的问题。通过虚拟图书馆,学生可以随时随地获得信息,这对远程学习来说尤为重要。

的虚拟学习环境中，不仅可以建立起日常经验与理论世界之间的辩证关系，而且可以发挥每个人的经验与能力。实际上，问题导向的项目教学法等教学原则使参与者有机会在一个反思性和理论性的环境中反思自己的经验。

当讨论信息通信技术如何促进 POPP 时，这里既存在挑战也充满机会。当前的先进科技为新的合作形式提供了可能。信息通信技术不再仅仅是作为面对面学习的补充，而是一种全新的工具(第三代远程学习工具)。它增强了合作学习的可能，即便学习者分散于不同的地理空间。

通过对项目任务资源的详细了解，这些工具有助于解决 POPP 在课程任务和项目任务之间的冲突。在讲授中无需使用太多的教学资源，而是更强调自我指导型课程的发展。这支持并在某种程度上取代了教师就某一学科主题陈述和讲授的教学①。因此教学资源可以从讲授与指导转向学科讨论，讨论与项目任务直接相关。正如 Tolsby(2001)文章中提到的教师档案一样，网络使教师更易于共享课程要素。因此，什么时候获取课程内容也更具有灵活性。

基于信息通信技术支持的 POPP 的根本优势是其知识的具体化和清晰化，及持久性、可恢复性和积累性，以及时间上的灵活性。正如 Harasim (1990)和 Sorensen(1997)所强调的，基于文本的交流与合作需要深思熟虑的语义学来建立意义的网络。如其所言，基于文本的交流模式有助于学习过程中的反思和外化。而且，其持久性和可恢复性会进一步推动学习团队的透明性发展(Lave 和 Wenger，1991；Dirckinck - Holmfeld 和 Sorensen，1999)。在学习团队中新人可以通过模仿过去的工作向有经验的“老人”学习。图书馆中往往会保留对相关话题的讨论、原型设计及其他学生的项目。这样，通过浏览前人曾做过的项目，可以观察其发展过程并获得新的想法，等等。从这个角度而言，信息通信技术可以促进透明学习环境的设计——学生在这种学习环境中更易于相互学习，向前辈学习，并在教师和研究者的实践中学习。

而且，在某种程度上依赖人们感知的活动，也可以得到半虚拟活动的支持，如数码照相和声音(例如：热带雨林的经历或社区垃圾处理系统)。在记录经验的基础上可以增加人们对外观的敏感性。

然而，即使将信息通信技术工具用于 POPP 的虚拟过程，这也不能阻碍对更多的“面对面”工作的需求。合作对话与协商是项目教学法中必需的一环，在课程与项目工作中都应该有。这样才可以质疑每个学生的观点和看法，并建立起团队共识。会议系统在某种程度上可以用于开展合作，然而所能观察

① Eugene Tackle 在他的校园教学课程设计这些工具并且发现，与学生的面谈时间被减少到与讨论问题时间一样的水平。参见 http://www.public.iastate.edu/～wxintro/faculty/takle.html.

到的言语行为表明其互动的强度较低,因此要开展深入而复杂的讨论是相当困难的。

此外,有些学习活动很难在虚拟学习环境中实施。这些活动需要使用昂贵的工具,而此类工具只有在校园的实验室中才有。不过我们也要看到有越来越多的虚拟物理实验室,这些可能都将改变未来。但还有一个需要面对面的理由,那就是社会化的需要——促进隐性知识的建立,维持项目成员间的信任、社会关系以及理解。我们的经验表明:为了推动合作项目工作的开展,参与者必须在基于信息通信技术交流的相对“狭窄”的宽度中建立社会资本。因此,信息通信技术并不能取代所有的联系方式,而是学习环境整体的一部分。我们需要重新思考不同类型交流媒介的价值,例如计算机支持分布式交流学习中“面对面”的工作、异步工具和同步工具,以及交互式多媒体资料。

十三、结　语

POPP 是一种存在主义的教学方法(Colaizzi,1998)。它以人的社会性为基础,认为学习的获得和发展需要人与人之间真正的相互依赖。POPP 也是民主的教育学,它要求参与者学会承担责任,与他人一起探索和解决社会问题。由于 POPP 对合作的关注,它常常不被视为现代性的理论;但由于它自身包含着矛盾对立面的共存,因此把它看作具有现代性的理论也是恰当的。表面上,由于 POPP 致力于通过参与者共同创立“实践团体”并促进个体的社会化方面的发展,因此它满足了商业的要求:如灵活性、适应能力、方法意识、问题提出与解决的能力(Lave 和 Wenger,1991)。

基本上,信息通信技术为远程学习中的 POPP 提供了新的发展可能。POPP 本质上是基于文本的教学法,学生必须制作一个共同文本(项目)。从这方面来看,它与计算机媒介学习是非常符合的。而且,计算机媒介增加了交流的灵活性,参与者可以讨论项目的各个方面。然而,我们的研究显示(Dirckinck - Holmfeld,1990;Fjuk 和 Dirckinck - Holmfeld,1999;Dirckinck - Holmfelld,1999):异步交流作为 POPP 交流的基础是非常有限的。为了促进相互之间的讨论和质疑,参与者需要其他工具。在某些情况下,他们需要“面对面的会谈”;在另一些情况下,他们会使用同步交流的工具,如白色书写板、会谈室、共享的应用软件和多模态交流工具。随着这些工具手段的采用,

POPP的概念在远程学习中也得到了发展。此外，交互式多媒体资料也在不断进步。目前，由于获取信息便利，成本低廉，因特网已经发展成为获取信息的重要渠道。在未来，我们会见到更先进的互动工具。这些工具可以支持各种水平的探究过程，如帮助学生阐释问题和分析问题，教师档案[①]促进自我反思，模拟项目作为实验的辅助，数码照相可以记录并长期保存我们的经历，其动态模式会有助于概念的形成等。因此它将改变我们理解课程、课程与项目关系的方式。未来，CSCL的两种方法——远程教育和机构组织中的合作学习——中产生的各种技术会融合，并用于POPP中的问题阐释，以决定采用哪种工具。

目前，研究的焦点是一些基本的第一和第二代信息通信技术工具的发展与应用。不远的将来，[②]人们将会更关注第三代工具。另外，特定工具的调整和虚拟学习环境的教学设计，对反思教育方法来说特别重要。然而，学习环境中运用的技术手段越多，我们就越强调参与者（教师和学生）交流与合作能力的培养，这种能力整合了信息通信技术运作技能、人际交往和教学能力。

参考文献

Adolfsen, J. (1985): *Problemer i Videnskab*. Aalborg: Aalborg University Press.

Andreasen, Bent B. (1999). *Fleksibel Læring for Voksne. Fra Fjernundervisning til Neetbaseret Læring*, Systime.

Bjørgen, Ivar A. (1995). *Ansvar for Egen Læring*. *TAPIR*(4. oplag).

Bygholm, A. (1991). Understanding Communication in Text-Based Systems. In Dirckinck - Holmfeld et al. (Eds.). *Learning in Virtual Environments*. Frederiksberg, DK: Samfundslitteratur.

Christiansen, E. & Dirckinck - Holmfeld, L. (1995). Making Distance Learning Collaborative. In Schnase, J. L, Cunnius, E. L. *Proceedings of CSCL' 95*, The First International Conference on Computer Support for Collabo-

① 参见 Sørensen(2001)和 Tolsby(2001)。

② "虚拟学习和学习环境"项目(ViLL)将从技术与教学的角度，探索第三代工具的使用。参见 http: www. iti. auc/vill.

rative Learning, Lawrence Erlbaum Associates, Inc..

Colaizzi, P. F. (1998). Læring og Eksistens. In Hermansen, M. (Ed.). *Fra Læringens Horisont*. Forlaget Klim, 1978. Translated from: Learning and Existence. In R. S. Valle & M. King (Eds.). Existential Phenomenological Alternatives for Psychology. Oxford University Press.

CSCL'95. Computer Supported Collaborative Learning 1995. Indiana University. http://www-cscl95.indiana.edu/cscl95/(01.09.01).

CSCL'97. Computer Supported Collaborative Learning 1997. http://www.oise.utoronto.ca/cscl/(01.09.01).

CSCL'99. Computer Supported Collaborative Learning 1999. Stanford University. http://sll-6.stanford.edu/CSCL99/(01.09.01).

Dillenbourg, P. (Ed.) (1999): *Collaborative Learning - Cognitive and Computational Approaches*. Advances in Learning and Instruction Series, Elsevier Science.

Dillenbourg, B. B. and O'Malley (1996). The Evolution of Research on Collaborative Learning. In Peter Reimann and Hans Spada (Eds.) *Learning in Humans and Machines: Towards an Interdisciplinary Learning Science*. Elsevier Science.

Dirckinck-Holmfeld, L. (1990). *Kommunikation på Trods og på Tværs. Projektpædagogik og Datamatkonferencer i Fjernundervisning*, Picnic-nyt, Nr. 9, Aalborg University (Ph. D. Thesis).

Dirckinck-Holmfeld & Sorensen (1999). Distributed Computer Supported Collaborative Learning through Shared Practice and Social Participation. *In Conference Proceedings, CSCL'*99, Stanford University. http://sll-6.stanford.edu/CSCL99(01.09.01).

Ehn, P. (1989). Work Oriented Design of Computer Artifacts. Falköping, Sweden: Arbetslivscentrum and Hillsdale, NJ, Lawrence Erlbaurn Associates.

Euro-CSCL (2001). http://www.mmi.unimaas.nl/euro-cscl/programme.htm(01.09.01).

Fjuk, A. & Dirckinck-Holmfeld, L. (1999). Articulation of Actions in Distributed Collaborative Learning. In *Scandinavian Journal of Information Systems*, November 1997, Vol. 9, No. 2

Georgsen, M. and Raudaskoski, P. (2001). What is Local Practice in Technology Mediated Environments - Video Analysis of Situated Interaction and Learning. In Dirckinck - Holmfeld et al(Eds.). *Learning in Virtual Environments*. Frederiksberg, DK: Samfundslitteratur.

Harasim, L. M. (Ed.)(1990): *Online Education. Perspectives on a New Environment*, New York: Praeger Publishers.

Heeren, E. (1996): *Technology Support for Collaborative Distance Learning*. CTIT Ph. D - thesis series No. 96 - 08, Centre for Telematics and Information Technology, Enschede, the Neterlands.

The Open University Programme at Aalborg University (2001). http://www.auc.dk/aaben.

Takle, G. (2001). http://www.public.iastate.edu/~wxintro/faculty/takle.html.

Illeris, K. (1981): *Modkvalificeringens Pædagogik*. Denmark: Unge Pædagoger.

Jensen, S. S. (2000): De Digitale Delegater - Tekst og Tanke i Netuddannelse, Roskilde University(Ph. D. Thesis).

Kaye, A. (1992). Learning Together Apart. In Kaye, A. (Ed.). *Collaborative Learning through Computer Conferencing*. The Najaden Papers, Berlin: Springer Verlag.

Kolb, D. A. (1984). *Experiential Learning*. Englewood Cliffs, New Jersey: Prentice - Hall Inc..

Koshmann, T. D. (1994): Toward a Theory of Computer Support for Collaborative Learning. *The Journal of the Learning Science*, 3(3), 219 - 225, Lawrence Erlbaum Associates.

Lave, J. & Wenger, E. (1991). *Situated Learning: Legitimate Peripheral Participation*. Cambridge University Press.

Mason, R. D. (1993). The Textuality of Computer Conferencing. In Mason, R. D. (Ed.). Computer Conferencing, the Last Word. Victoria, Canada: Beach Holme Publishers.

Mason, R. and Kaye, A. (Eds.)(1989). *Mindweave: Communication, Computers and Distance Education*. Oxford: Pargamon Press.

Master in ICT and Learning(2001), http://www.hum.auc.dk/mil(password required).

Negt, O. (1977): *Sociologisk Fantasi og Eksemplarisk Indlœring*. Roskilde University Press(1975, reissued 1977). Translated from German: Soziologische

Phantasie und Exemplarisches Lernen. Zur Theorie und Praxis der Arbeiterbuildung. Europäische Verlagsanstalt Frankfurt am Main(1971).

Olesen & Jensen(1999). Project Studies—A Late Modern University Reform. Roskilde: Roskilde University Press.

O'Malley, C. (Ed.) (1995). *Computer Supported Collaborative Learning*. Berlin: Springer - Verlag.

Perkins, D. N (1993): Person - plus: A Distributed View of Thinking and Learning, in Salomon, G: *Distributed Cognitions*, New York: Cambridge University Press.

Pettersen, Roar C. (1997): *Problemet først : Problembasert læring som pedagogisk ide og strategi*. – Oslo : Tano Aschehoug.

Piaget, J. (1969): *Barnets Psykiske Udvikling*. København: Reitzel. (org. 1964 translated from French: *Six Etudes de Psychologie*, Paris: Société Nouvelle des Editions Gonthier.

Rattleff, P. and Mathiesen, H. (2001): The Conditions of Communication in Computer - Mediated, Net - Disseminated Educational Settings. In Dirckinck – Holmfeld et al(Eds). *Learning in Virtual Environments*. Frederiksberg, DK: Samfundslitteratur.

Rochelle & Teasley(1989). The Construction of Shared Knowledge in Collaborative Problem Solving. In O'Malley C(Ed.). *Computer Supported Collaborative Learning*. Series F: Computer and Systems Sciences, Vol. 128, Berlin: Springer – Verlag.

Salomon, G. (1995). What Does the Design of Effective CSCL Require and How Do We Study Its Effects? Published in the Procedings of the Conference on Computer Supported Collaborative Learning(CSCL) 1995 Available from Lawrence Erlbaum Associates Inc. , http://www. cscl95. indiana. edu/cscl95/outlook/62_Salomon. html(01. 09. 01).

Salomon, G. (1993). *Distributed Cognition and Learning : Psychological and Educational Considerations*. Cambridge: Cambridge University Press.

Schank, R. C. (1995). Engines for Education. Lawrence Erlbaum Associates Inc. , http://www. ils. nwu. edu/～e_for_e/.

Sorensen, (1997). Learning in Virtual Context. Department of Communiaction, Aalborg University(Ph. D. Thesis).

Sorensen, E. K. (2001) Distributed CSCL: A Situated, Collaborative Tapestry in Dirckinck - Holmfeld et al. (Eds.). *Learning in Virtual Environments*. Frederiksberg, DK: Samfundslitteratur.

Tolsby, H. (2001) Digital Portfolios: A Tool for Learning, Self - Reflection, Sharing and Collaboration In Dirckinck - Holmfeld et al(Eds.). *Learning in Virtual Environments*. Frederiksberg, DK: Samfundslitteratur.

Virtual Learning and Virtual Learning Environment (2001). http://www.iti.auc.dk/vill (01.09.01).

Vygotsky, L. (1978). *Mind in Society: The Development of Higher Psychological Processes*. Cambridge: Harvard University Press.

Wenger, E. (1998). *Communities of Practice*. Cambridge: Cambridge University Press.

第十五章 就业能力与基于工作的学习

Flemming K. Fink[①]

一、引　言

为了保持竞争优势，工程师需要不断地超前一步去追求“将新知识融入到新产品中”。正是出于这一原因，对于工程师来说，继续职业发展变得越来越重要。继续职业发展包括专业理论能力的发展与实际工作能力的提高，例如“继续工程教育”需要和企业的工程实践同步。在今天知识社会的背景下，我们要强调学习能够成为获得竞争优势的手段的重要性。尽管知识本身并不能产生优势，因为一旦被掌握，就意味着已经过时，但持续的学习与应用却能够创造新的知识，也能完善与重构已有的知识，而这些是“竞争优势”产生的源泉。因此，重视人力资本的发展已成为工业发展领域的新焦点。

各行各业对工程人员继续教育重要性的认识各不相同。随着越来越多消费产品、工业设备的出现（包括越来越多的先进功能、特性的引进），对于技术性工程人员的要求也越来越高。大部分的创新性公司都意识到提高员工职业能力的重要性。从对已开展的继续职业发展情况的描述中（Fink 和 Kolmos，2000）可以知道，尽管当前人们已经认识到员工的继续教育与企业的未来息息相关，但工程人员却通常需要自己为这些课程去“挤时间”——他们的学习没有融入到公司员工职业发展项目的“时间表”。通常，对于这些课程来说，“花钱”不是问题，真正的问题是“时间”。

---

① Flemming K. Fink，丹麦奥尔堡大学发展规划系教授。——译者注。

二、能力和人力资本

丹麦主要的自然资源就是人力资本。因此，接受过良好培训的工人与良好教育的工程师是丹麦工业的根基。因此，继续职业发展就成了丹麦工业生存发展的必由之路。

为了适应工业领域里日新月异的创新变革，继续教育应该具有高度的灵活性，不能拘泥于一定的僵化的形式安排。进一步讲，为了保证工程师们能够不断地完善自己的知识结构及掌握专业要求所需的技巧，继续教育的课程体系必须能够迅速、持续地满足企业的实际需求。

现代企业，包括中小型企业之间的竞争实质上就是那些拥有高水平的教育经历，能够把握专业最新发展方向的优秀人才的竞争。为了应对社会对知识的高度需求，企业就要保持产品的竞争优势与足够的灵活性，因此必须定期地进行岗位调整及不断加大投入，这样才能维持并扩大企业的整体实力。而实现企业整体实力的维持与培养则需要在企业与员工个人这两个层面上的持续投入。因为新的研究成果要尽快融入到开发新的产品中，所以企业就需要实现一种能够体现出所有研究成果，并能将其迅速转化为产业的知识模式。正如本文所提，企业对技术类员工必须进行适合其学习过程的职业继续教育，例如提倡"终身学习"等。

中小型企业与大型企业有着同样的需求。由于规模小，所以能"让所有员工都投入地工作"就显得更加重要。但对于企业而言如果要安排一些时间专门对员工开展职业培训项目既不可行也不可取。另外，吸引与稳定高技能的人才对于中小型企业来说更具有极其重要的意义。而每个企业员工都希望能够清晰地看到他们个人能力与职业发展的前景。因此，中小型企业需要积极地寻求其他方式以培养新的发展能力，采取在不中断企业正常工作的情况下能将新知识融合到生产活动中的方法。

三、对继续工程教育背景的理解

在建立一个有效的职业发展机制的过程中，大学和企业之间的知识交流具有至关重要的作用。Fink 等研究者曾首次提出并细致地解释了“大学与企业之间建立职业发展机制模式”的时间进度表(Fink 和 Kolmos,2000;Fink,2001a)。在对“教学法和组织性学习”的研究和发展的基础上,他们建构了一个由八个因素组成的模式。所有这些因素及各自的特征在开展多元化的继续教育过程中都起到了重要的作用。

企业与大学之间组织上的联系、两者对继续教育采取的不同策略、特别是职业发展的目标与内涵等这些因素较之其他因素都更具有文化和社会特征。但是,所有因素之间的联系在实际的学习安排中具有决定性影响。这其中最基本的因素是职业发展的过程及其目标与内容。通过大学与企业之间的合作,一些关于如何才能满足具体的基于知识与技术的需求类型与层次等问题可以从中找到答案。同时,企业所处社会的技术能力也需要特殊关注,因为在不同国家、不同企业中,这一需求可能会出现巨大的变化。研究发现该模式中这一因素与进行需求分析的策略选择具有显著相关性。在对 Fink 和 Kolmos 复杂模式(Fink 和 Kolmos,2000)的理解和使用的基础上,Fink 又提出了一个“改进模式”(Fink,2001a),并进行详细描述,如图 15.1 所示。

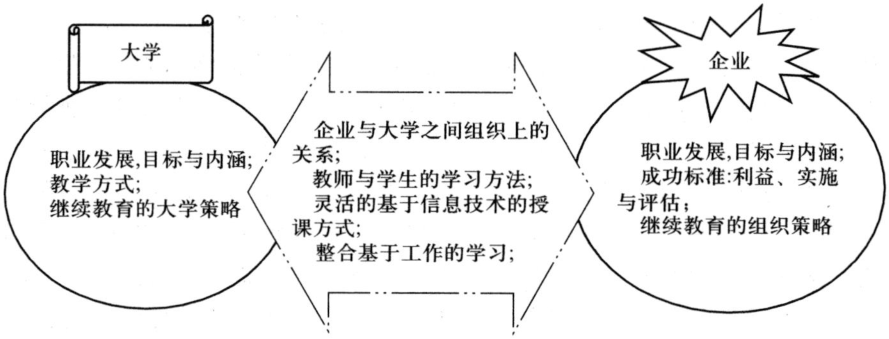

图 15.1 Fink 的改进模式

四、继续职业发展作为大学活动推动

对于大学来说,继续工程教育还是相对较新的教育项目,所以该项目还很可能没有纳入到大学的教学和管理工作中。因此,一定要考虑到如下问题:教师为什么要参与到这一活动中?活动要达到的目标是什么?活动应该如何开展？

在开展继续工程教育项目之前，作为一个“组织”的大学，特别在其管理的过程中，必须为新项目和新安排做好准备。那些希望将继续教育项目融合到自身系统中的大学，在实施过程中很可能会遇到来自学术人员的抵触。丹麦的国立大学在经济上要遵守非常严格的规则，这些规则极大地限制了大学参与商业性质的活动。因此，“出售”与“推销”那些“市场需求的课程”与给大学生上课相比，是进行两种不同性质的活动。

在以应用为导向的工业背景下，基础型研究的高校很难将成果同工业生产的需求结合起来。但是那些以“应用”为导向开展研究的大学（包括校企合作研究）很可能更容易开展满足工业发展需要的教育活动。因此，为了分辨学术性研究和继续教育课程开发之间的区别，得出二者共同的研究体系来探讨某一课程的“职业内容”与“学术水平”也具有相当大的困难。

继续教育的动态特征也可能是大学难以接受该项目的原因，因为大学文化通常是基于“严格的计划”与“明确的管理”之上的，因此这样的文化并不适合本文所讨论的情况。大学要必须随时为继续教育所需的课程做好准备，而不是一味地遵循僵化、预先设定好的计划。更进一步讲，为了保证现有教学负担不会过重，还要在授课班型大小、学习内容及学习时间安排方面增加灵活性，学校就必须投入额外的资源，这就为大学的传统的科学资源配置体系带来了现实的挑战。

五、教 学 方 法

企业或工程师常常选择下面两种教学方法：“以企业导向”的方法或“以大学导向”的方法。

“以企业导向”的方法会因不同的组织结构与战略决策而体现出不同的模式，例如：

- “实时课程”或者“按需课程”。企业提出对知识的实际需求，而大学则快速地设计出专门的课程来满足这些需求。
- 大学与企业（研发部门）合作项目的形式，大学的研究者们加入企业的研发团队，并组织“基于工作的学习”。
- 利用业余时间学习的项目，如基于信息技术的远程教育课程或项目

(在时间和地点上具有灵活性)。

- 基于工作的学习过程由教授们发起,并且同工程的日常生产相结合(Fink,2001b)。

在很大程度上,人们认为"以大学为导向"的方法是指为某些给定的科目设置一些课程,这些课程将提供给某一企业个体或某些企业群体,以及那些以个人形式参与学习项目的工程师们。

传统上,实施"以大学为导向"的教育项目或课程是为了让学生们修学分,如学位必修课程。也有人曾讨论过是否要根据欧洲学分转化系统来评估继续教育课程。如果可行,这将为员工们证明自己参与过继续教育的活动提供了可信的基础。但这也带来一个尚未解决的问题:企业雇主怎样才能认可学术课程所表现出来的知识水平?难道雇主只关注员工们在重大的工作任务中表现出来的实际工程能力吗?

在更具体的层面上,选择具体的教学方法也同等重要。由于那些更多的偏向参与和互动的方法很可能会影响到企业的内部运作,所以企业与其对人力投资目标之间的关系发挥了重要作用。在"基于问题的学习"多年实践经验的基础上,将正规的工程教育与工程生产实践相结合将是一个新的挑战(Fink,2001b;Fink,1999)。

组织策略也可能会随着企业的整体战略规划而出现重大的变化,在这种情况下,要先为全体员工构建一个"基本的课程计划",在这一计划之上再提出"员工个人策略",员工们能够选择自己的继续教育课程,不同的员工能够做出不同的选择。通常,一个企业的员工职业发展状况会处于两种"极端状况"之间,而且很可能出现的情况是:企业根本没有形成一个明确的策略,而采取"自由放任"的态度。不论在何种情况下,企业所选择的策略都会深刻地影响到职业发展的目标、成功的衡量标准,也会影响到在职业发展过程中,大学与企业之间的合作与互动的性质。对于企业来讲,最重要的是,所选择某种特定的策略(或者所采纳的多种策略)能够满足职业发展的需求、实现组织目标;同时策略也要能够最好地体现出工程师们所处的动态工业环境。

基于过去几年间同工业界(关注工程领域员工的职业发展)的研究,Fink将这些策略划分为几种不同的理想化类型(Fink,2001b.)。在将这些课程视为员工个人职业发展规划中的一部分时,还要考虑另一个影响因素:这些课程真的有助于提升员工的"就业能力"吗?它对于员工的未来职业规划重要吗?这就意味着继续职业发展项目的开发必须同时满足企业经历和工程师双方的期望,还要同时将最新的学术知识融合到日常的工程生产中,反之亦然。

六、促进式基于工作的学习模式

在继续教育实施过程中，当所教授的课程内容是有关可供使用性时，才可能采用面对面的授课方式——无论是为个人设置的还是工厂里的实际课程。这些课程必须按照一定的进度、在特定的时间进行——无法考虑学习者个人的需求。小班授课与录像教学具有一定的灵活性，但通常教师和学习参与者之间以及学习者之间没有任何交流。

在对 PBL 进行研究的基础上，我们在奥尔堡大学实施了一些特别的“专家项目”。(Fink，2001b)在这些“专家项目”中，基于信息技术的远程教育具有非常重要的意义(Borch 等，2000；Knudsen 等，2000)(M. Knudsen 等也有提及)。上文提及的继续职业发展项目的理念已经在奥尔堡大学实施了数年，“专家项目”总时长为 1～1.5 年，由于是一种“半工半读”项目，因此总共需要 2～3 年的时间来完成。“专家项目”包括课程和课题工作两种形式。在通常的学习中，课题需要占用至少 50％的学习时间，而且一部分课程也必须应用于课题。“专家项目”的内容还同时以“主题”的形式组织，以使那些参与“专家项目”的工程师能够通过课题，将自己的工作任务同学习融合在一起，或者将课程的应用和自己的工作任务融合。这样，参与“专家项目”的工程师的学习任务就似乎是减少了。但我们认识到，这种方式并不像看起来那么简单。因此，人们已经又提出了多种大学和企业在管理层面上进行“更加直接”的合作的方式，其中之一就是“促进式基于工作的学习模式”。

“促进式基于工作的学习模式”的定义

人们认为，“基于工作的学习”是一种大学的学习项目或课程，这种课程将大学和某一组织联合在一起，共同创设“工作中新的学习机会”(Boud 和 Solomon，2001)。将促进式基于工作的学习模式(Facilitated Work Based Learning，英文缩写为 FWBL)作为继续职业发展的理念，要开发如下的学习程序：

- 同工作任务融合；
- 学习者不需要停下正常的工作和家庭生活；
- 从需求出发，而非学术计划；

- 保证同职业相关;
- 同组织融合;
- 同学习者个人的知识水平和学习进度适应。

根据奥尔堡大学自1974年开始实施“基于问题的学习”,以及卡利多尼亚大学开展“基于工作的学位项目”的经验(Burns,2000),我们从中可以得出:基于工作的学习是一种“职业导向”的发展方式;促进式基于工作的学习是在工业环境中的基于问题的学习,是发生在工作中、由大学基于研究的知识转化而来的学习过程。通过“基于工作的学习”,人们实现了个人的学习目标,并将学习过程融入到日常的工程生产活动中。学习进度、专业学习的内容和目标都由个人决定。

作为培养新能力的个人或组织,比如大学教师或继续教育中心,从发现学习者的能力缺失到将其转化为学习目标是一项新的任务。这一转化的过程必须通过培养新能力的机构、学习参与者、企业(以人力资源部门经理或团队带头人为代表)三者之间的合作来实现。在通常情况下,“缺失”是通过衡量“能力”来确定的。培养新的能力是由“从大学转化的知识”与“促使学习者将知识应用于新的工作任务中”这两部分组成。当企业发现个别或者一部分工程师的“能力缺失”后,就会由工程师、企业管理者和大学相互协商,提出一个知识转化的计划。三者通过协商来确定以下内容:

- 学习目标;
- 学习方法、教学方法;
- 学习重点、学习者的任务;
- 衡量成功的标准;
- 企业的投入;
- 大学的投入。

“促进式基于工作学习模式”的实施

我们根据大约30年的PBL的实践经验,提出了将开发促进式基于工作的学习作为一种持续的职业发展方法的思路。在PBL课程中,我们将“真实生活中的问题”融入到学生的学习目标中。学生并不是提出问题的“真实的情境”中的一部分,并且他们通常也没有实践的经验。“问题”对于学生来说只是一个工具——学习才是真正的目的。学生通过将课程中的理论应用到分析问题、解决问题和撰写报告中去的方式学习,而他们是否针对“问题”达成了最终的解决方案对于学习过程并没有决定性的影响。

促进式基于工作的学习是以企业团队合作为组织方式的PBL。团队很可能是混合队伍——在促进式基于工作的学习项目中，团队成员的教育背景、参与的工作都不相同。促进式基于工作的学习团队的成员会积极地参与到实际的问题中，掌握能够出色地完成自己工作所需的技巧是他们学习的核心内容。当然，为了使学习者能够获得学位资格，促进式基于工作的学习的课程目标也可能要达到正规的大学课程所要求的学术水平。这样通常就要求学习者应投入更多的学习时间(相对于仅为满足工作需求的学习而言)，因为人们通常认为，学位课程是对职业发展的个人投资。

大学教师将在工业学习团队——促进式基于工作的学习团队中扮演“资深顾问”的角色。团队学习的过程要根据多方面的协调所达成的协议进行，包括教学，对工作结果的探讨、顾问的审核意见、基于信息通信技术/互动的学习工具、阅读、讨论，等等。大学的高级管理层也可能参与其中。

学习的过程必须接受定期的审核，协议也要根据实际情境进行调整。因为促进式基于工作的学习项目通常会持续一年或者更长的时间，各方面的情况也将出现变化：策略性的计划可能会变化、工作任务的最终目标可能会变化、看不见的技术和政治环境可能会变化、参与的人数可能会变化，等等。然而，由于促进式基于工作的学习项目是建立在两种完全不同性质的组织之间的合作之上的，“协议参考”对项目的实施具有极其重要的意义，因此，人们也需要对协议进行定期的审核与调整。

学习者个人及其日常活动会受到多方面因素的影响，而一些因素是无法控制的，如团队的规模、学习者的上级对其在企业里的组织安排、本人与所合作的或者所依赖的其他团队的情况、学习者可能无法控制的技术、管理层面等。来自大学的顾问自身也参与到各种不同的事务中，因此，他的日常工作安排也可能会出现重大的变动。所以，若想要项目顺利的实施，一开始就必须在协议上达成共识，包括对促进式基于工作的学习项目任务的优先性(相对于学习者其他的任务和顾问的任务而言)。促进式基于工作的学习将以对整个学习过程及学习成果进行评估的方式而结束。在我们的例子中是以“评估工作坊”的形式来组织的：每一位促进式基于工作的学习的参与者都要陈述自己的学习经历。评价也是组织性的学习过程中的一部分。

组织性学习

“个人导向”的职业能力发展，如个人参与课程很可能会使所在的组织承担浪费时间和金钱的风险，因为那些课程很可能与参与者不是百分之百相关，而且在时间安排上,课程也很可能没有安排在正好满足学习者需求的"最佳时机"。"时机不对"就意味着知识的"输入"不是"过早"就是"太晚",例如,工程师是不会应用那些还没有"经过巩固而成为自己的能力"的新知识的。为了实现"对培养新能力的投入"效益最大化,针对个人、团队或者整个企业的继续职业发展计划中有关新能力培养的每一项因素都要预先设定好。每一项都必须包括学习活动的目标、学习内容同整体的学习策略之间的关联,以及完成学习任务后的结果。许多学习参与者从来不需要面临"在结束后反思学习与工作的关系"这样的问题,而是在之前就已确定。如果学习者以"同事组成的团队"的形式参加,并能在学习过程中突出最重要的因素,学习同工作的相关性就会更大。用这样的方式,不但参与者的学习过程的质量会得以提升,整个组织也会随之获益。

在"基于工作的学习"中,组织的收益相对于个人收益来说更加明显。因为整个学习过程、目标、内容、形式和时机设计都是为了使个人和他所在的团队的收益最大化。内容、形式和时机都能够根据实际情况进行调整,知识向组织内部的转化也能够成为整体学习策略中不可分割的一部分。

七、讨　　论

由于组织文化、历史及对看待问题的视角不同,不同组织的继续教育策略的性质也会出现巨大的差别。一些企业关注到对继续教育进行额外投入的必要性,将这部分投入作为企业运作预算的一部分。另一些企业的管理层则认为,工程师个人有认清自己的职业发展需求的能力,因此工程师自己决定是否要参加继续教育项目。

其他一些企业将工程师们组织成团队,由团队的管理者负责对整个团队的职业技能进行评价,并制订相应的继续教育计划。在这种情况下,企业继续职业发展实施的情况主要由团队管理者完成工作任务的能力决定。如果他的注意力主要在于"催促工程师们按时完成工作任务",那么继续职业发展就根本不在他的考虑范围内。

创新性企业的管理活动非常活跃,因为它们要不断地调整生产策略,这就要求管理者对工程师们的技术和职业能力进行不断的评价和再评价。只要一出现技术能力缺失的情况,工程师就或者被取代,或者参加职业能力发展项目。

只有小部分企业负责人始终抱着这样的想法:工程专业的毕业生接受过正规的研究型教育,就不需要接受继续教育,因为他们应该知道怎么获取新知识。在这样的企业对继续教育无论在时间和资金上都没有投入。

同样,大学的组织策略也受文化、历史、政治和经济及其他因素的影响,同时还有影响力深远的“研究传统”。特别是对于那些以“学术传统为骄傲”的老牌大学来说,基础性课程和传统的教学方法很少发生变化。在这类大学中的研究通常都是基础性的,或者研究目标只在于达到专业领域内更高的理论水平。

其他“创新型大学”对研究采取“应用主导和学科导向相结合”的发展思路。那些对应用理论教育的大学会对大学之外的需求和变化采取更加开放的态度,也会更倾向于承担新的任务。

尽管在继续教育项目实施的过程中出现了种种困难和阻力,在当今技术创新日新月异的工业界,一个重大的需求就是寻求为工程师提供持续职业能力发展的方法。对于相当一部分工程师来说(特别是那些在组织内负责新技术应用的工程师),获取领域所需的高水平专业知识越来越困难。通过参与和利用大学体系中的研究和教育活动的方式,私营企业中工程师职业能力发展的需求也能够得以满足。这一发展方式为大学和企业都提出了挑战。

参考文献

Borch, O., Knudsen, M., and Helbo, J. (2000). *From Classroom Teaching to Remote Teaching*, EURO Education Conference 2000, February 2000, Aalborg, Denmark.

Boud, D. and Solomon N. (2001). *Work - Based Learning, an New Higher Education?* Open University Press, 2001.

Burns, G. R., Chrisholm, C. U., and McKee, W. A. (2000). *Work Based Learning—An Economic and Strategic Issue*, 2nd Global Congress on Engineering Education, July 2000, Wismar, Germany.

Fink, F. K. and Kolmos, A. (2000). *Model for Continuing Professional Development in an Innovative Context*, ICEECEE, Davos, Switzerland, September 2000.

Fink, F. K. (2001a). *Modelling Continuing Professional Development in an Innovative Context*, Journal of Computing and Information Technology, Vol. 9, No. 3, Zagreb.

Fink, K. F. (2001b). *Integration of Work Based Learning in Engineering Education*. Frontiers in Education Conference (FIE 2001), Reno, Nevada, October 2001.

Fink, F. K. (1999). *Integration of Engineering Practice into Curriculum*—25 *Years of Experience with Problem - Based Learning*. Proceedings of Frontiers in Education Conference (FIE 1999), Puerto Rico, November 1999.

Knudsen, M. et al. (2000). *Project Work in Networked Distance Education*. International Conference on Networked Learning, April 2000, Lancaster, UK.

郑重声明

反盗版举报电话 (010)58581897 58582371 58581879
反盗版举报传真 (010)82086060
反盗版举报邮箱 dd@hep.com.cn
通信地址 北京市西城区德外大街4号 高等教育出版社法务部
邮政编码 100120